Reinhold Boschki

Einführung in die Religionspädagogik

Reinhold Boschki

Einführung in die Religionspädagogik

In Zusammenarbeit mit Stefan Altmeyer und Julia Münch

Die Deutsche Nationalbibliothek verzeichnet diese Publikation
in der Deutschen Nationalbibliografie;
detaillierte bibliografische Daten sind im Internet über
http://dnb.d-nb.de abrufbar.

Die Herausgabe dieses Werkes wurde durch
die Vereinsmitglieder der WBG ermöglicht.
Einbandgestaltung: schreiberVIS, Seeheim
Gedruckt auf säurefreiem und alterungsbeständigem Papier
Satz: Lichtsatz Michael Glaese GmbH, Hemsbach
Printed in Germany

Besuchen Sie uns im Internet: www.wbg-darmstadt.de

ISBN 978-3-534-19613-5

Inhalt

Vorwort

Religionspädagogisch denken zu lernen, ist das wichtigste Ziel dieses Buches. Es ist die Grundlage für Handlungskompetenz in den unterschiedlichen Praxisfeldern wie Kirchengemeinde, Schule, Bildungsarbeit etc. Es ist auch die Basis für selbstständige Reflexionen von Theorie und Praxis sowie für die Möglichkeit zur Konzeptentwicklung. Denn das Fach Religionspädagogik hat seine eigene Logik und Methodologie, die hier durch Auswahl und Strukturierung der Inhalte aufgezeigt wird. Wer sich auf den Lernweg dieses einführenden Lehrbuchs einlässt, kann sich am Ende im religionspädagogischen Theorie-Praxis-Zirkel sicher bewegen, um Handlungen im Bereich religiöser Bildung eigenständig auszuführen bzw. zu reflektieren.

In dieser prägnanten Form der ‚Einführung' bedarf es einer strikten Elementarisierung der Inhalte. Zu jedem Thema (z. B. zur Geschichte der religiösen Erziehung oder zu heutigen Konzepten) könnte ‚unendlich' viel mehr gesagt werden. Doch Elementarisierung als religionsdidaktisches Konzept gilt nicht nur für Unterricht, sondern auch für die Didaktik eines Lehrbuchs. Die Inhalte sind schon im Blick auf die Lernenden elementar auszuwählen, d. h. so zu strukturieren und zu vermitteln, dass sie von den Leserinnen und Lesern für deren Erfordernisse in verdichteter und verständlicher Weise angeeignet werden können. Dies entspricht dem Prinzip der neuen modularisierten Studiengänge an den europäischen Hochschulen: Nicht allein die Fachwissenschaft, sondern auch die Bedürfnisse der späteren Berufspraxis sind ausschlaggebend für die Auswahl der Stoffe. Das didaktische Prinzip der Darbietung ist ein Wechsel aus Grundlagenkenntnissen, Überblickwissen und exemplarischen Vertiefungen.

Ich danke in erster Linie meinem Assistenten, Dr. Stefan Altmeyer, Bonn, der durch zahllose Gespräche und inhaltlich hervorragende Anregungen das Buch immens bereichert hat – von den technischen Hilfen ganz zu schweigen. Ebenso danke ich Frau Dr. Julia Münch, Tübingen, für die ideenreiche Begleitung seit den ersten Entwürfen bis hin zu den letzten Korrekturen. Sehr hilfreiche inhaltliche Hinweise zu einzelnen Teilen des Buches erhielt ich von meinem verehrten Vorgänger, Prof. Dr. Gottfried Bitter CSSp, Remagen, meiner Kollegin aus der Mittleren und Neueren Kirchengeschichte, Frau Prof. Dr. Gisela Muschiol, Bonn, sowie von dem systematischen Theologen und Freund PD Dr. Dr. Bernhard Nitsche, Tübingen. Für Korrekturlesen und technische Hilfen danke ich meinem Bonner Team: Frau Annette Becker, Frau Michaela Jaspert, Frau Anne Mühlen, Frau Vera Schäfer und Nils Sönksen. Für gewissenhafte und stets hilfsbereite Lektoratsbegleitung bin ich Dr. Bernd Villhauer, WBG Darmstadt, dankbar verbunden.

Ich widme dieses Buch meinem religionspädagogischen Lehrer und Freund, Prof. Dr. Albert Biesinger, Tübingen, in Dankbarkeit und Solidarität.

Bonn, Ostern 2008 — Reinhold Boschki

Hinführung und erste Begriffsklärungen

„Wir können Gott nicht sehen, aber er hinterlässt seine Spuren."
(Schülerin, 9 Jahre; Oberthür 2006a, S. 57)

„Aber ähm irgendwie ich glaub', mhm die Leute haben auch keine Zeit mehr irgendwie für Jesus ... dass Jesus und halt Gott die Menschen anspricht, aber dass keiner es mehr hört, dass sie irgendwie keinen Platz/keine Zeit mehr haben."
(Schülerin, 13 Jahre; Büttner 2002, S. 215)

„Ich weiß nicht, ich denk' mal, es gibt bestimmt irgendeinen Gott oder irgendwas oben, was uns beeinflusst, aber generell, Gott gibt es bestimmt, auf jeden Fall."
(Schüler, 16 Jahre; Ziebertz et al. 2003, S. 343)

„Ich glaube an mich selber, ich glaube an meine Freunde ... und ich glaube nicht, dass da irgendwo ein Gott im Himmel sitzt, oder so. Ich glaube eher, dass da irgendwie 'ne höhere Macht ist, oder so."
(Schülerin, 16 Jahre; ebd., S. 344)

„Glaube ist mir relativ wichtig. Damit meine ich nicht Religiosität, sondern den Glauben an bestimmte Werte, an bestimmte Ideale und dass man die erreichen kann."
(Student, 19 Jahre; Shell 2006, S. 205)

„Ich weiß gar nicht, wo bei mir Religion anfängt ..."
(Junge erwachsene Frau; Reese 2006)

Äußerungen wie diese werfen ein Licht auf die Zugänge zu Religion, Glaube und Gott in der heutigen Zeit. Viele Menschen, so der „Religionsmonitor 2008", sind durchaus religiös ansprechbar (Bertelsmann 2007, S. 113 ff.), auch wenn sie nicht in besonderer Weise religiös oder kirchlich gebunden leben. Zwar bleiben die Antworten auf religiöse Fragen und die Äußerungen zu Glaubensthemen ambivalent, manchmal vage. Sie zeigen jedoch, dass zahlreiche Zeitgenossen die Frage nach Gott und Religion in ihrem Alltag zumindest offen halten und nicht abschließend negativ beantworten – schon gar nicht im Kindes- und Jugendalter. Religion ist bei vielen Menschen in den westlichen Medien- und Konsumgesellschaften kein zentrales, aber auch kein abgeschlossenes Thema (dazu Kap. 4).

religiöse Fragen

Soziologische Studien über die Religiosität in unserer Gesellschaft bieten ein uneinheitliches Bild: Manche meinen, in bestimmten Strömungen der Gegenwart eine neue Hinwendung zu religiösen Themen, Vorstellungen und Handlungen zu erkennen (u. a. Polak 2006a; Zulehner 2004). Das Wort ‚Spiritualität' beispielsweise erfreut sich großer Beliebtheit. Andere Analysen sind eher skeptisch: Trotz des Auftauchens religiöser Motive an zahlreichen, auch ganz überraschenden Stellen, wie beispielsweise in der Werbung, in Filmen oder in der Popmusik, bleiben sie doch nicht viel mehr als „Spuren des Religiösen", die unverbindlich und unverbunden in die Gegenwartskultur einfließen (Höhn 2007; 2006; Körtner 2006). Deshalb könne man keineswegs von einer „Wiederkehr der Religion" sprechen, sondern müsse die immer weiter voranschreitende Säkularisierung (wörtl. „Verweltlichung"), Enttraditionalisierung und Entkirchlichung ernst nehmen.

Dennoch, die einzelnen Menschen, zum Beispiel das Kind, das sich fragt, wo es selbst war, als Papa und Mama noch jung waren, die jungen Leute, die fragen, was das Ganze ihres Lebens für einen Sinn habe, die Frau, die aufgrund einer intensiven Naturerfahrung über sich hinausdenkt, oder der Mann, der fragt, was im Leben wirklich trägt, Menschen, die eine bruchstückhafte Erfahrung von Liebe und Schönheit machen und ahnen, dass es Liebe und Schönheit an sich gibt … all sie beginnen, über sich und ihre Alltagserfahrungen hinauszuahnen und hinauszufragen. Dabei knüpfen sie mehr oder weniger bewusst an den religiösen Themen an, die in der Geschichte und in den Kulturen der Menschheit höchst unterschiedlich beantwortet worden sind und beantwortet werden. Die französische Religionssoziologin Danièle Hervieu-Léger (2004) spricht von der religiösen Pilgerschaft heutiger Menschen: Sie sind Pilger, religiös Heimatlose, religiös Suchende.

religiöse Pilgerschaft

Religion scheint ein Menschheitsthema zu sein, das auch heute keineswegs abgeschlossen ist – weder auf der Seite der Individuen, noch auf der Seite der Gesellschaften und Kulturen. Dabei gilt: Wer sich für religiöse Dinge öffnet, wer Fragen stellt, wer etwas zum Thema Religion und Glauben erfahren möchte, etwas hört, sieht, liest, ist im Begriff, etwas *religiös zu lernen.* Genau hier setzen die Fragestellungen der wissenschaftlichen Religionspädagogik an, die dieses Buch wie rote Fäden durchziehen:

- Wo beginnt religiöses Lernen und wie ‚funktioniert' es?
- Kann man Religion bzw. Glauben überhaupt lehren und lernen?
- Was bedeuten die Begriffe ‚Religion' und ‚Glauben' und darüber hinaus: ‚Religiosität', ‚Spiritualität', ‚(religiöses) Lernen' und ‚(religiöse) Bildung'?
- Welche religiösen Fragen stellen Menschen heute und können sie in Beziehung zur überlieferten Tradition des christlichen Glaubens und zur Kirche gesetzt werden?
- Wie und warum ereignen sich religiöse Lernprozesse und welche Faktoren begünstigen sie?
- Welche Lernorte für religiöses Lernen gibt es?
- Was erschwert oder verunmöglicht religiöses Lernen?
- Was bedeutet ‚Katechese' und welchen Stellenwert hat sie heutzutage?
- Welche Inhalte sind für religiöses Lernen wichtig?
- Braucht religiöses Lernen eine (wissenschaftliche) Religionspädagogik?

Dazu erste Klärungen:

zentrale Begriffe

Religion kann höchst verschieden definiert und verstanden werden (u. a. Lang et al. 2005). Vom lateinischen *religari* (zurückbinden) kann es Rückbindung an Transzendenz bedeuten (*transcendere:* überschreiten), also an das, was die Erfahrungswelt übersteigt. Als Phänomen ist Religion das äußerlich Vorfindbare, der ‚sichtbare' Ausdruck religiöser Handlungen. Überall dort, wo Menschen sich auf Transzendenz beziehen, sind religiöse Phänomene beobachtbar: Orte, an denen sie sich zum Gebet oder zum Gottesdienst versammeln, Gebäude mit ihren Ausstattungen (Kirchen, Moscheen, Synagogen, Tempel etc.), religiös gestaltete Zeiten (Feste, Gebetszeiten), Rituale und Liturgien, heilige Bücher und Lehrtexte, Religionsvertreter (u. a. Priester, Imame, Rabbiner, Mönche), Institutionen, Strukturen und vieles mehr. Der Begriff ‚Religion' steht demnach für die *objektiven* Gegebenheiten.

Religiosität ist demgegenüber die *subjektive*, die individuelle Seite von Religion, das was der und die Einzelne als seine und ihre Religion lebt, wie er oder sie religiös denkt, sich verhält, fühlt, handelt (Angel 2006).

Spiritualität ist ein Modebegriff, fast schon ein ‚Allerweltswort', obwohl dahinter eine reichhaltige Tradition im Christentum und in anderen Religionen steht. Von dem französischen *spiritualité* her kommend (19. Jahrhundert), bedeutet Spiritualität in christlicher Sicht ein „Leben aus dem Geist" (Karl Rahner), also eine Lebensweise, die sich von einer engen Beziehung zu Gottes Heiligem Geist getragen weiß. Allgemein kann Spiritualität für eine bestimmte Ausdruckgestalt des religiösen Lebens stehen, z. B. durch regelmäßige Gebete, Körperhaltungen, Riten, Stille, Meditation, Lesungen der Heiligen Schrift, Teilnahme an Gottesdiensten (Altmeyer et al. 2006a).

Glaube ist im christlich-theologischen Verständnis eine Beziehung zu Gott, zu Jesus Christus und dem Heiligen Geist (Biser et al. 2005; Rahner 2005 [1976]). Damit ist Glaube weit mehr als ein Für-wahr-Halten von Dogmen und Glaubenssätzen. In der Theologie unterscheidet man zwischen *fides qua creditur* (wörtl.: Glaube, insofern er geglaubt wird), also dem persönlichen Akt des Glaubens, und *fides quae creditur* (Glaube, der geglaubt wird), d. h. bestimmten Inhalten, an die man glaubt, z. B. an das kirchliche Glaubensbekenntnis. Biblisch gesehen ist Glaube stets ein tiefes Vertrauen auf den persönlichen Gott und betrifft die ganze Existenz des Menschen; er setzt persönliche Umkehr und einen Akt der bewussten Entscheidung voraus. Glaube ist ein Aufeinander-zu-Gehen von Gott und Mensch, wobei Gott immer den ersten Schritt tut und bereits getan hat (durch Schöpfung, Menschwerdung, Heilsstiftung).

Religiöses Lernen ist ein Vorgang, bei dem sich eine Veränderung im Denken und Handeln eines Menschen in religiöser Hinsicht ereignet. Wer religiös lernt, erweitert seine Weltorientierung, sein Sinnverstehen, sein Selbstverständnis und seine Beziehung zur Transzendenz (zu Gott). ‚Lernen' bezeichnet den Vorgang, der sich im ‚Innern' eines Menschen vollzieht, der dann aber nach außen sichtbar wird, z. B. in Ausdruck und Handeln. Verwendet man den Terminus ‚religiöses Lernen' hat man die Subjekte des Lernens im Blick (6.2).

Religiöse Erziehung und ‚religiöses Lehren' fokussieren dagegen eher auf den äußeren Vorgang, auf die Erziehenden und Lehrenden, auf deren Handeln und Intentionen (6.1). ‚Erziehen' wird v. a. für die Lernorte Familie und Kindergarten verwendet, ‚Lehren' für Unterricht in Schule und Kirchengemeinde.

RELIGIÖSE BILDUNG ist der umfassendste Begriff (ausführlich in 6.2 bis 6.5). Er umgreift sowohl die Subjekte des Lernens (Selbstbildung) und deren Verstehensvoraussetzungen als auch die Inhalte, die Ziele und die Bedingungen des Lehrens und Lernens. Der Bildungsbegriff hat immer eine emanzipatorische Komponente: (Religiöse) Bildung will den Menschen zur Mündigkeit befähigen. Wichtig ist es, den Begriff der ‚Bildung' nicht auf die Themen und Inhalte (also den zu vermittelnden ‚Stoff') zu verengen (Dörpinghaus et al. 2008).

Theorie-Praxis-Zirkel

RELIGIONSPÄDAGOGIK will Menschen begleiten und unterstützen, die religiös lehren oder lernen, und reflektiert religiöse Bildungsprozesse. Religionspädagogik kann eher praktisch orientiert sein und die konkreten Lernprozesse im Blick haben. Hier spricht man vielfach von Religions*didaktik* (Teil D, insbes. Kap. 11) oder von religionspädagogischem Handeln. Religionspädagogik ist aber auch eine wissenschaftliche Disziplin. Sie versucht in einer Pendelbewegung zwischen Theorie und Praxis (‚Theorie-Praxis-Zirkel') die Praxis religiösen Lehrens bzw. Lernens mit wissenschaftlichen Mitteln zu reflektieren und gleichzeitig die Theorie (theologische Entwürfe, Glaubenstradition, pädagogische Ansätze, Bildungstheorie, sozialwissenschaftliche Erkenntnisse etc.) auf die Praxis hin und von der Praxis her zu durchdenken. Dabei hat sie wissenschaftstheoretisch gesehen immer zwei grundlegende Perspektiven, die zwei fundamentalen Bezugswissenschaften zugeordnet sind: Theologie und Sozialwissenschaften.

Gleich einem ‚Fernglas' richtet die Religionspädagogik ihren Blick auf den gleichen Gegenstand, nämlich religiöses Lehren und Lernen in Kirche, Schule und Gesellschaft, sieht ihn aber durch zweierlei ‚Röhren' und muss beide Blickwinkel zu einem einzigen Bild vereinigen. Religionspädagogik wird in diesem Buch als theologische und im gleichen Atemzug als pädagogische Wissenschaft verstanden (Boschki et al. 2007; Boschki 2003; Schweitzer 2006; 1996).

Disziplingeschichtlich stammt die Religionspädagogik aus der Praktischen Theologie, die ihrerseits seit der philosophischen Aufklärung und ihrer Spiegelungen in Theologie und Pädagogik als theologische Disziplin entstanden ist (2.3). Aus ihr entwickelte sich im 18. und 19. Jahrhundert die ‚Katechetik', aus welcher Anfang des 20. Jahrhunderts die Religionspädagogik hervorging. Sie ist somit von ihrem Ursprung her eine theologische Wissenschaft. In andern Ländern ist die Religionspädagogik nicht konfessionell und nur bedingt theologisch orientiert. So sind beispielsweise die religionspädagogischen Lehrstühle der staatlichen Universitäten in Großbritannien meist an erziehungswissenschaftlichen, nicht an theologischen Fakultäten angesiedelt; hier sind die Religionswissenschaften die primären Bezugsdisziplinen.

Zusammenfassend kann gesagt werden: Religion ist in unserer Gesellschaft ein weiterhin sichtbarer und nachweisbarer Faktor, der in den Biografien der Menschen, aber auch in Kultur und Öffentlichkeit eine nicht zu unterschätzende Rolle spielt. Religion als objektive, Religiosität als subjektive Größe, christlicher Glaube als Beziehung zum Gott Jesu Christi und Spiritualität als dessen Ausdrucksgestalt müssen unterschieden werden. Religionspädagogik unterstützt den Prozess des religiösen Lehrens und Lernens bzw. religiöser Bildung in Theorie und Praxis. Sie ist eine theologische und gleichzeitig eine pädagogische (sozialwissenschaftliche) Disziplin. Aus dieser doppelten Bestimmung von Religionspädagogik ergibt sich die Notwendigkeit, das Fach von diesen beiden Seiten her näher zu begründen.

A. Biblische, historische und systematisch-theologische Zugänge

„Wenn Dich morgen Dein Kind fragt…" Die Vorstellung der uns fragenden und anfragenden Kinder kann eine spannende Dynamik entfalten: Was würden wir antworten, wenn uns ein Kind die großen Fragen des Lebens stellen würde? Schon die Bibel rechnet mit den Fragen der Kinder (Dtn 6,20) und gibt Antworten darauf. Alle Glaubensgemeinschaften machen sich intensiv darüber Gedanken, wie die nachfolgende Generation das, was für Religion und Glauben wichtig ist, erlernen kann. Man könnte bereits im Alten Testament von einer ‚biblischen Religionspädagogik' sprechen! Auch in nachbiblischer Zeit bleiben im Judentum und im Christentum die Fragen der Weitergabe und der Aneignung des Glaubens mindestens ebenso wichtig wie die Fragen nach der rechten Formulierung von Glaubenssätzen und Dogmen. Religion braucht also eine Reflexion religiösen Lehrens und Lernens bzw. religiöser Bildung. Im Folgenden werden die Wege dieses Nachdenkens in der Bibel und der weiteren Geschichte des Christentums nachgezeichnet, sowie die grundlegenden theologischen Herausforderungen aufgezeigt. Ziel ist die theologische Begründung einer wissenschaftlichen Religionspädagogik, um schließlich theologische Optionen für religionspädagogisches Denken und Handeln formulieren zu können (Teil A). Im darauf folgenden Teil B geht es um die sozialwissenschaftlichen Begründungen.

biblische Religionspädagogik

1. Religiöses Lehren und Lernen in der Bibel

1.1 Altes (Erstes) Testament

Aus den Texten des Alten Testaments (manche Exegeten sprechen auch vom ‚Ersten Testament', da das Adjektiv ‚alt' als ‚veraltet' missverstanden werden kann; vgl. Zenger 2004 [1991]) spricht an zahlreichen Stellen eine ausgesprochene Begeisterung für Kinder (JBTh 17/2002). Kinder sind die Zukunft der Familie, der Sippe, des Stammes, des Volkes Israel. Meist wird ihnen Achtung und Respekt gezollt, auch wenn kulturell bedingte Muster unausweichlich sind (Kinder sollen sich ihren Eltern unterordnen etc.). Auf Kindern ruht der Segen Gottes in besonderem Maße. Als Träger der Zukunft müssen sie die für die Gemeinschaft überlebenswichtigen Gewohnheiten, Bräuche und Werte weitertradieren.

In Bezug auf die religiösen Überlieferungen wird ihnen die Geschichte des Volkes Israel vornehmlich in Erzählungen übermittelt. Aufgabe und Pflicht aller Eltern und Erzieher ist es, die Tradition weiterzugeben. Dies ist den Verfassern und Redakteuren des Buches Deuteronomium (5. Buch Mose) besonders wichtig (Zenger 2006; zur Erziehung im Alten Israel: Crenshaw 1998; Perdue et al. 1997). Ein Zentraltext lautet:

Dtn 6,20–25:
Wenn dich morgen dein Sohn fragt: Warum achtet ihr auf die Satzungen, die Gesetze und Rechtsvorschriften, auf die der Herr, unser Gott, euch verpflichtet hat?, dann sollst du deinem Sohn antworten: Wir waren Sklaven des Pharao in Ägypten und der Herr hat uns mit starker Hand aus Ägypten geführt. Der Herr hat vor unseren Augen gewaltige, unheilvolle Zeichen und Wunder an Ägypten, am Pharao und an seinem ganzen Haus getan, uns aber hat er dort herausgeführt, um uns in das Land, das er unseren Vätern mit einem Schwur versprochen hatte, hineinzuführen und es uns zu geben. Der Herr hat uns verpflichtet, alle diese Gesetze zu halten und den Herrn, unseren Gott, zu fürchten, damit es uns das ganze Leben lang gut geht und er uns Leben schenkt, wie wir es heute haben. Nur dann werden wir (vor Gott) im Recht sein, wenn wir darauf achten, dieses ganze Gesetz vor dem Herrn, unserem Gott, so zu halten, wie er es uns zur Pflicht gemacht hat.

Deutung von Welt und Wirklichkeit

Interessant und wichtig ist die geschichtliche Orientierung der Antwort in dieser Textpassage. Den Jüngeren wird die Leidens- und Heilsgeschichte der Vergangenheit erzählt und wieder erzählt, damit sie sich selbst und die gegenwärtigen Ereignisse in der Perspektive der Geschichte Gottes mit dem Volk Israel deuten können. Letztlich geht es bei der Weitergabe der religiösen Überlieferung um einen Deutungsrahmen für das Verstehen von Welt und Wirklichkeit. Die Geschichte des Menschen ist in diesem Interpretationsrahmen eine Geschichte der Beziehung mit Gott: Schöpfung, Sündenfall, Geschichte der Patriarchen, Versklavung in Ägypten, Exodus, neuer Anfang – stets stehen die biblischen Personen in einer intensiven Gottesbeziehung.

Dieser Gott, der sich nach Ex 3,14 als der Da- und Mitseiende offenbart, ist der Identifikationspunkt für Israel, der es von den Völkern im Umfeld unterscheidet. Gerade deuteronomistischer Geschichtstheologie ist es entscheidend wichtig, dass der Glaube Israels nicht vermischt wird mit ‚heidnischen' Einflüssen umliegender Kulturen. In der deuteronomistischen ‚Religionspädagogik' geht es von daher vornehmlich um die Identität des Volkes, um – in heutiger Terminologie – ‚soziale Identität', die es zu bewahren und an die nächste Generation weiterzugeben gilt. Die Identität der neuen Generation bildet sich vor allem durch Entdecken, Aneignen und Übernehmen der Identität der Vorfahren. Dabei werden zugleich Fragen nach Sinn, nach Herkunft und Zukunft, nach Leiden und Tod beantwortet. Alles wird verstehbar vor dem umfassenden Deutungsmuster der Beziehung zu Gott. Biblische Religionspädagogik ist im Wesentlichen zweierlei: zum einen Hermeneutik (Deutungs- und Verstehenslehre), zum anderen Beziehungslehre (wie gestalte ich persönlich und in Gemeinschaft die Beziehung zu Gott?). Ihr grundlegendes Ziel ist Sicherung der sozialen Identität (Gerhards et al. 2003).

Diesem Ziel ist ein weiterer biblischer Basistext verpflichtet, der ebenfalls als ‚religionspädagogischer' Grundtext gelesen werden kann:

Dtn 6,4–12
Höre Israel, der Herr, unser Gott, der Herr ist einzig. Darum sollst du den Herrn, deinen Gott, lieben mit ganzem Herzen, mit ganzer Seele und mit ganzer Kraft. Diese Worte, auf die ich dich heute verpflichte, sollen auf deinem Herzen geschrieben stehen. Du sollst sie deinen Söhnen wiederholen. Du sollst von ihnen

reden, wenn du zu Hause sitzt und wenn du auf der Straße gehst, wenn du dich schlafen legst und wenn du aufstehst. Du sollst sie als Zeichen um das Handgelenk binden. Sie sollen zum Schmuck auf deiner Stirn werden. Du sollst sie auf die Türpfosten deines Hauses und in deine Stadttore schreiben.

Kaum ein anderer Text war und ist bis heute so sehr der Identifikationspol für das jüdische Volk wie dieser. Kein jüdischer Gottesdienst, keine privaten Gebete sind ohne dieses *Sch'ma Jisrael,* das „Höre Israel", denkbar. Die dahinter stehende ‚Pädagogik' lautet: Die *Tora* (wörtl. Weisung) soll das ganze Leben, den gesamten Alltag der Menschen durchdringen, auf Herz und Seele geschrieben stehen. Sie soll bei den Morgen-, Mittags- und Abendgebeten rezitiert, symbolisch mit den Gebetsriemen *(Tefillin)* um Hand und Stirn gebunden werden, in der *Mesusa,* einem kleinen Schmuckkästchen mit winzigen Pergamentstreifen, auf denen sich Toratexte befinden, an die Türpfosten des Hauses genagelt werden. So erinnert sich der Gläubige beim Kommen und Gehen, beim Aufstehen und Schlafenlegen an die *Tora* – übrigens auch beim Zubereiten und Verzehren der Mahlzeiten, was durch Toravorschriften geregelt wird *(kaschrut).*

Tora im Alltag

Ein Zweites ist im Zusammenhang mit Dtn 6,4ff. wichtig: Du sollst die Worte deinen Söhnen (Kindern) wiederholen, bedeutet die mündliche, persönliche Weitergabe der Überlieferung. Im Erinnern und Erzählen vergewissert sich Israel seiner selbst und erfolgt die Unterweisung der nächsten Generation. Die Überlieferung funktioniert demnach nicht ohne Lernen, ja Auswendiglernen, nicht ohne beträchtliche Wissensbestandteile. Hier sind Lernprozesse nötig, die von früh auf und über Jahre hinweg erfolgen müssen. Bis heute weisen die jüdischen Jungen in der Feier der *Bar Mizwah* (Sohn des Gebots) und zum Teil die jüdischen Mädchen in der Feier der *Bad Mizwah* (Tochter des Gebots) in der Öffentlichkeit des Gemeindegottesdienstes gründliche Kenntnisse der *Tora* nach. Die zugrunde liegende religiöse ‚Bildungstheorie' lautet demnach: Religion durchdringt Leben und Alltag und benötigt eine solide Wissensgrundlage, um realisiert und tradiert werden zu können.

Ein dritter pädagogisch höchst interessanter Text entstammt wiederum der deuteronomischen Schicht der Tora:

Dtn 31,10–13
Mose schrieb ihnen vor: In jedem siebten Jahr, in einer der Festzeiten des Brachjahres, beim Laubhüttenfest, wenn ganz Israel zusammenkommt, um an der Stätte, die der Herr auswählt, das Angesicht des Herrn, deines Gottes zu schauen, sollst du diese Weisung vor ganz Israel laut vortragen. Versammle das Volk – die Männer und Frauen, Kinder und Greise, dazu die Fremden, die in deinen Stadtbereichen Wohnrecht haben -, damit sie zuhören und auswendig lernen und den Herrn, euren Gott, fürchten und darauf achten, dass sie alle Bestimmungen dieser Weisung halten. Vor allem ihre Kinder, die das alles noch nicht kennen, sollen zuhören und lernen, den Herrn, euren Gott, zu fürchten. Das sollt ihr so lange tun, wie ihr in dem Land lebt, in das ihr jetzt über den Jordan hinüberzieht, um es in Besitz zu nehmen.

Lernrituale im Alten Israel

Offenbar gab es im Alten Israel eine Art von Lernritualen: Jung und Alt kommen in der Öffentlichkeit zusammen, hören der Rezitation der Tora zu, lernen sie auswendig, lernen Gott zu ehren und zu verehren. Neben der Familie als Lernort des Glaubens, gab es somit auch den öffentlichen Raum der Versammlung, in der gelehrt und gelernt wurde. Familienreligiosität und die religiöse Gemeinschaft (letztere artikulierte sich auch im Tempelkult) ergänzen sich im Lehren und Tradieren der Religion.

In exilisch-nachexilischer Zeit (ab 586 v. Chr.) werden die Tendenzen einer Religion stärker und stärker, die unabhängig vom Tempel existiert. Bereits im babylonischen Exil sind liturgische Versammlungen nachweisbar, aus denen später die synagogalen Wortgottesdienste hervorgehen (Trepp 2004). Hier dominieren die rabbinischen Schriftgelehrten, nicht mehr Priester und Tempelbeamte. Sie, die Gelehrten der *Tora,* werden schließlich durch ihre Konzentration auf die Schrift und deren Auslegung zum Träger der Überlieferung. Sie bilden sich durch die entstehenden *Tora-* und *Talmud*schulen als die ‚Lehrer' der jüdischen Religion heraus. Das Erinnern und Erzählen wird institutionalisiert und ritualisiert.

Ein Spezifikum in den Schriften des Alten Testaments ist der Gedanke, dass Gott selbst der Erzieher, der Lehrer der Menschen ist (Dtn 4,36), was sich im Neuen Testament widerspiegelt: Gott erzieht, lehrt seinen Sohn Jesus (Joh 8,28), der seinerseits der Erzieher und Lehrer der Menschen wird. Letzterer Gedanke entfaltet eine große Wirkungsgeschichte bei den Kirchenväter der frühen Christenheit: *Christus Paidagogos:* Christus, der Erzieher.

1.2 Neues Testament

Die Entwicklung im Christentum zu neutestamentlicher Zeit baut auf all dem auf, was die jüdische Überlieferung vorgibt, verläuft jedoch auf spezifische Weise. Obwohl das Christentum genuin jüdischen Ursprungs ist, obwohl Jesus selbst, die Apostel, Maria und die meisten der ersten christlichen Glaubenszeugen Juden sind, kommt es im Christentum nicht zur Ausbildung eines christlichen „Rabbinats" mit späterer Schulbildung ähnlich der jüdischen Tora- und Talmudschulen. Die junge Jesus-Gemeinde, überwältigt von der Begegnung mit dem irdischen Jesus und dem auferstandenen Christus, setzt vor allem auf Zeugnis und Verkündigung der Frohbotschaft (griech. *kerýsso:* verkündigen). Sie knüpft an Jesu Botschaft vom Reich Gottes an: „Die Zeit ist erfüllt, das Reich Gottes ist nahe. Kehrt um und glaubt an das Evangelium!" (Mk 1,15) Der Handlungsimpetus dieser Botschaft ist die Nachfolge Jesu: „Kommt her, folgt mir nach!" (Mk 1,17)

Die Weitergabe der Botschaft erfolgt wie in frühisraelitischer und alttestamentlicher Zeit durch Erinnern und Erzählen. Immer wieder wurde die Geschichte des Jesus von Nazareth, sein Leben, Leiden, Sterben und seine Auferstehung anderen Menschen erzählt. Das Lernen des entscheidend Christlichen hat – wie im Judentum – eine wesentlich narrative Komponente. Gleichzeitig wurden die Ereignisse interpretiert und in einen bestimmten Verstehensrahmen eingebettet. Die alttestamentlichen Deutemuster des Messias oder des leidenden Gottesknechtes (Deuterojesaja) verbanden sich mit außerbiblischen Konzepten wie dem des *logos* (besonders im Johannesevangelium) und führten zu neuen Verstehensweisen des Geschehens um

Jesus Christus. An der narrativen Struktur der Glaubensweitergabe änderte sich nichts, als Jahrzehnte nach Jesu Tod am Kreuz die Botschaft des Evangeliums verschriftlicht wurde. Die Briefe des Paulus, die weiterer Glaubenszeugen und die Evangelien wurden immer wieder vorgelesen und schließlich in die liturgische Erinnerung des Todes Jesu („Tut dies zu meinem Gedächtnis!") integriert. Wortgottesdienst (analog jüdischer Liturgie) und Gedächtnismahl wurden eine Einheit (Gerhards/Kranemann 2006, S. 61–69). In all dem ‚lernten' die Hörenden und Teilnehmenden, übrigens auch die Kinder, die in den christlich gewordenen Häusern den Hausversammlungen beiwohnten, die Elementaria christlicher Botschaft und christlichen Lebens. Die ‚Religionspädagogik' der frühen Christenheit bestand demnach vor allem aus freier Verkündigung, Erinnern und Erzählen der Jesusgeschichte und in liturgischer Anamnese (Gedächtnis).

Eugen Paul stellt in seiner „Geschichte der christlichen Erziehung" lapidar fest: „Das Neue Testament beschäftigt sich kaum mit der Erziehung im engeren Sinn." (Paul 1993, S. 16) Im Neuen Testament findet sich keine ‚Bildungstheorie' oder ‚Erziehungsphilosophie'. Gelernt und erzogen wird eher beiläufig. Die Dynamik der Verkündigung, die noch ganz im Zeichen der Naherwartung der Parusie (Wiederkunft Christi) erfolgt, dominiert alles andere. Dennoch gibt es in den neutestamentlichen Schriften deutliche Spuren, die Lehr-Lern-Prozesse zumindest implizieren. Die Weitergabe der Botschaft Jesu, die Verkündigung des Gekreuzigten und Auferstandenen, die Sendung (Mission) zur Verbreitung des Evangeliums sind zentrale Anliegen des Neuen Testaments. Dies schließt stets Lehr- und Lernprozesse bei den Adressaten mit ein.

Jesus, der Lehrer

Jesus selbst „lehrt" *(didasko;* im Neuen Testament 50 Mal in Bezug auf Jesus) in der Öffentlichkeit und in den Synagogen, er belehrt die Jünger, die Anwesenden, die Zuhörer. An zahlreichen Stellen wird er *didaskolos,* der Lehrer, genannt (41 Mal; Omerzu 2007). Dabei sind zwei Aspekte besonders wichtig:

Zum einen knüpft Jesus in der Art und Weise seiner Verkündigung an den Verstehensvoraussetzungen der Menschen von damals an. In seinen Gleichnissen spiegelt sich die Erfahrungswelt der Bauern, Schafhirten, Handwerker, Fischer, Dorfbewohner und Kleinstädter jener Zeit. Häufig ist die Natur die Kulisse des erzählten Geschehens, z. B.:

> Mk 4,30–34
> *Er sagte: Womit sollen wir das Reich Gottes vergleichen, mit welchem Gleichnis sollen wir es beschreiben? Es gleicht einem Senfkorn. Dieses ist das kleinste von allen Samenkörnern, die man in die Erde sät. Ist es aber gesät, dann geht es auf und wird größer als alle anderen Gewächse und treibt große Zweige, so dass in seinem Schatten die Vögel des Himmels nisten können. Durch viele solche Gleichnisse verkündete er ihnen das Wort, so wie sie es aufnehmen konnten. Er redete nur in Gleichnissen zu ihnen; seinen Jüngern aber erklärte er alles, wenn er mit ihnen allein war.*

Hier wird die Erfahrungswelt der Menschen als Verstehenshintergrund für das Kommen des Reiches Gottes verwendet. Etwas Alltägliches zeigt gleichnishaft auf Gottes Handeln. Der entscheidende Satz lautet: *„…verkündete er ihnen das Wort, so wie sie es aufnehmen konnten.“* Die Verkündigung Jesu geht nicht an den Menschen vorbei oder über ihre Köpfe hinweg. Jesus will, dass die Botschaft verstanden wird, bei den Zuhörern ‚ankommt'. In zahlreichen Perikopen des Neuen Testaments kommen dezidiert alltägliche Erfahrungen zum Tragen: Wer hat nicht schon einmal etwas, was ihm wichtig ist, verloren (z. B. Lk 15,1–10)? Oder etwas besonders Wertvolles gefunden (z. B. Mt 13,44–46)? Die Geschichten handeln häufig von Krankheit, Not, Einsamkeit und vom Tod – Erfahrungen, die jeder Mensch machen muss (z. B. Mk 2,1–12; Lk 8,40–56; Mt 20,29–34). So verbinden Jesus und die neutestamentlichen Schriften die Erfahrungswelt der Menschen mit der Erfahrungswelt des Glaubens: „Mit dem Reich Gottes ist es wie …“ Selbst von Gottes Wesen wird gleichnishaft erzählt: Er ist wie ein barmherziger Vater (Lk 15,11–32). Angesichts der zahlreichen unbarmherzigen Väter von damals appelliert dieses Gleichnis an die menschliche Sehnsucht nach Barmherzigkeit, nach Verzeihung, auch wenn man schuldig geworden ist.

korrelatives und kontrafaktisches Lernen

Zum anderen gilt: Nicht selten sind die Zuhörer über Jesu Lehre entsetzt. Sie sind empört über seine Deutungen der heiligen Schriften, werfen ihn aus ihren Versammlungsorten und wollen ihn deswegen gar spontan hinrichten (Lk 4,16–30). Jesu Botschaft ist keineswegs beruhigend, vertröstend, seine Worte dienen nicht der Besänftigung der Gemüter. Sie sind beunruhigend, sperrig, rütteln auf. Jesus ist ein Zeichen, dem widersprochen wird (Lk 2,34)! Seine Worte sind alles andere als harmlos, sein Nachfolgeruf ist radikal. Wenn diese Seite in den Lehr-Lernprozess eingebracht wird, ereignet sich *kontrafaktisches Lernen.* Die biblische Botschaft entspricht nämlich vielfach gerade nicht der Alltagserfahrung, sie passt nicht wohlgeordnet in das, was wir uns als Lebenshorizont zurechtgelegt haben. Letztlich ist die Grundbotschaft des Neuen Testaments, die Botschaft vom Kreuz, *die* Kontrafaktizität schlechthin. Das Kreuz passt nicht in ein fertiges System. Auch die Botschaft von der Auferstehung war den Menschen damals – wie heute – ganz und gar fremd.

In all diesen Beispielen drückt sich die sog. korrelative Grundstruktur religiösen Lehrens und Lernens aus. Korrelation (11.3) ist die im Lernprozess erfolgende Verbindung von Glaubens- und Lebenserfahrung. Die und der Lernende beginnen, ihre Lebenserfahrungen durch die Glaubenserfahrungen (neu) zu deuten. Dies ist auch dann der Fall, wenn die Glaubenserfahrung der Lebenserfahrung zunächst zu widersprechen scheint, wenn sie kontrafaktisch wirkt. Korrelation ist eine kritisch-konstruktive Wechselbeziehung zwischen Glauben und Leben. Auch am Widerspruch, am Widersprechenden kann man lernen. Biblisch gesehen, liegt auch für die Jünger Jesu eine zentrale ‚Lernschwierigkeit' darin, dass sie *ihre* Vorstellung vom Messias mit der Leidensankündigung Jesu nicht in Einklang bringen konnten: „Doch die Zwölf verstanden das alles nicht; der Sinn der Worte war ihnen verschlossen und sie begriffen nicht, was er sagte.“ (Lk 18,34)

Als Konsequenz kann bereits jetzt festgehalten werden: Christliche religiöse Bildung (im Sinne einer umfassenden Persönlichkeits-Bildung) ereignet sich in Korrelation, im Dialog, in Beziehung zwischen der biblischen Botschaft mit ihrer Überlieferung durch die Geschichte *und* den Lebenserfahrungen der Menschen, wobei sich die Botschaft nicht immer in die Lebenserfahrungen bruchlos einfügt. Im Gegenteil, bisweilen wird sie diese hinterfragen, auf den Kopf stellen, ihnen widersprechen.

Weitere Aspekte neutestamentlichen Lehrens und Lernens sind für eine theologische Grundlegung der Religionspädagogik wichtig:

- Kinder genießen im Neuen Testament eine ähnliche Hochschätzung wie im Alten Testament. Auch wenn die gesellschaftlich übliche Umgangsform, die Kinder an den Rand zu stellen, sie gar wegzuschicken, weil sie die Erwachsenen stören, auch im Neuen Testament überliefert ist (z. B. Mk 10,13), ist die Botschaft Jesu eindeutig: Kinder gehören in den Mittelpunkt der Gemeinde (Müller 2002, 1992). Sie sind sogar Vorbild für die Art und Weise, wie die Menschen das Reich Gottes empfangen sollen: *„Lasst die Kinder zu mir kommen; hindert sie nicht daran! Denn Menschen wie ihnen gehört das Reich Gottes."* (Mk 10,14)
- Am Beispiel der Gleichnisse ist schon deutlich geworden, wie die biblische ‚Glaubensdidaktik' die Vorstellungswelt der Lernenden und damit diese selbst aktiv einbezieht. Religiöses Lernen in diesem Sinne ist daher handlungsorientiert und aktivierend, und es ist zugleich ein Geschehen, an dem alle menschlichen Sinne beteiligt sind. Der Weg zum Glauben führt nicht nur über das Wissen und den Verstand, sondern auch über das Fühlen und Schauen, Hören und Schmecken: „... was wir gehört haben, was wir mit unseren Augen gesehen, was wir geschaut und was unsere Hände angefasst haben, das verkünden wir: das Wort des Lebens" (1Joh 1,1).
- Schließlich ist noch auf ein neutestamentliches Wort zu verweisen, das für die Geschichte der christlichen Erziehung äußerst bedeutungsvoll werden sollte: Die anfängliche Verwendung des Wortes *katechéo,* aus dem sich das Wort „Katechese" entwickelte. Doch die Etymologie des Wortes *katechéo* ist nicht eindeutig (Brakmann et al. 2004b). Es kann „mündlich unterrichten", „Kunde geben", „Kunde erhalten" heißen; gelegentlich ist auch die Deutung „von oben herab tönen" verbreitet. Nach dieser Deutung heißt *katechéo* also „ins Ohr, ins Herz hinein tönen lassen". Im Neuen Testament kommt *katechéo* an acht Stellen vor, zum Teil in der allgemeinen Bedeutung von „mitteilen, berichten" bzw. im Passiv „unterrichtet werden, erfahren" (Apg 21,21.24), einige Male im tieferen Sinne von „unterweisen, lehren in der Botschaft Jesu Christi" (Lk 1,4; Apg 18,25; Röm 2,18; 1Kor 14,19).
  In Gal 6,6 verwendet Paulus das wenig gebräuchliche Wort speziell für die christliche Unterweisung *katechúmenos ton logon,* wörtl.: „der im Wort unterrichtet Werdende". Der verwendete Begriff ist hier nur innerhalb der Theologie des Galater-Briefes zu verstehen: Wem das Evangelium verkündet wurde und wer zum Glauben kam, steht in der Christus-Beziehung, er ist zur Freiheit befreit (Gal 5,1). Konkret heißt also *katechúmenos ton logon* nicht, dass jemand bestimmte Lehrsätze auswendig gelernt hat, sondern dass er oder sie in das Evangelium, in die Christusbeziehung hineingeführt wurde. Paulus schreibt, dass der Glaube vom Hören komme (Röm 10,17f.): Lehrer und Schüler sind in gleicher Weise Hörer des Wortes. Diese beziehungsorientierte Sicht ist für späteres und heutiges Verständnis von Katechese von entscheidender Bedeutung. Dennoch gilt: Obwohl in den neutestamentlichen Schriften bereits die spätere Verwendung von *katechéo* anklingt, ist der Terminus noch keineswegs festgelegt.

Zusammenfassend kann gesagt werden: Religiöses Lernen in der Bibel zielt auf die Vermittlung und Aneignung eines umfassenden Deutungsrahmens für Welt und Wirklichkeit, der die menschliche Geschichte als eine Geschichte der Beziehung mit Gott interpretiert. In Erzählung und Erinnerung werden die grundlegenden Ereignisse der Heilsgeschichte weitergegeben, was die soziale Identität des Volkes Israel sichert. Die Lernenden sind eingeladen, die elementaren Bestandteile der Heilsgeschichte zu kennen, zu erinnern, zu erzählen, zu vergegenwärtigen. Im Neuen Testament finden sich korrelative (erfahrungsorientierte und ebenso den Erfahrungen gegenläufige, erfahrungskritische) Lernstrukturen. Jesus wird als Lehrer bezeichnet. Wer vom Evangelium „hört" und davon lernt, tritt in die Beziehung zu Jesus Christus ein. Erste, noch vorläufige Hinweise auf die christliche Katechese (Unterweisung) sind erkennbar.

2. Religiöses Lehren und Lernen von der frühen Kirche bis zur Entstehung der Religionspädagogik als wissenschaftliche Disziplin

2.1 Frühe Kirche bis zum ausgehenden Mittelalter

ENTSTEHUNG DES ALTKIRCHLICHEN KATECHUMENATS. Nach Tod und Auferstehung Jesu beginnt die Epoche der Verkündigung des Evangeliums unter völlig neuen Vorzeichen. Der Evangelist Lukas beschreibt, wie die Jünger durch ihre Begegnungserfahrung mit dem Auferstandenen erkannten, also ‚lernten', wer dieser Jesus von Nazareth wirklich war. Die Emmaus-Perikope bringt die Situation der ‚lernenden' jungen Jesusgemeinde bzw. die ‚Religionspädagogik' des Lukas eindrücklich auf den Punkt (Lk 24,13–35): Die Jünger gehen nun ohne Jesus allein ihren Weg, doch der Auferstandene begleitet sie unerkannt. Sie sprechen von ihren Erfahrungen mit Jesus, von seinem Schicksal und von ihrer Sehnsucht: *„Wir aber hatten gehofft, dass er der sei, der Israel erlösen werde."* (V 21) Jesus deutet ihnen das Geschehen vor dem Hintergrund der jüdischen Heiligen Schrift. *„Begreift ihr denn nicht? Wie schwer fällt es euch, alles zu glauben, was die Propheten gesagt haben? Musste nicht der Messias all das erleiden, um so in seine Herrlichkeit zu gelangen?"* (V 25 f.) Doch erst als sie mit dem ‚Fremden' das Abendmahl halten und er das Brot teilt, gehen ihnen die Augen auf. Sie erkennen sowohl Jesus als auch die Bedeutung seines Schicksals. Rasch eilen sie zu den anderen Jüngern, um ihre Erfahrung und Erkenntnis weiterzusagen.

Religiöses Lernen geschieht hier also in mehreren Schritten:

1. Begegnung und Erfahrung
2. Deutung der Erfahrung
3. ‚liturgische', symbolische Vergegenwärtigung
4. Weitergabe an andere

lebendige Berührung

Diese Mehrschichtigkeit des Lernprozesses sollte fortan für die im Werden befindliche Kirche und für die Geschichte religiösen Lernens (was bald „Katechese" genannt werden wird) bestimmend bleiben. Es geht, wie in der ‚Religionspädagogik' des Alten Testaments (1.1), nicht nur um Information über etwas, es geht vielmehr um „lebendige Berührung" (Gershom Scholem) mit der Überlieferung, um erfahrungs- und beziehungsorientierte Auslegung der Tradition, um gemeinsames Handeln, Feiern, Leben in der Gegenwart Gottes und nicht zuletzt um Zeugnisgeben an andere.

All diese Dimensionen werden wichtig bei der Ausbildung des altkirchlichen Katechumenats, d.h. eines Lernwegs für Taufbewerber, einer speziellen Form der Einweisung in den christlichen, kirchlichen Glaubensweg (zum Folgenden: Brakmann et al. 2004a). Diese Entwicklung darf man sich keineswegs einheitlich vorstellen. Die junge Christenheit kannte keinen einheitlichen ‚kirchlichen Unterricht' für Menschen, die zum christlichen Glauben kommen wollten. Doch im Laufe der Zeit wurde an verschiedenen Orten die Notwendigkeit erkannt, den Taufbewerbern wichtige Einweisungen und Belehrungen zuteil werden zu lassen. In jeweils verschiedenen Kontexten der kulturell sehr unterschiedlich geprägten Gemeinden (in Ägypten, Palästina, in Griechenland und im römischen Kernland) entwickelten sich divergente Formen der katechetischen Unterweisung.

Eines der frühesten Zeugnisse mit katechetischer Bedeutung stellt der Text *‚Hirt des Hermas'* dar (Anfang bis Mitte des 2. Jahrhunderts), eine vorwiegend ethisch orientierte Katechese zur postbaptismalen (nach der Taufe erfolgenden) Bekehrung und rettenden Buße. Durch die Unterweisung in der christlichen Sittenlehre sollen die Getauften, die erneut sündig geworden waren, eine letzte Chance zur Umkehr erhalten. Allerdings wird der Begriff Katechese hier noch nicht verwendet. Erstmals auf ‚kirchliches' Unterweisen bezogen erscheint *katechéo* im *Zweiten Klemensbrief* (17,1; um 130–150 n. Chr.), die wohl erste erhaltene, nachapostolische christliche Predigt. In der ebenfalls Anfang des 2. Jahrhunderts n. Chr. wohl in Syrien entstandenen *Didaché* („Zwölf-Apostel-Lehre") taucht zwar der Begriff Katechese nicht auf, doch handelt es sich wohl in Kap. 1–6 um einen praebaptismalen (vor der Taufe zu erwerbenden) Unterrichtsstoff, einer Art Taufkatechese, die stark moralisch ausgerichtet ist. Es geht um eine rechte Lebensführung, was in der Alten Kirche als Nachweis für die Würdigkeit des Taufbewerbers galt. Hier findet ein Motiv Verwendung, das bereits im *Barnabas-Brief* (um 131 n. Chr., im Osten), der sich vermutlich auf eine Taufkatechese bezieht, zu finden ist und das auf alttestamentliche und weitere antike Vorlagen zurück geht: die sog. ‚Zwei-Wege-Lehre': Es gibt einen Weg zum Leben und einen Weg zum Tode, einen Weg des Lichts und einen Weg der Finsternis. Die Taufbewerber werden aufgefordert, den Weg des Lebens zu wählen. Für die *Didaché* ist unklar, ob noch weitere Inhalte zur Vorbereitung auf die Taufe unterrichtet wurden (Didache/Fontes Christiani, Bd. 1, 2000).

erste Katechese

Während sich bei Justin (gest. 165) und bei Irenäus (2. Hälfte des 2. Jahrhunderts) eher Spuren eines Katechumenats finden, deutet sich in den verschiedenen Schriften des Clemens von Alexandrien (140–215) bereits eine bestimmte Praxis des katechetischen Weges von der Taufvorbereitung bis nach der Taufe an (Paul 1993, S. 57ff.). Er besteht aus drei Stufen:

1. Verkündigung; Gewinnung für den Glauben
3. Festigung in der Lebensführung; Katechumenat; Taufe
3. Einführung in alle Glaubenswahrheiten durch Katechese und Predigt nach der Taufe

Auch bei Tertullian (gest. nach 220; Karthago, Nordafrika) finden sich bereits katechetische Überlegungen und vorliegende Praxen. Seine Schriften sind wie die des Origenes (s.u.) an die Katecheten gerichtet. In *Apologeticum* 18,4 schreibt Tertullian: *„Fiunt, non nascuntur Christiani"* – „Als Christ wird man nicht geboren, man wird es (im Leben)." Das heißt, entweder durch spontane

Bekehrung oder durch Erlernen des Alphabets des Christentums, also durch Unterweisung und Lernen, kann man zu einem Christusgläubigen werden. In seinen Schriften bezeugt Tertullian ein Katechumenat, das „noch nicht voll ausgebildet war und seine spätere Form noch nicht erreicht hatte." (Schöllgen 1984, S. 280). In der Folge finden sich verstärkt Zeugnisse eines mehr oder minder institutionalisierten Katechumenats, wobei sich Alexandria, Caeserea und Antiochia als katechetische Zentren herausbildeten. Wichtig ist, die Entwicklungen in ihrer Unterschiedlichkeit wahrzunehmen. Zusammenfassend gilt: „Die Taufvorbereitung mündet seit Ende des 2. Jahrhunderts in ein organisiertes Katechumenat, in dem neben Buße, Fasten und diversen Ritualen die Katechese eine Hauptrolle spielt." (Brakmann et al. 2004a, S. 432) An manchen Orten dauerte das Katechumenat bis zu drei Jahren.

Entstehung des Katechumenats

Über die Inhalte der Katechesen wissen wir aus dieser Zeit recht wenig. Hippolyt von Rom stellt in seiner später weit verbreiteten *„Traditio apostolica"* (um 215) einige Elemente zusammen. Die jahrelange Einführung betraf vor allem den Bereich der ehrbaren Lebensführung, das Gebet und das Hören auf das Evangelium. Kurz vor der Taufe kam es zu liturgischen Vorbereitungen, wie Handauflegung, Reinigungen. Die Taufe selbst wurde in der Osterliturgie gespendet.

Origenes (ca. 185–254) verfasste in Alexandrien um 225–230 seine systematische Frühschrift *Peri archon (De principiis),* in der er eine Richtschnur des Glaubens für die Katecheten bietet. Sie gilt als erste christliche Glaubenslehre, in der die biblische und kirchliche Überlieferung in den Denkformen der antiken Philosophie zur Darstellung gebracht wird, war aber nicht unumstritten. In den Schriften des Origenes kann man vage drei Phasen erschließen, die sich allerdings von den drei Phasen des Clemens von Alexandrien erheblich unterscheiden: Nach rudimentären Glaubensunterweisungen folgen ethische Unterweisungen (inklusive alttestamentlicher Textstücke) und schließlich Unterweisung in den Evangelien, den neutestamentlichen Briefen und den Psalmen. Die Katechesen des Origenes zielen also darauf ab, die Bibel und die Inhalte des Credo zu verstehen; gleichzeitig sollen sie die Katechumenen zur Entscheidung für ein sittlich vollkommenes Leben führen.

Ein wichtiges Zeugnis bieten auch die „mystagogischen Katechesen" des Cyrill von Jerusalem (315–385) (Cyrill von Jerusalem/Fontes Christiani, Bd. 7, 1992). Cyrill unterscheidet zwischen Homilie (Predigt) und Katechese. Während die Homilie sich auf einen biblischen Schrifttext bezieht und für sich steht, bildet Katechese einen längeren zusammenhängenden Lern- und Einübungsprozess. Eine Katechese baut auf der anderen auf. Der gesamte Prozess zielt auf ein überschaubares Ganzes. In der Folge des Taufritus' in der Osternacht, der durch zahlreiche rituelle Handlungen, Salbungen und Eucharistie gekennzeichnet ist, deuten die mystagogischen Katechesen die Symbole und liturgischen Vollzüge der Tauffeier und führen die Neugetauften in die Geheimnisse des christlichen Glaubens und Lebens ein.

Nicht zu übersehen ist die *ästhetische Dimension der religiösen Erziehung* der frühen Christen. Die ersten überlieferten Bilder entstehen in den Katakomben Roms: Christusbilder und weitere biblische Motive, u. a. die berühmte Darstellung des Daniel in der Löwengrube. Sie können durchaus als Bilder mit katechetischer Wirkung gewertet werden.

Auch der bedeutende griechischsprachige Kirchenlehrer des Ostens, Johannes Chrysostomos (350–407), widmet sich in seiner Arbeit und seinen Schriften der Katechese. Seine katechetischen Predigten insbesondere im Zusammenhang mit der Oster- und Taufliturgie, sind getragen von Ermahnungen und Fragen der Lebensführung, aber auch von der Überzeugung, dass Glaube, Sakrament und Leben zusammengehören. In seinem pädagogischen

Hauptwerk „Über Hoffart und Kindererziehung" (393 n. Chr.) formuliert er bis heute relevante Gedanken über die christliche Erziehung und Anthropologie. So fordert er von dem Erzieher eine starke Persönlichkeit, in heutiger Terminologie: ‚Ichstärke' (März 1988, S. 33), um sie an die zu Erziehenden weiterzugeben. Allerdings, so beklagt er, versagen die meisten Eltern und Erzieher darin, da sie lieber ihre eigene „Hoffart", ihre Aufgeblasenheit und Arroganz pflegen. Chrysostomos ist skeptisch gegenüber dem Bildungssystem und den Bildungsgütern seiner Zeit. Sein oberstes Erziehungsziel ist christozentrisch, denn jeder Getaufte solle Kämpfer für Christus werden, um so seiner Gottebenbildlichkeit zu entsprechen.

Augustinus. Etwa zeitgleich beschäftigt sich sein nicht minder bedeutender Zeitgenosse, der westliche, lateinische Kirchenlehrer Augustinus (354–430), ebenfalls mit den Fragen nach einer gelingenden Katechese. Sein katechetischer Ansatz ist beeinflusst von Bischof Ambrosius von Mailand (um 339–397), der Augustinus taufte und der katechetisch bedeutsame Schriften verfasste. In *De Fide* legte Ambrosius eine Glaubenslehre vor, die Schrift *De sacramentis* stellt die Mitschrift von eigenen Taufkatechesen dar. Darüber hinaus sind die Predigten und das Liedgut des Ambrosius für die Katechese wichtig geworden. Sein ‚Täufling' Augustinus verfasste seinerseits ein erstes systematisches Glaubensbuch: *De doctrina christiana* (396/97). Kurz darauf beschrieb er seinen langen und qualvollen Weg der Bekehrung, seinen ‚Lernweg' ins Christentum, in den berühmten *Confessiones* („Bekenntnisse", um 397/98; zu Leben und Werk: Fuhrer 2004; Dassmann 1993). In anderen Schriften reflektiert Augustinus die Rolle des Lehrers (*De magistro,* um 388/91), wobei er überzeugt ist, dass Lehren und Lernen nur möglich sind durch das Hören auf den inneren Lehrer, Jesus Christus. Er, Jesus Christus, ist der eigentliche Lehrer und Meister der Wahrheit, er allein ermöglicht menschliche Erkenntnis.

Christus, der innere Lehrer

Seine Erfahrungen mit dem Katechumenat beschreibt Augustinus als Bischof von Hippo in Nordafrika in seiner kleinen Schrift *De catechizandis rudibus* (Vom ‚rohen', also ersten und einführenden katechetischen Unterricht; um 400; u.a. Augustinus 1985; Reil 1989). Hier legt er eine erste ‚Theorie' der Katechese vor, eine Art lernpsychologisch-didaktisches Konzept für die Unterweisung von erwachsenen Taufbewerbern im christlichen Glauben. In der Schrift ermuntert Augustinus die Katecheten, freudig *(gaudens)* und mit Heiterkeit *(hilaritas)* ans Werk zu gehen. Die Begeisterung oder die Unlust des Unterrichtenden übertrage sich auf die Katechumenen (die Lernenden). Schließlich sind die individuellen Voraussetzungen auf Seiten der Hörenden zu prüfen: Sind sie müde von der schweren Arbeit, sind sie schüchtern, teilnahmslos, verschlossen? Welches Alter haben sie? Sind sie gebildet, aufnahmefähig oder eher schwerfällig von Begriff? Zu welcher Schicht gehören sie? Sind sie reich oder arm, Bürger oder Zugewanderte? Welche Familienzugehörigkeit und welches Geschlecht haben sie? Augustinus bedenkt gar die Beschaffenheit des Unterrichtsraumes: Gibt es Sitzgelegenheiten oder müssen die Katechumenen lange stehen? Werden sie einzeln unterrichtet oder in Gruppen?

Wenn derlei Bedingungen entsprechend berücksichtigt werden und wenn vor allem der Katechet seine eigene Motivation prüft und sich freudig, positiv einstellt, kann religiöses Lernen gelingen, nämlich – ganz im Sinne des Paulus (s. o.) – „vom Hören zum Glauben, vom Glauben zur Hoffnung, von der Hoffnung zur Liebe" (*De Catechizandis rudibus*, Abschnitt 8). Schließlich können die eigentlichen Inhalte zur Sprache kommen, die Augustinus bereits in *De doctrina christiana* (s. o.) grundgelegt hatte: In der *narratio* erfolgt ein Gang durch die ‚Zeitalter' der Heilsgeschichte, die auf den Standort des einzelnen Gläubigen hin gedeutet werden und in der Liebe Christi ihr Ziel haben. Darauf folgt die *explicatio,* die Erklärung unbekannter Ausdrücke und Themen, sodann die *interrogatio,* ein Lehrgespräch, das den Katechumenen „aufrütteln und gleichsam aus seinem Versteck herauslocken will" (ebd. Abschnitt 18). Am Ende werden in der *exhortatio* Ermahnungen zu einer sittlichen und evangeliumsgemäßen Lebensführung gegeben. Doch, da ist sich Augustinus gewiss, keine Katechese ist restlos planbar. Er folgert: „Im übrigen ist es sinnvoller, ausführlicher für ihn (den Lernenden) zu Gott zu sprechen, als mit ihm über Gott." (ebd.)

Bei der Betrachtung des Katechumenats und der Reflexionen zur Katechese in der Alten Kirche wird deutlich, dass einerseits die Vermittlung der grundlegenden Elemente des Christseins beabsichtigt ist, andererseits wird den Bewerbern eine intensive Möglichkeit zur Aneignung christlicher Lebens- und Glaubensvollzüge gewährt. Gleichzeitig ist die Christusbeziehung der innerste Punkt aller Katechese, die im Kontext der Beziehungen der christlichen Gemeinde gelebt wird.

Katechese als Sozialisation. Im 4. und 5. Jahrhundert n. Chr. hatte das altkirchliche Katechumenat seine Hochform erreicht, doch sollte es sich schon bald radikal verändern. Durch Toleranzedikt (313) und Erhebung des Christentums zur Staatsreligion des römischen Reiches (385) veränderten sich auch die Lebens- und damit die Lernbedingungen für Christen im Römischen Reich grundlegend. Schon in konstantinischer Zeit kam es zu Massentaufen, umso mehr in der Zeit der Franken- und Germanenmission im 6.–9. Jahrhundert. Katechese erfolgte jetzt mehr und mehr *nach* der Taufe. Kam es zur Bekehrung eines Stammesfürsten oder Herzogs, wurden alle Untertanen ungefragt getauft. Eine umfassende Glaubensunterweisung musste nachgeholt werden. Aus dem frühen Mittelalter gibt es zu katechetischen Unternehmungen wenig direkte Dokumente, doch können beispielsweise die Bonifatiusbriefe katechetisch gelesen werden.

Ein weiterer Faktor trug schließlich entscheidend zur Veränderung des Erwachsenenkatechumenats bei: das Aufkommen der Kindertaufe. Christliche Familien wollten ihre Neugeborenen möglichst schnell taufen lassen, um sie der Rettung in Jesus Christus zuzuführen. Eine Katechese wurde auf später vertagt und fand eher indirekt statt. Dadurch verlagerte sich der Schwerpunkt weg von einem institutionalisierten Katechumenat hin zu „neuen katechetischen Formen" (Läpple 1981, S. 64 ff.), die eher der religiösen Familiensozialisation, der katechetischen Wirkung der Gemeindepredigt, der Teilnahme an liturgischen Veranstaltungen, den Gottesdiensten, Gebetszeiten, Prozessionen und Wallfahrten zuzurechnen sind. Dabei darf die sozialisierende, glaubensstärkende Wirkung der christlichen Kunst, die Ausdrucksgestalt des Glaubens ist, also die ästhetische Form der Glaubensvermittlung, nicht unterschätzt werden. In den Kirchen fanden sich Mosaike,

Veränderung der Katechese

Bilder, Skulpturen und vieles Künstlerische mehr, was den Gläubigen eine ‚Vorstellung' von christlichen Inhalten vermittelte.

Darüber hinaus sollte ein weiterer Faktor das Gesicht Europas über Jahrhunderte hinweg prägen: das Aufkommen von Schulen für den Priester- und Klosternachwuchs (Konrad 2007, S. 22 ff.). Das Christentum hatte zunächst kein eigenes Schulwesen ausgebildet. Beim Aufkommen der Klöster übernahmen diese die Schulung der eigenen Novizen selbst. Im 6. Jahrhundert werden erstmals bischöfliche und pfarrliche Schulen erwähnt; auch iroschottische Schulen sind bekannt. Karolingische Initiativen für das Schulwesen erwirkten durch eine Verordnung Kaiser Karls des Großen (768–814), dass in jedem Kloster und Domstift Schulen für Knaben einzurichten seien, aus denen sich der Nachwuchs für Kleriker und Ordensleute rekrutierte. Freilich muss gesagt werden: Das mittelalterliche Schulwesen erreichte nur eine sehr kleine Schicht von Geistlichen und Adeligen, diese aber gaben ihre (religiöse) Bildung weiter an andere, insbesondere in der Gemeindepredigt (in karolingischer Zeit waren die sonn- und feiertägliche Predigt in der Volkssprache verpflichtend). Die karolingischen Schulen waren an das römische Bildungswesen angelehnt; so entstanden christliche Schulen für Laien und Kleriker, in denen klassisch-griechische, -römische und christliche Autoren, v. a. aber die Bibel gelesen wurde. Da sie in erster Linie dem lateinischen Bildungsgut verpflichtet waren, nannte man sie auch „Lateinschulen". Schon im frühen Mittelalter gab es Klosterschulen auch an Frauenklöstern, die externe Mädchen aufnahmen, sodass immer mehr Frauen zu Bildungsträgerinnen wurden. So wurden beispielsweise Bücher von Frauen nur an Frauen vererbt, was bei Männern nicht üblich war. Hoch gebildete Frauen hatten eine bedeutende Wirkungsgeschichte, u. a. Hildegard von Bingen (1098–1179) oder Mechthild von Magdeburg (1207–1283), um nur zwei herausragende Vertreterinnen zu nennen. In der Regel waren mehr Frauen als Männer ‚gebildet'.

Klosterschulen

Im Hochmittelalter nahmen die Klosterschulen in den großen Städten verstärkt Nichtnovizen als externe Schüler auf, die für kirchliche Dienste, für Arbeiten am Hof des Kaisers oder für die Verwaltung der Städte und des Reichs ausgebildet wurden. Ab dem 12. Jahrhundert kam es zum Aufstieg des städtischen Schulwesens, v. a. der Domschulen (z. B. in Köln, Reims, Chartres, Paris). Dennoch, die meisten Menschen im Mittelalter wurden durch ihre Familien religiös ‚gebildet' – im Sinne von ‚sozialisiert'. Religiöses Lernen erfolgte zumeist ‚nebenbei' durch Teilnahme am Gottesdienst, Hören der Predigt, Praxis der Volksreligiosität, ja, durch die ganze Prägekraft einer religiös-christlichen Lebensform (Jahreszyklus, Tischgebete, Haussegen, Toten- und Friedhofskultur, Kirchenräume, Verehrung der Patrone etc.). Allerdings gibt es zur Katechese im Mittelalter noch viel zu wenig historische Forschung.

Hauptfaktoren religiösen Lernens bis zum ausgehenden Mittelalter

- *Haus- und Laienkatechese:* Eine Art ‚Familienkatechese', wobei Eltern und Großeltern erste Religionslehrer ihrer Kinder waren. Sie übernahmen auch die Vorbereitung auf die Sakramente, zu der beispielsweise das Auswendiglernen von Gebeten und des Credo gehörten. Die Eltern hatten ihr religiöses Wissen v. a. durch die Gemeindepredigt erhalten.

- Die *Predigt* in der Volkssprache diente als Erwachsenenkatechese. Sie wurde zur Voraussetzung der Kinderkatechese zu Hause. Bisweilen gab es fortlaufende Predigtzyklen.
- Die Bedeutung des *Patenamts* für das religiöse Lernen der Kinder wuchs. Paten gaben ihr Wissen weiter und wurden (idealerweise) zum Vorbild in ihrer Lebensführung. Über die Namengebung konnten sich die Gläubigen mit ‚ihrem' Heiligen und dessen Glaubensgeschichte identifizieren.
- Im Hochmittelalter kann man von einer Art ‚Einsatz von Medien' zur religiösen Bildung sprechen. Auf *Beichttafeln und in Beichtbüchlein* waren z. B. die Zehn Gebote mit bunten, drastischen Bildern dargestellt. Auf *Katechismustafeln* (z. B. des Nikolaus von Kues, s. u.) waren das Vaterunser und die sieben Sakramente dargestellt. Die Tafeln wurden an Kirchentüren und Eingangspforten von Spitälern angebracht.
- Die sog. *Bibliae pauperum* im hohen und späten Mittelalter (erstmals bekannt ab 1. Hälfte des 13. Jahrhunderts) waren großformatige Bücher, auf denen biblische Geschichten und Heiligenlegenden abgebildet wurden, Gestalten und Szenen des Alten und Neuen Testaments, v. a. Leben und Passion Christi, Verkündigung und Krönung Mariens etc.
- Die *Ausstattung vieler Kirchen, insbesondere in der im Hochmittelalter aufkommenden gotischen Epoche* mit einer Fülle von Altären, Bildern, Statuen, Figuren, Skulpturen, Fahnen, Kreuzwegstationen diente ebenfalls der Unterweisung. Katechese im Mittelalter fand oft am Ort des Gottesdienstes, im Kirchenraum statt. Auch wenn *Liturgie* nicht zum Zweck der Bildung erfolgt, hat sie dennoch – bis heute – katechetische Elemente: Menschen lernen in religiöser Hinsicht, wenn sie an Liturgie teilnehmen.
- *Heiligenviten, Mysterienspiele, Krippenspiele (ab 13. Jahrhundert)* waren weitere Gelegenheiten für die Gläubigen, etwas von der Botschaft des Evangeliums zu erfahren oder neu zu verstehen.

Die großen Theologen des Mittelalters haben eher indirekt die späteren katechetischen Entwicklungen vorbereitet. Die meisten von ihnen waren auch bedeutende Seelsorger und Prediger, denen somit die Verkündigung und ‚Glaubensweitergabe' bzw. Glaubensvertiefung am Herzen lag. Einige Beispiele sollen dies kurz illustrieren: Über das gesamte Werk von Thomas von Aquin (1225–1274) verstreut finden sich pädagogische und katechetische Impulse. So ist sein Hauptwerk, die *Summa theologiae (1266–73),* die das Gesamt des Glaubensguts auf meisterhafte Weise intellektuell durchdringt und darlegt, didaktisch hoch entwickelt. Die einzelnen *quaestiones* sind nach dem Schema der *disputatio* gegliedert, wobei die Argumente und die Gegenargumente zur Sprache kommen, ja, miteinander in Dialog treten.

pädagogische Anthropologie

Inhaltlich bereitet Thomas eine pädagogische Anthropologie vor, indem er die christlichen Aussagen über den Menschen, seine Gottebenbildlichkeit und seine Personalität hervorhebt. Gott ist der eigentliche Lehrer und Erzieher des Menschen (s. o. Altes Testament). Daneben verfasste Thomas eine stattliche Anzahl von Predigten, z. B. die in Neapel gehaltenen katechetischen Fastenpredigten, aus denen eine Art Katechismus hervorging (publiziert als die *„Opuscula"),* in dem das Glaubensbekenntnis und die Sakramente der Kirche erklärt werden. Ein anderer bedeutender Theologe des Hochmittelalters, der Franziskaner Bonaventura (1221–1247), schreibt in seinem *„Itinerarium mentis in Deum"* („Pilgerbuch der Seele zu Gott"; 1259) einen beachtlichen, quasi ‚spiritualitätsdidaktischen' Ansatz nieder. Später hat sich Nikolaus von Kues (1401–1464) in seinen Schriften ebenfalls für eine Vertiefung des Glaubens engagiert. So ist z.B. in *„De visione Dei"* („Gottesschau"; 1453) eine erstaunliche sinnliche Übung enthalten.

In solchen und vielen weiteren ähnlichen Werken sowie in den zahlreichen angedeuteten katechetischen Aspekten wird deutlich, dass die Welt des Mittelalters nicht einfach katechetisches Brachland war. Im Mittelalter wurde durch Familiensozialisation, Kirchenmitgliedschaft, Gottesdienstteilnahme, also die religiös-christlich geprägte Lebensform, erstaunlich viel religiös gelernt und somit die christliche Botschaft weitertradiert.

2.2 Bildungsschub durch Renaissance, Reformation und Aufklärung

Entstehung von Katechismen. Die neuere Reformationsforschung zeigt auf, dass die Reformation nicht aus heiterem Himmel entstanden ist, sondern auf dem Boden des mittelalterlichen Denkens, Glaubens, Lebens, der mittelalterlichen Frömmigkeit und schließlich der soziopolitischen Verhältnisse zu verstehen ist (u.a. Klueting 2007; Rublack 2006). Diese Erkenntnis schmälert keineswegs die immense Bedeutung, die die Reformation für die weitere Geschichte der Christenheit hatte und weiterhin hat, ordnet ihr Entstehen aber in den vorliegenden historischen Kontext ein. Die Reformation lag zu Beginn des 16. Jahrhunderts sozusagen ‚in der Luft'. Vorläufer im Blick auf die hier gestellte Frage, nämlich die Förderung der (religiösen) Bildung, stellten u.a. ab dem 14. Jahrhundert die (italienische) Renaissance und der Humanismus dar, die einen Bildungsschub bewirkten: Der Mensch soll durch Natur und Kunst gebildet sein, war ihr Programm. Die Ausbreitung humanistischen Gedankenguts in Literatur, Philosophie, Architektur, bildnerischer (religiöser) Kunst und Musik erreichte insbesondere die Bevölkerung der rasch wachsenden Städte. Auch der Humanist *Erasmus von Rotterdam* (1469–1536) dachte darüber nach, wie die *religiöse* Bildung gefördert werden kann (Gutjahr 2007). Aus seiner Feder entstanden in den Jahren 1501/3 und 1512/13 und 1522 katechetische Werke – just zu der Zeit, als Martin Luther den Anstoß zur Reformation gab. Ausgehend von dem Grundsatz, dass niemand als Christ geboren wird, sondern sich im Laufe seines Leben zum Christen ‚bildet' (vgl. Tertullian), war Erasmus überzeugt, dass Gebet und Bildung zusammengehören. Einer seiner pädagogischen Grundsätze war der der Kindgemäßheit. Die Lehre solle sich am Kind orientieren, der Erzieher ein positives Verhältnis zum Zögling eingehen. Freundlichkeit ist für Erasmus weitaus besser als Prügelstrafe. Um die wesentlichen Bildungsinhalte zusammenzustellen, schrieb Erasmus den ersten Quasi-Katechismus der beginnenden Neuzeit, auch wenn er sein Werk noch nicht „Katechismus" nannte. – Weitere Reformbemühungen, die sich um die Unterweisung insbesondere der Kinder bemühten, entstanden im 16. Jahrhundert, beispielsweise durch die Erziehungs- und Bildungseinrichtungen der Jesuiten, der Ursulinen etc., die sich in besonderem Maße der (religiösen) Erziehung der Jugend annahmen.

Gebet und Bildung

Ein besonderer Bildungsschub wurde schließlich durch die reformatorische Bewegung ausgelöst. Martin Luthers (1483–1546) theologischer Grundansatz, die Konzentration auf den Einzelnen und auf dessen unmittelbares Verhältnis zu Gott, das keiner Zwischeninstanz bedarf – weder durch die Kirche noch durch Heilige –, seine Lehre von der Rechtfertigung des sündigen Menschen allein durch Gott, durch niemanden sonst – *„allein Gott, allein Christus, allein der Glaube“* –, diese reformatorischen Grundeinsichten ziehen unmittelbare katechetische Konsequenzen nach sich: Die Menschen müssen darüber Bescheid wissen, dass sie von Gott gerechtfertigt sind, sie müssen das Evangelium und die Grundeinsichten des Christentums kennen, um danach leben zu können. Damit löste die Reformation eine große ‚Bildungsoffensive‘ aus. Die Menschen sollen gebildet sein, damit sie ihren Glauben in vertiefter Weise verstehen können. Luthers *katechetisches* Anliegen ist nur von seinem *theologischen* Grundanliegen her zu verstehen. Er forderte von den Ratsherren aller Städte, christliche Schulen einzurichten und die Kinder (hier: die Jungen) zur Schule zu schicken (1524). Luther und die weiteren Reformatoren waren beunruhigt über das geringe *biblische* Wissen der Menschen. Ihnen ging es um das Heil der Seelen, das allein in der Christusbeziehung zu finden ist. Deshalb machte er sich an das Werk der Bibelübersetzung und gleichzeitig daran, die Kernpunkte des Glaubens in einer übersichtlichen, lehr- und lernbaren Form festzuhalten: Die moderne Form des Katechismus entstand. Luther verfasste mehrere Katechismen, die in den Gebieten der Reformation weite Verbreitung fanden und bis heute in Gemeinde und Schule Verwendung finden:

katechetisches Anliegen der Reformation

Der große Katechismus (April 1529) von Martin Luther
Zur Predigt- und Lehrvorbereitung, aber auch für Hausväter bestimmt:
Aufbau:

I. Von den Geboten
II. Vom Glauben
III. Das Vaterunser
IV. Von der Taufe
V. Vom Altarsakrament (vom Heiligen Abendmahl)
VI. Eine kurze Vermahnung zur Beichte

Für das „Selbststudium“ und die religiöse Unterweisung durch Prediger und Hausväter erschien im selben Jahr der „Kleine Katechismus“, der ganz ähnlich aufgebaut war.

Der Kleine Katechismus von Martin Luther
Aufbau:

I. Die 10 Gebote
II. Der Glaube
III. Das Vaterunser
IV. Das Sakrament der heiligen Taufe
V. Das Sakrament des Altars
VI. Vom Amt der Schlüssel und von der Beichte

Schon anhand der Kapitelüberschriften wird die Betonung des Lehrens und Lernens deutlich. Mit drastischen Worten ermahnte Luther die in der Seelsorge Tätigen, mehr für ihre eigene religiöse Bildung zu tun, denn er sah, dass …

„… Pfarrherrn und Prediger hierin sehr säumig sind und beides verachten, ihr Amt und diese Lehre, etliche aus großer hoher Kunst, etliche aber aus lauter Faulheit und Bauchsorge, welche sich nicht anders zur Sache stellen, denn als wären sie um ihres Bauches willen Pfarrherrn oder Prediger … anstatt derselben morgens, mittags und abends etwa ein Blatt oder zwei aus dem Katechismus, Betbüchlein, Neuen Testament oder sonst aus der Bibel zu lesen und ein Vaterunser für sich und ihre Pfarrkinder zu beten, auf dass sie doch dem Evangelio wiederum eine Ehre und Dank erzeigten, durch welches sie denn so von mancherlei Lasten und Beschwerungen erledigt sind, und sich ein wenig schämten, dass sie gleichwie die Säue und Hunde nicht mehr vom Evangelio behalten denn solche faule, schädliche, schändliche, fleischliche Freiheit." (Vorrede zum Großen Katechismus; Luther 2005 [1529])

religiöse Bildung

Religiöse Bildung für Prediger und Seelsorger – religiöse Bildung für die einfachen Gläubigen: das war das große Bildungsprogramm der reformatorischen Bewegung. Denn nur so kann das Wort Gottes, das Evangelium bei den Menschen ankommen und recht verstanden werden. Ein Textbeispiel belegt die reformatorische Stoßrichtung der Katechismen, hier aus dem Kleinen Katechismus Luthers (Luther 2004 [1529]):

Der erste Artikel
Von der Schöpfung
Ich glaube an Gott, den Vater, den Allmächtigen, den Schöpfer des Himmels und der Erde.
Was ist das?
Ich glaube, dass mich Gott geschaffen hat samt allen Kreaturen, mir Leib und Seele, Augen, Ohren und alle Glieder, Vernunft und alle Sinne gegeben hat und noch erhält; dazu Kleider und Schuh, Essen und Trinken, Haus und Hof, Weib und Kind, Acker, Vieh und alle Güter; mit allem, was Not tut für Leib und Leben, mich reichlich und täglich versorgt, in allen Gefahren beschirmt und vor allem Übel behütet und bewahrt; und das alles aus lauter väterlicher, göttlicher Güte und Barmherzigkeit, ohn' all mein Verdienst und Würdigkeit: für all das ich ihm zu danken und zu loben und dafür zu dienen und gehorsam zu sein schuldig bin.
Das ist gewisslich wahr.

Der Katechismus stellt für Luther eine Essenz und Erklärung der Heiligen Schrift dar, obwohl er diese keineswegs ersetzen sollte. Er ist eine Art Elementartheologie und Zusammenfassung des christlichen Glaubenslebens, die verständlich und einprägsam sein will. Reformatorische Theologie, z. B. das Geschenktsein von Gott *„ohn' all mein Verdienst und Würdigkeit"*, ist der rote Faden, um den herum die Katechismuslehren gestrickt sind. Die Vermittlung von biblischem Wissen dient allein der Intensivierung der Beziehung zu Gott auf Seiten der Lernenden. In der Folge kam es auf protestantischer Seite zu einer Vielzahl von Katechismusbildungen, neben Luther u. a. durch Melanchthon und Calvin (Beyer 2007; Schladoth 2007; Fraas et al. 1988). Der Reformation zugute kam die schon ein Jahrhundert zuvor erfolgte Erfindung der Buchdruckkunst, die zu einer großen und raschen Verbreitung der Schriften beitrug.

Doch die Reformation hatte nicht nur durch ihre Katechismen eine katechetische Wirkung. Das reformatorische Liedgut (direkt auf Luther gehen zahlreiche Lieder zurück), die Gebetsbücher, die Bedeutung der Predigt sowie die reformatorische Kunst prägten das Lebens- und Glaubensgefühl der nach und nach entstehenden protestantischen Konfession entscheidend mit.

Als Reaktion auf all dies erkannte man auch in der an Rom orientierten Kirche wieder stärker die Bedeutung religiösen Lehrens und Lernens für alle

Gläubigen. Diese Aufgabe fiel u.a. dem Jesuiten und Bildungsreformer Petrus Canisius S.J. (1521–1597) zu, der gleich drei Katechismen verfasste, für Lehrer, für Schüler und für einfache Gläubige. Sie sollten die katechetische Landschaft in der katholischen Kirche in den folgenden Jahrzehnten, wenn nicht Jahrhunderten, entscheidend prägen (Sievernich 2007). Aufgrund der sich entwickelnden Ausrichtung des Jesuitenordens, nämlich die Unterweisung von Kindern und Jugendlichen sowie der einfachen Gläubigen in der christlichen Lehre zu fördern, kam es zur Gründung einer Vielzahl jesuitischer Schulen, in denen auch Religionsunterricht erteilt wurde. Durch umfangreiche Lehr- und Organisationstätigkeit nahm Canisius in ganz Europa an dieser Bildungsoffensive teil. Ihm ging es u.a. um die Ausbreitung einer vertieften Gebetskultur. Kurz aufeinander verfasste er: *Summa Doctrina Christianae* – der Große Katechismus (1555); *Catechismus Minimus* – der Kleine Katechismus (1556); *Parvus Catechismus Catholicorum* – der Mittlere Katechismus (Köln, 1558).

Katechismen

Aufbau aller drei Katechismen des Petrus Canisius:
I. Vom Glauben und den 12 Artikeln des Apostolischen Glaubensbekenntnisses
II. Von der Hoffnung und dem Vaterunser
III. Von der Liebe und den 10 Geboten
IV. Von den heiligen Sakramenten
V. Von der christlichen Gerechtigkeit
VI. Von den Glaubensbekenntnissen

Auf den ersten Blick unterscheiden sich die Abschnitte des Katechismus nicht so sehr von denen Luthers (s.o.). Doch die inhaltliche Ausrichtung hat einen anderen Schwerpunkt: Hier, bei Canisius und den weiteren katholischen Katechismen der Folgezeit, wird viel stärker die kirchliche Ausrichtung des Glaubens betont. Die Gottesbeziehung des Einzelnen wird durch die Kirche, die kirchliche Verkündigung und die Sakramente vermittelt (siehe z.B. Canisius 2003 [1555]). Dies ist auch der Grundtenor des *Catechismus Romanus,* der vom Trienter Konzil (1545–1563) beschlossen, von Papst Pius V. 1566 herausgegeben und bereits 1568 ins Deutsche übertragen wurde. Er wendet sich an Pfarrer, insbesondere für deren Katechismusunterricht und als Informationsquelle für die Predigt. Die gesamte katholische Lehre wird in vier großen Abschnitten behandelt: (1) Glaube, Glaubensbekenntnis; (2) Sieben Sakramente; (3) Gebote, Dekalog; (4) Gebete, Vater unser – eine Struktur, die sich ebenso im heutigen *„Katechismus der Katholischen Kirche“* (2003 [1993]), dem sogenannten *„Weltkatechismus“*, und seiner Zusammenfassung, dem *„Kompendium“* (2005) wiederfindet.

Im Zuge der voranschreitenden Konfessionalisierung in der zweiten Hälfte des 16. Jahrhunderts und im 17. Jahrhundert bekamen die Katechismen eine neue Bedeutung, die bei ihrer Abfassung noch gar nicht oder kaum intendiert war: Sie entwickelten sich zu Identifikationspolen der jeweiligen Konfession, zur Sicherung des ‚Eigenen‘ und zur Abgrenzung gegenüber den anderen.

Aufklärung und ihre Konsequenzen für die Katechese. Einen weiteren Bildungsschub bewirkte ab dem 18. Jahrhundert die europäische Aufklärung, die die Bildungsimpulse des 14.–17. Jahrhunderts aufnahm und weiterführte. Aufklärung – jener zunächst philosophische und schließlich gesellschaftliche Prozess des „Ausgangs des Menschen aus der selbstverschuldeten

Unmündigkeit" (Immanuel Kant), kann freilich bis heute nicht als abgeschlossen betrachtet werden kann. Ähnlich wie die Reformation hatte auch die Aufklärung eine bildungspolitische Stoßrichtung, wenn auch aus anderen Motiven. Die „Erziehung des Menschengeschlechts" wurde zur zentralen Aufgabe erhoben, was beispielsweise der Sozialphilosoph *Jean-Jacques Rousseau* (1712–1778) in dem Erziehungsroman „Emile oder Über die Erziehung" (2006 [1762]) durch seine programmatische Betonung des Eigenrechts der Kindheit zum Ausdruck gebracht hat und was sich der Pädagoge *Johann Heinrich Pestalozzi* (1746–1827) als Lebensaufgabe stellte.

Erziehung des Menschengeschlechts

Die philosophische Aufklärung des 18. Jahrhunderts ist auch die entscheidende Impulsgeberin für das Entstehen der Religionspädagogik als Wissenschaft, auch wenn es noch lange dauern sollte, bis sie als akademische Disziplin an den Universitäten in Forschung und Lehre vertreten war. An zwei höchst unterschiedlichen, aber markanten Biografien soll exemplarisch die neue Art und Weise, über Bildung und Religion nachzudenken, illustriert werden.

Friedrich Daniel Ernst Schleiermacher

- Protestantischer Theologe, Philosoph, Pädagoge in Halle und Berlin
- Dozent der Philosophie und Theologie an verschiedenen Universitäten
- Begründer der theologischen Disziplin der „Praktischen Theologie"
- starke Prägung durch die Aufklärung (aber auch kritische Reflexion über aufklärerische Gedanken)
- Betonung des neuzeitlichen Prinzips der Subjektivität („Praktische Theologie des Subjekts")
- Praktische Theologie als „die Krone des theologischen Studiums"

Friedrich Daniel Ernst Schleiermacher (1768–1834)

Für die religiöse Bildung bedeutende Schriften:

- 1799: Über die Religion. Rede an die Gebildeten unter ihren Verächtern
- 1811/1830: Kurze Darstellung des theologischen Studiums zum Behuf einleitender Vorlesungen
- 1821/1822: Der christliche Glaube nach den Grundsätzen der evangelischen Kirche
- 1850 (posthum): Die Praktische Theologie nach den Grundsätzen der evangelischen Kirche im Zusammenhange dargestellt

Grundgedanken im Blick auf religiöse Bildung:

- Ziel jeder Erziehung ist die Entwicklung der Menschheit (aufklärerische Pädagogik)
- leitend dabei ist die Idee des Guten
- Religion ist das Gefühl „schlechthinniger Abhängigkeit" vom Göttlichen; sie ist v. a. „Anschauung und Gefühl", „Sinn und Geschmack fürs Unendliche"
- „Bildung zur Religion" vollzieht sich „durch die Äußerung seiner eigenen Religion", um die natürliche „religiöse Anlage" beim Lernenden zu stimulieren und zur Entfaltung zu bringen
- erster Ort religiöser Bildung ist die Familie
- zweiter Ort religiöser Bildung ist – unterstützend – die Katechese in der Gemeinde
- dritter Ort ist – allerdings in begrenzter Weise – die Schule
- religiöse Bildung entspricht einem Leben aus der Heiligen Schrift
- skeptisch gegenüber Katechismen

Ausgewählte Sekundärliteratur:
Herms 2006; Nowak 2002; Fischer 2000; Kumlehn 1999; Frost 1991

Johann Baptist Hirscher (1788–1865)

Johann Baptist Hirscher

- Katholischer Priester und Theologieprofessor in Tübingen und Freiburg i. Br.
- einer der ersten Inhaber eines Lehrstuhls für „Katechetik" als theologische Disziplin
- legte in seinem Werk zur „Katechetik" die Grundlage für diese Disziplin
- denkt von der Aufklärung her, aber gleichermaßen von der Kirche
- Hirscher lehnt die damalige theologisch-kirchliche Ausrichtung, die neuscholastische Theologie mit ihrer Konzentration auf dogmatische Lehrsätze, entschieden ab
- Katechetik als wissenschaftliche Reflexion des „Glauben-Lernens"

Für die religiöse Bildung bedeutende Schriften:

- 1831: Katechetik oder Der Beruf des Seelsorgers, die ihm anvertraute Jugend im Christentum zu unterrichten und zu erziehen, nach seinem ganzen Umfange dargestellt
- 1835: Die christliche Moral als Verwirklichung des göttliches Reiches in der Menschheit
- 1845: Der kleine Katechismus der christkatholischen Religion
- 1852: Beiträge zur Homiletik und Katechetik

Grundgedanken im Blick auf religiöse Bildung:

- Ziel der Katechese ist nicht allein Wissensvermittlung, sondern Hinführung der Getauften zur „christlichen Volljährigkeit", also zur religiösen Mündigkeit (aufklärerisches Gedankengut)
- leitend dabei ist die Reich-Gottes-Botschaft Jesu, die auch Mittelpunkt von Predigt und Katechese sein muss
- religiöse Bildung entspricht einer starken kirchlichen Bindung und kirchlichen Sozialisation
- nannte seinen katechetischen Ansatz „kirchliche Katechetik"
- Gottes Wort als Gabe und Geschenk zielt auf Ant-Wort des Menschen
- Katechetik muss theologisch fundiert, aber auch pädagogisch verantwortet werden
- Wahrheiten haben für die Katechese nur dann eine Bedeutung, wenn sie die Gottesbeziehung in den Mittelpunkt stellen
- verfasst eigene Katechismen (1842, 1845)

Ausgewählte Sekundärliteratur:
Faller 2006; Biesinger 1998; Rief 1995; Fürst 1989; Fürst 1979

erste wissenschaftliche Reflexion religiösen Lernens

Beide Theologen, Schleiermacher und Hirscher, tragen entscheidend zur Entstehung einer modernen, wissenschaftlich fundierten Reflexion des religiösen Lernens bei, obwohl sie sich nicht nur von ihrer konfessionellen Prägung, sondern auch von ihrem gesamten Denkansatz erheblich unterscheiden. An ihrem jeweiligen Werk wird deutlich, dass in jener Zeit das Nachdenken über die Voraussetzungen, die Möglichkeiten wie auch über die Wege religiöser Bildung und Katechese einer neuen Fundierung bedurfte. Frühchristliche und mittelalterliche Katechese musste reformiert und von Grund auf neu konzipiert werden. Dazu sind nicht allein theologische Erkenntnisse („Vermittlung" der Inhalte), sondern auch humanwissenschaftliche, insbesondere pädagogische Einsichten („Aneignung" auf Seiten der Lernenden) heranzuziehen. Die Reflexion darüber spielte sich von nun an in neuen universitären Disziplinen ab, nämlich der Praktischen Theologie und der Katechetik, aus denen sich später die Religionspädagogik als eigenständiger Wissenschaftsbereich entwickelte.

2.3 Entstehung der Religionspädagogik als wissenschaftliche Disziplin innerhalb der Theologie

KATECHESE ALS INSTRUKTION. Die Situation christlichen religiösen Lehrens und Lernens im 18. und 19. Jahrhundert ist im Wesentlichen durch das Zusammenspiel von drei ‚Lernorten des Glaubens' geprägt, die sich mehr und mehr herauskristallisierten: Familie, Gemeinde, Schule (Kap. 10). Während – vergröbernd gesagt – in der Alten Kirche die Gemeinde das zentrale Lernfeld des Glaubens darstellte (altkirchliches Katechumenat) und sich im Mittelalter religiöses Lernen vor allem in der familiären und der mit ihr zusammenhängenden religiös-kirchlichen Sozialisation vollzog, wird in der späteren Neuzeit der schulische Religionsunterricht nach und nach zu einem wichtigen Faktor religiöser Bildung. Allerdings sollte es Jahrhunderte dauern, bevor sich die Idee einer Allgemeinen Schulpflicht und des Religionsunterrichts als eigenständiges Fach innerhalb kirchlicher oder öffentlicher Schulen durchsetzte (zum Folgenden: Konrad 2007; Harney et al. 2006).

Bereits in der Reformation kam es, wie oben erwähnt, zur Forderung nach schulischer Bildung für alle, auch für Mädchen, was in erster Linie aus theologischem Interesse erfolgte: Die Reformatoren wollten den Glauben des Einzelnen gegenüber der Dominanz durch die (römisch-)kirchliche Institution stärken. Die aus diesem Interesse entstehenden Schulen waren demnach stark reformatorisch geprägt. Im Gegenzug kamen die meist durch Orden geleiteten katholischen Schulen auf. So entstanden im Zeitalter der Konfessionalisierung die sogenannten „Bekenntnisschulen". Die enge Verbindung von Schule und Kirche blieb bis weit in die Neuzeit, ja eigentlich bis ins 19. und 20. Jahrhundert bestehen. Ab Mitte des 18. Jahrhunderts kam es zur allmählichen Herausbildung der modernen Schule, der „Staatsschule", obwohl auch diese weiterhin konfessionell dominiert war. Nach einigen Vorläufern im 17. Jahrhundert hatte König Friedrich Wilhelm I. von Preußen im Jahr 1717 die Schulpflicht für die Orte, in denen Schulen bestanden, eingeführt, ab 1763 galt per Generaledikt die allgemeine Schulpflicht in ganz Preußen, ab 1802 in Bayern. Dennoch gab es enorme regionale, soziale und geschlechtsspezifische Differenzen. So konnten beispielsweise begüterte Eltern ihre Kinder von der allgemeinen Schulpflicht befreien und durch Privatlehrer unterrichten lassen. Schätzungsweise waren Ende des 18. Jahrhunderts höchstens die Hälfte der Kinder in Deutschland ‚beschult', freilich mit erheblichen Differenzen in Bezug auf Jungen und Mädchen. Im 19. Jahrhundert wuchs das staatliche Interesse an einer allgemeinen Schule; man sah in ihr mehr und mehr ihre staatstragende Funktion, z. B. durch die Ausbildung von Staatsdienern.

Schulpflicht

Folge der allgemeinen Schulpflicht für die religiöse Bildung: Im aufkommenden konfessionellen Religionsunterricht, der an staatlichen Schulen zum Pflichtfach etabliert wurde, wurde Katechese stark „verschult" (zum Folgenden: Grethlein 1998, S. 41–138; Bizer 1988). Im Vordergrund stand von nun an die Wissensvermittlung, die durch biblischen Unterricht und Katechismusunterricht realisiert wurde. Auch in der Kirchengemeinde wurde Katechese, also die Einweisung in christliches, kirchliches Leben („Sonntagsschule", „Christenlehre"), mehr und mehr reduziert auf Katechismuslernen: Wer die Satzwahrheiten des Katechismus auswendig aufsagen kann, galt als religiös gebildet. In der katholischen Kirche wurde diese Entwicklung durch die neuscholastische Theologie unterstützt. Katechetik in der neuscholastischen Tradition bedeutete eine Theorie des katechetischen Unterrichtens in strikt deduktiver Denktradition. Damit folgte die Katechetik einem „instruktionstheoretischen" Modell, wonach religiöses Lehren aus Instruktion und religiöses Lernen aus Rezeption der dargebotenen Inhalte besteht (Kap. 3). Ihren Niederschlag fand eine solche Auffassung in der Verbreitung von Katechismen, zum Beispiel des Katechismus von Joseph Deharbe (1847), der als (z.T. einziges) Schulbuch im Fach Katholische Religion Verwendung fand. Eine kleine Zeichnung (von Albert Burkart) aus dem viel später entstanden, sehr viel mehr verbreiteten (mehr als 50 Übersetzungen!) und schon stark weiterentwickelten sog. „Grünen Katechismus" der Bistümer Deutschlands (1955, S. 7) mag das instruktionstheoretische Verständnis von Katechismuslernen illustrieren:

neuscholastische Katechetik

Im instruktionstheoretischen Ansatz steht die Vermittlung von Wissen im Mittelpunkt religiösen Lehrens und Lernens. Erst durch Reformbewegungen wurde in der Folgezeit wieder stärker über die Aneignung der Inhalte auf Seiten der Lernenden nachgedacht.

Aufkommen der Religionspädagogik. Zu Reformbewegungen in der Katechetik und in der Katechese kam es unter je verschiedenen konfessionellen Vorzeichen Ende des 19. und Anfang des 20. Jahrhunderts (Schweitzer et al. 2005; Simon 2001). In der evangelischen Theologie war das Aufkommen der sogenannten „liberalen Theologie" maßgeblich an der Entstehung einer modernen, wissenschaftlichen Disziplin zur Reflexion von religiösem Lehren und Lernen beteiligt: Erstmals sprach man von „Religionspädagogik" (so der evangelische Systematiker *Max Reischle* im Jahre 1889), um diesen Begriff gegen die ‚alte' Katechetik mit deren, wie man ihr vorwarf, einseitigen Bindung an die Kirche zu verwenden. Richard Kabisch (1868–1914) und Friedrich Niebergall (1866–1932) waren Hauptvertreter der sog. ‚liberalen Religionspädagogik' im evangelischen Raum: Man wollte weg von der Fixierung auf Dogmatik, Theologie, Kirche, Wissensvermittlung, hin zu

Religionspädagogik als neuer Begriff

schulischem Lernen, Pädagogik, Psychologie, allgemeinem Religionsbegriff, Subjektivität des Schülers (Schelander 1993, S. 41 f.). – Auch in Teilen der katholischen Theologie und Kirche kam es Ende des 19. Jahrhunderts zu einer katechetischen Reformbewegung, an der Theoretiker und Praktiker gleichermaßen beteiligt waren. Durch neue, aus der Pädagogik entlehnte Methoden (Herbarts „Formalstufenlehre") wollte man den alten Katechismusunterricht ablösen und eine moderne Form von Religionsunterricht und religiösem Lernen in der Gemeinde etablieren. Ein Zentrum dieser Bewegung war München („Münchner Methode"), ein zweites Zentrum war Wien. Einer der Theoretiker dieser Bewegung, der Münchener Professor für Pädagogik und Katechetik *Josef Göttler* (1874–1935), nahm als erster (um 1913) explizit den Begriff „Religionspädagogik" im katholischen Raum auf. Er trat dafür ein, das „Katechismusverhör" abzuschaffen und viel stärker die Pädagogik und Psychologie zu berücksichtigen, um den Lernenden gerecht zu werden. Dennoch verankerte er sein religionspädagogisches Denken explizit im Rahmen der kirchlichen Lehre (Göttler 1923), ein roter Faden, der die katholische Katechetik und Religionspädagogik seit Johann Baptist Hirscher durchzieht und auch im Fortgang des 20. Jahrhunderts weiterhin durchziehen sollte.

Einfluss der Reformpädagogik. Eine weitere Entwicklung brachte Fortschritte in der religiösen Bildung mit sich: der Einfluss der „Reformpädagogik", die sich zu Beginn des 20. Jahrhunderts entfaltete (Oelkers 2005; Retter 2004; Scheibe 1999). Ihre Hauptstoßrichtung war eine Pädagogik „vom Kinde aus": Nicht ein bestimmtes, festgelegtes Bildungsgut steht am Anfang der Erziehung, sondern das Kind und seine Gefühle, seine Bedürfnisse, auf die in einem ganzheitlichen pädagogischen Prozess eingegangen wird. Ellen Key, eine der Hauptvertreterinnen, prognostizierte und proklamierte für das beginnende 20. Jahrhundert ein „Jahrhundert des Kindes". Mit reformpädagogischen Gedanken war eine z.T. harsche Schulkritik verbunden, die als „Zwangsschule", „Strafanstalt", „Stoff- und Buchschule" charakterisiert wurde, in der an den Kindern „Seelenmorde" verübt würden. Dagegen sollten die Kinder und Jugendlichen selbst den Ausgangspunkt für alle Erziehungs- und Unterrichtsmaßnahmen darstellen. Reformpädagogische Theorie und Praxis fanden auf vielfältige Weise und über die verschiedensten Wege Einzug in religionspädagogisches Denken und Handeln – teilweise bereits zur Zeit ihrer Entstehung, teilweise mit einer langen Wirkungsverzögerung in der zweiten Hälfte oder gar erst am Ende des 20. Jahrhunderts. In der evangelischen Religionspädagogik knüpfe zunächst v.a. Otto Eberhard an reformpädagogischen Gedanken an. Ein Beispiel aus dem katholischen Raum stellt der kindzentrierte Ansatz der katholischen Reformpädagogin Maria Montessori dar.

Obwohl sie nicht im engeren Sinne als Religionspädagogin bezeichnet werden kann, hatte und hat Maria Montessori aufgrund ihrer religiösen und pädagogisch-anthropologischen Grundentscheidungen eminente Auswirkungen auf religiöse Erziehung und Bildung. Damit steht sie beispielhaft für weitere Impulse aus allgemein-pädagogischem Denken, die die Religionspädagogik aufnahm und weiterentwickelte.

Maria Montessori (1870–1952)

Maria Montessori
- italienische Ärztin und Pädagogin
- beklagte die schulischen Zustände und die wenig kindgerechte Pädagogik in Schulen und Kindergärten
- realisierte radikal den Grundsatz der Reformpädagogik, alle Erziehung „vom Kinde aus“ zu konzipieren

Grundsätze ihrer Pädagogik:
- ganzheitliches Lernen mit Kopf, Herz und Hand
- das Kind als Schöpfer seiner selbst
- Recht des Kindes, in Freiheit zu wachsen
- Unabhängigkeit von den Erwachsenen; Selbstorganisation des Lebens der Kinder; Motto: „Hilf mir, es selbst zu tun!“
- Lernen in einer vorbereiteten Lernumgebung die als „Anregungsmilieu“ dient; Bedeutung der Raumgestaltung und der Lernmaterialien
- Aufmerksamkeit erregen durch besonders dargebotene Materialien; freie Wahl der Lernmaterialien

lernende Selbsttätigkeit

- Wahrnehmung schulen: „Polarisierung der Aufmerksamkeit“
- Bündelung der inneren Energien eines Kindes
- entdeckendes Lernen; steter Konzentrationsprozess: SEHEN – DENKEN – TUN
- Kinder lieben und brauchen Stille; Kinder benötigen innere und äußere Ruhe, um ins Gleichgewicht zu kommen

Konsequenzen für religiöse Bildung:
- implizite religiöse Erziehung (durch meditative und liturgische Handlungen) im Gegensatz zum Katechismuslernen
- anthropologischer Religionsbegriff: Religiöse Erziehung heißt, das Göttliche im Menschen zu erkennen und ihm zu helfen, es selbst zu erkennen
- Gott muss nicht von außen herangetragen werden; Gott ist im Kind
- Religionsunterricht muss erfahrungsbezogen und ganzheitlich sein; Religion erleben mit allen Sinnen
- Stille erfahren heißt, sich selbst und Gott erfahren

Für den pädagogischen Ansatz und für die religiöse Bildung bedeutende Schriften:
- 1909: Die Entdeckung des Kindes
- 1916: Schule des Kindes
- 1922: Kinder, die in der Kirche leben
- 1934: Grundlagen meiner Pädagogik
- 1936: Kinder sind anders
- 1949: Das kreative Kind

Ausgewählte Sekundärliteratur:
Hedderich 2005; Berg et al. 1999; Cavalletti 1994.

Zusammenfassend kann gesagt werden: Religiöses Lehren und Lernen in der frühen Kirche zielte auf Einführung der Taufbewerber in den christlichen Glauben, in kirchlich-liturgische Vollzüge und eine evangeliumsgemäße Lebensführung (altkirchliches Katechumenat). Hierbei ging es gleichermaßen um die Vermittlung der Botschaft des Evangeliums, um die Beziehung zu Christus und um die Möglichkeit der Aneignung durch die Lernenden. Im Mittelalter war die religiöse Erziehung der breiten Bevölkerungsschichten auf die familiäre und kirchliche Sozialisation konzentriert. Nur eine Minderheit kam in den Genuss schulischer Bildung (Kloster-, Domschulen). Renaissance, Reformation und Aufklärung bewirkten einen Bildungsschub, der für alle Getauften eine vertiefte christliche Bildung bewirken sollte: durch biblischen Unterricht, Katechismusunterricht und den aufkommenden Religionsunterricht an konfessionellen bzw. staatlichen Schulen. Das Katechismuslernen verschob allerdings den Schwerpunkt religiöser Bildung auf die Vermittlung von Inhalten.

Die wissenschaftliche Disziplin der Religionspädagogik ist eine (späte) Frucht der philosophischen Aufklärung. In deren Folge kam es zur Herausbildung der Praktischen Theologie und Katechetik als theologische Disziplinen. Durch Reformanstöße Ende des 19. und Anfang des 20. Jahrhunderts innerhalb der Theologie (liberale Theologie; katechetische Bewegungen) und durch pädagogische Impulse etablierte sich die Religionspädagogik als wissenschaftliche Reflexion religiöser Lehr-Lern-Prozesse in Familie, Schule, Gemeinde und Erwachsenenbildung, die sich insbesondere der Frage der identitätsbildenden Aneignung religiöser Themen durch die lernenden Subjekte stellt.

3. Theologische Anthropologie als Grundlage religionspädagogischen Denkens und Handelns

Theologische Orientierung. Der knappe Durchgang durch die Geschichte der Katechese bzw. der christlichen religiösen Erziehung und Bildung hat gezeigt: Religionspädagogisches Denken und Handeln ist abhängig von theologischen und anthropologischen Vorannahmen und Vorentscheidungen. Kurz gesagt, es geht um das jeweilige Menschenbild in Verbindung mit einem bestimmten Gottesbild, das Theoretiker oder Praktiker in den Prozess religiöser Bildung einbringen:

- Wer ist der Mensch?
- Was sind Sinn und Ziel menschlichen Lebens?
- Welche Beziehung hat Gott zum Menschen (nach dem Zeugnis der Bibel und der Glaubenstradition)?
- Welche Beziehung hat der Mensch zu Gott?
- Wie gestaltet er sie?

Je nachdem wie diese und ähnliche Fragen gestellt und beantwortet werden – ob implizit oder explizit – entscheidet sich, wie religiöse Erziehung und Bildung verstanden werden (zu den Begriffen: s. Hinführung und Kap. 6). Jedem religionspädagogischen und bildungstheoretischen Ansatz liegt eine bestimmte theologische Anthropologie bzw. anthropologische Theologie zugrunde. Es gilt, sich diese oft versteckten Grundlagen bewusst zu machen. Im Zusammenhang mit einer religionspädagogischen Methodenlehre (7.1) kann dieser erste Schritt mit ‚Orientieren' bezeichnet werden. Er geht dem ‚Sehen' (Blick auf die Wirklichkeit, die lernenden Subjekte und deren Kontexte), dem ‚Urteilen' (religionspädagogische Reflexion) und dem ‚Handeln' (Entwurf von Handlungsperspektiven für die Praxis) voraus (Boschki 2007). ‚Orientieren' bedeutet, sich der Grundlagen, der Optionen und Ziele für religionspädagogisches Denken und Handeln zu vergewissern, sein Menschenbild und sein Gottesbild, also seinen theologischen und anthropologischen Ansatz zu klären. Dies gilt für alle Bereiche der Katechese, der religiösen Erwachsenenbildung und für den Religionsunterricht in der Schule. Zu letz-

religionspädagogische Anthropologie

terem: Der erste Schritt der Planung entspricht genau dieser Standortvergewisserung (Kap. 12: die „7 Schritte der Vorbereitung"). Sie ist für Planung und Durchführung religiöser Lehr-Lern-Prozesse unabdingbar.

Die folgenden systematisch-theologischen Vergewisserungen sind demnach Voraussetzung für Handlungskompetenz im Feld religiöser Erziehung und Bildung. Sie können hier nur exemplarisch an ausgewählten systematisch-theologisch bzw. praktisch-religionspädagogischen Positionen erfolgen und dienen als Impulse zum Nachdenken über den eigenen Standort, über die eigene theologische (und anthropologische!) Position im Blick auf religiöses Lehren und Lernen.

Der Mensch – ‚gottbegabt': Gottesbeziehung als Kern theologischer Anthropologie. Das christliche Menschenbild ist wesentlich von der Bestimmung des Gottesverhältnisses geprägt (Dirscherl 2006; Schoberth 2006). Der Mensch ist Mensch, weil er in Beziehung zu Gott steht – so lautet der Grundgedanke theologischer Anthropologie. Die Bibel gibt dabei die Richtschnur vor: Schon die Entstehung von Welt und Leben ist von Gott gewollt, von Gott initiiert. Die Schöpfungserzählungen der Bibel (Gen 1–3) sind keine naturwissenschaftlichen Berichte, sondern Ausdruck der Glaubensüberzeugung, dass Gott hinter der Entstehung von Welt und Mensch steht, dass er alles Leben in seiner Hand hält, auch wenn der Mensch die Freiheit hat, sich für oder gegen Gott zu entscheiden. Damit wird eine grundsätzliche Perspektive eröffnet: Gott streckt dem Menschen seine Hand aus. Der als Gottes Ebenbild erschaffene Mensch steht von Anfang an in einer fundamentalen Beziehung zu seinem Schöpfer – dieser Gedanke steht ‚im Anfang' biblischer und systematisch-theologischer Schöpfungslehre. Gott wird christlich als „Gott in Beziehung" (Schwöbel 2002) verstanden und erfahren, gleichzeitig kann der „Mensch als Beziehungswesen" (Sattler et al. 2000) charakterisiert werden:

Menschenbild der Bibel

> „Der unmittelbare biblische Kontext der Bezeichnung des Menschen als Gottes Ebenbild berechtigt dazu, das Menschsein wesentlich als ein zu relationalem, bezüglichen Dasein befähigtes Sein zu verstehen. Die darin ausgesagte Dialogfähigkeit des Menschen, seine Hinordnung auf Gemeinschaft, ist so beschaffen, dass sie dem Menschen selbst bewusst ist, dass er sie in Freiheit gestalten kann und für sie Verantwortung trägt." (ebd., S. 223)

Gott ist Beziehungspartner des Menschen (durch sein Schöpfungswerk) und will Beziehungspartner bleiben (durch sein Erlösungswerk); der Mensch ist in der Lage, diese Beziehungswirklichkeit zu erkennen und aktiv in sie einzutreten. Der katholische Fundamentaltheologe Johann Baptist Metz bezeichnet den Menschen als von Anfang an „gottbegabt" (Metz 2006, S. 93 ff.). Dahinter steht eine theologische Anthropologie, die sich vor allem in der katholischen Theologie des 20. Jahrhunderts expliziert hat. Karl Rahner, einer der profiliertesten Vertreter dieser Sichtweise, versteht den Menschen strikt in seiner Verwiesenheit auf Gott (zum Folgenden: Rahner 2005 [1976], 1. bis 4. Gang). Das unabgrenzbare Überschreiten aller Gegenstandsbereiche, dieses Transzendieren und diese Verwiesenheit des Menschen über die endliche Wirklichkeit, die ihm begegnet, hinaus versteht Rahner als eine von Gott getragene Dynamik. Weil diese dynamische Verwiesenheit des Menschen von einer göttlichen Tiefendynamik ermöglicht und begleitet ist, spricht Rahner davon, dass die Menschen durch ein „übernatürliches Existenzial" begabt sind, das dem menschlichen Dasein innerlich ist. Als „Wesen der Transzendenz" kann der Mensch durch die ihm innewohnende Tiefendynamik und Beziehungswirklichkeit Gottes ergriffen werden, auch wenn er Gott niemals wie einen Gegenstand ergreifen oder auch wie eine Sache begreifen kann. Von evangelischer Seite hat vor allem Wolfhart Pannenberg im Rückbezug auf die von Erik Erikson erarbeitete psychologische Theorie der menschlichen Identitätsentwicklung (5.2) darauf aufmerksam gemacht, dass die menschliche Beziehungsfähigkeit nur im Horizont von Vertrauen wachsen kann. Als „Sein in Beziehung" ist der Mensch daher auf ein Du verwiesen, das ihm Vertrauen schenkt. Im Letzten ist der Mensch darum in jenes Du eingewiesen, das schlechthin vertrauenswürdig ist und sich dem Menschen vorbehaltlos vertraut macht. Dadurch wird dem Menschen ein Grundvertrauen möglich, welches über alle Vertrauenswürdigkeit hinaus weist, die endliche Menschen verbürgen können (Pannenberg 1983). Daraus darf gefolgert werden: Das ‚Religiöse', christlich gesehen: die Gottesbeziehung, ist dem Menschen nicht fremd, muss ihm nicht von außen ‚anerzogen' oder ‚aufgesetzt' werden, sondern liegt in seinem ‚Wesen' verankert. Wohl muss er Gott als Tiefendimension seines Menschseins entdecken, unter dem Schutt des Alltags hervorholen, dafür sensibilisiert werden. Genau hier setzen Lehr-Lern-Prozesse bzw. die religionspädagogische Reflexion darüber an.

verwiesen auf Gott

Wort und Antwort. Wenn man den Menschen theologisch als „Wesen der Transzendenz" bestimmt, bedeutet dies nicht, Gott auf eine innerweltliche Größe zu minimieren. Gott ist nicht identisch mit der Welt oder mit dem Menschen, er ist auch nicht nur eine ‚Kraft im Inneren des Menschen', sondern er ist – so das christliche Gottesbild – radikal vom Menschen verschieden, aber dennoch dem Menschen nicht fremd. Gerade in dieser Unterschiedenheit kann Gott dem Menschen innerlicher sein als alles andere, was dem Menschen innerlich ist (Römer 5,5). Wenn sich der Mensch in seiner Kreatürlichkeit erkennt, erkennt er den radikalen Unterschied zwischen sich und Gott, zugleich seine radikale Abhängigkeit von Gott. Das Gespür für diese „schlechthinnige Abhängigkeit" wird von Friedrich Schleiermacher (2.2) als „Religion" bezeichnet, wörtlich als „Rückbindung" an Gott (s. o. Hinführung), was stets eine Beziehung impliziert: Ich entdecke mich als an Gott gebunden und genau darin ergründe ich mich selbst und erfahre Gott. Religion ist somit „Beziehung zum identitätsstiftenden Anderen" (Werbick 2005, S. 81 ff.): Innerhalb der Gottesbeziehung entdeckt sich der Mensch selbst, seine eigene Identität.

Ein solchermaßen charakterisiertes theologisches Menschenbild hat wiederum bedeutende Auswirkungen auf die Sicht religiöser Erziehung und Bildung: Wenn der Mensch schon immer „gottbegabt" ist, kann er durch Impulse aus religiösen Lehr- und Lernprozessen für diese Gottesbegabung sensibilisiert werden, er kann sie in sich selbst entdecken und aufdecken. Religiöse Erziehung muss in dieser Perspektive nicht etwas Fremdes in den Menschen einpflanzen, sondern dem Menschen zu seiner eigenen Bestimmung, seiner eigenen Identität verhelfen. Religionspädagogisches Handeln begleitet und

gottbegabter Mensch

unterstützt ihn, Gottes Beziehungswirklichkeit zu erfassen und für sich, in seinem Leben zu ‚realisieren'. In dem katechetischen Ansatz des oben erwähnten Johann Baptist Hirscher heißt dies (Hirscher 1831; 2.2.): Gottes Schöpfung und Offenbarung (Gottes „Wort") gehen jeder menschlichen Aktivität voraus, die Reaktion des Menschen darauf aber ist dessen eigener Entscheidung überlassen (menschliche „Antwort"). Katechese (und Religionspädagogik) stimulieren und stärken die Fähigkeit zur Antwort auf Gottes Wort. Und da Gottes Wort vom Neuen Testament her eine konkrete Person, nämlich Jesus Christus selbst darstellt (Johannes-Prolog: Joh 1), geht es im religionspädagogischen Engagement letztlich darum, Menschen zu unterstützen, ihre Beziehung zu Christus und zu Gott zu entdecken. Um noch einmal Karl Rahner zu zitieren: Jede Christologie muss zur „existentiellen Christologie" werden, das heißt für eine konkrete Beziehung zu Jesus Christus befähigen (Rahner 1968, S. 49ff.; 2005 [1976], S. 202ff., 298ff.). Von hier aus können konkrete Ziele für religionspädagogisches Handeln formuliert werden (8.1): Religiöse Bildung soll den Menschen befähigen, auf Gottes Wort eine Antwort geben zu können, ihn befähigen, die Christusbeziehung für sich persönlich zu entdecken, also ihn „zum Christsein befähigen" (Grethlein 2006).

Glauben aus rechtfertigender Gnade. Dennoch muss vor einem allzu leichten Verständnis des „Glaubenlernens", wie aus der eben aufgezeigten Sichtweise gefolgert werden könnte, aus theologischen Gründen gewarnt werden: Die Beziehung zu Jesus Christus und der Glaube an Gott können nicht ‚hergestellt' werden, auch wenn der religionspädagogische bzw. katechetische Prozess noch so intensiv angelegt ist. Christlicher Glaube entzieht sich der Machbarkeit. Diese Perspektive wird vor allem in protestantisch-theologischen bzw. religionspädagogischen Ansätzen zu Recht akzentuiert. Die reformatorische Sicht des Menschen ist wesentlich durch die auf Paulus zurückgehende Lehre von der Rechtfertigung geprägt (vgl. Gräb 2007; Jüngel 2006; Nipkow 1992, S. 160ff.). Der Mensch kann sich nicht selbst vor Gott gerecht machen, er kann sich weder den Glauben an Gott, noch das Wohlwollen Gottes oder die Erlösung durch eigene Leistung und Werke ‚verdienen'. Die Werke sind das Ergebnis einer gläubigen Existenz, nicht deren Voraussetzung. Allein durch Gottes gnadenhaftes Handeln in Jesus Christus und im Heiligen Geist ist der Mensch gerechtfertigt und zum Glauben fähig.

allein durch Gnade

„*Sola gratia* – allein durch Gnade", allein durch Gottes barmherziges Wirken, nicht durch menschliches Wollen oder Verdienen, kann der Mensch zu Gott finden, kann er ihn erkennen und an ihn glauben. Dieser sog. „Exklusivpartikel" *sola gratia* stellt sicher, „dass alles, was Gott der Menschheit in Jesus Christus, durch ihn und um seinetwillen zugewendet und angetan hat, ein bedingungsloses göttliches Geschenk, dass die Rechtfertigung des Sünders ein ihm allein – wie Luther im Kleinen Katechismus bereits im Blick auf den Schöpfungsartikel bezogen formuliert – ‚aus lauter väterlicher, göttlicher Güte und Barmherzigkeit ohne all mein Verdienst und Würdigkeit' widerfahrenes Ereignis ist." (Jüngel 2006, S. 148) Mit anderen Worten: Gottes gnadenhaftes Handeln ist Ausdruck seiner liebenden Beziehung zum Menschen, ist „Konstitutiv der Liebesgemeinschaft von Gott und Mensch" (ebd.). Ohne diese Gnade könnte der Mensch nicht gerechtfertigt werden und nicht zum Glauben kommen: Der „Glaube als das von Herzen kommende *Ja* des Menschen zu Gottes Wort" (ebd., S. 206) ist ein von Gott ermöglichtes und eröffnetes *Ja* und darum Geschenk.

Vermittlung des Glaubens?

Die Konsequenz für religiöses Lehren und Lernen ist eine zu Recht geübte Zurückhaltung in der Rede von der „Vermittlung des Glaubens". Glauben kann nicht vermittelt werden, allenfalls die Kenntnis *über* den Glauben, die Geschichten, Erzählungen, Lehrtexte und ein Gespür *für* den Glauben in Liturgie, Handeln und religiösem Leben etc. Die Lehre von der Rechtfertigung des sündigen Menschen allein durch Gott wehrt sich gegen Leistungsdenken im Feld religiöser Erziehung. Dies muss bei einer allzu häufigen und allzu leichten Rede von der „Weitergabe des Glaubens an die kommende Generation" beachtet werden. Religiöse Lehr-Lern-Prozesse können die Bedingungen in Sachen Glauben möglichst günstig bereiten (wissen, verstehen, wahrnehmen, erleben, handeln), also alles, was die Inhalte und die Art und Weise des Glaubens betrifft *(fides quae creditur)*. Doch der Akt des Glaubens *(fides qua creditur)* ist eine Sache, die sich zwischen dem gnadenhaften Geschenk Gottes und der freien Zustimmung des einzelnen Menschen im Verborgenen vollzieht:

Die auf Augustinus zurückgehende Unterscheidung zwischen *‚fides qua'* und *‚fides quae'* ist bis heute theologisch bzw. religionspädagogisch höchst relevant:
Fides qua creditur: wörtl. ‚Glaube, insofern er geglaubt wird'. Hier sind die innere Haltung und der persönliche Akt des Glaubens gemeint; es geht dabei um das ‚Dass' des Glaubens. Dieser Glaube ist immer Antwort auf das Beziehungsangebot Gottes.
Fides quae creditur: wörtl. ‚Glaube, der geglaubt wird'. Hier sind die Inhalte und Lehrsätze, das geäußerte Bekenntnis, das gesprochene ‚Credo' und der gelebte Ausdruck gemeint; es geht dabei um das ‚Was' des Glaubens.
Die Inhalte und Glaubensweisen können erlernt werden, der Glaube als innere Bezogenheit auf Gottes Dasein kann nur ergriffen werden. Die ‚fides quae' kann gelehrt werden, zum Eingehen des Wagnisses der ‚fides qua' kann nur eingeladen werden.

Die Lehre von der Rechtfertigung des sündigen Menschen durch Gott entlastet von allgemein menschlichem, aber auch von religionspädagogischem Leistungsdruck.

Offenbarung als Beziehung. Wie stark theologisch-anthropologische Vorannahmen den jeweiligen religionspädagogischen bzw. katechetischen Ansatz prägen, zeigt sich auch an dem Verständnis von Offenbarung, eine Debatte, die die theologische Landschaft der vergangenen beiden Jahrhunderte prägte, aber noch heute manchen religionspädagogischen Kontroversen implizit zugrunde liegt. Katholischerseits hat die Offenbarungstheologie seit dem 19. Jahrhundert einen entscheidenden Wandel vollzogen (Wiedenhofer 2005; Werbick 2005, S. 227 ff.; Waldenfels 1996; Eicher 1977). War die neuscholastisch geprägte Offenbarungstheologie des Ersten Vatikanischen Konzils (1869–1870) noch ganz und gar von einem „instruktionstheoretischen Offenbarungsverständnis" geprägt, das theologisches Denken vom Mittelalter bis in die neuscholastische Theologie des 19. Jahrhunderts beherrschte – abgesehen von wenigen Ausnahmen, etwa der sog. „Katholischen Tübinger Schule" vertreten durch Johann Sebastian von Drey (gest. 1853), Johann Adam Möhler (gest. 1838) und Johann Baptist Hirscher (gest. 1865; s.o.). Offenbarung wird im instruktionstheoretischen Modell als Kundgabe *von etwas,* als Instruktion, quasi als „göttliche Belehrung in Sachen der Erlösung" gedeutet (Seckler 2000, S. 45ff.). Nach diesem Verständnis ist Offenbarung etwas, das von außen auf die Menschen zukommt, über das sie informiert werden, und das sie dann entweder für wahr halten oder verwerfen können. Ein solches Offenbarungsmodell verkürzt die göttliche Offenbarung auf die Übermittlung einer Doktrin. Demgegenüber hat sich im Zweiten Vatikanischen Konzil in der „Dogmatischen Konstitution über die göttliche Offenbarung" *(Dei Verbum)* ein theologisches Verständnis der Offenbarung kirchenamtlich durchgesetzt, das in der katholischen Theologie des 20. Jahrhunderts erarbeitet wurde und sich v.a. in den 1950er und 1960er Jahren artikuliert hatte. Der „epochale Einschnitt" (Max Seckler), der von dieser Konstitution und der dahinter stehenden Theologie markiert wird, kann nicht stark genug betont werden (Schmitz 2000). Denn Offenbarung wird angesichts biblischer Vorstellungen nicht länger als ein Vorgang gesehen, der ‚etwas' (eine Lehre, bestimmte Worte oder Lehrsätze) kundtut, sondern wird in kommunikationstheoretisch-partizipativem Denken als Selbstoffenbarung Gottes und als Selbstmitteilung Gottes in Jesus Christus begriffen (s. auch: Rahner 2005 [1976], 4. und 5. Gang). Die entscheidende Passage des Konzilstextes lautet:

Offenbarung als Selbstmitteilung Gottes

> „Gott hat in seiner Güte und Weisheit beschlossen, sich selbst zu offenbaren und das Geheimnis seines Willens kundzutun (vgl. Eph 1,9): dass die Menschen durch Christus, das fleischgewordene Wort, im Heiligen Geist Zugang zum Vater haben und teilhaftig werden der göttlichen Natur (vgl. Eph 2,18; 2 Petr 1,4). In dieser Offenbarung redet der unsichtbare Gott (vgl. Kol 1,15; 1 Tim 1,17) aus überströmender Liebe die Menschen an wie Freunde (vgl. Ex 33,11; Jo[h] 15,14–15) und verkehrt mit ihnen (vgl. Bar 3,38), um sie in seine Gemeinschaft einzuladen und aufzunehmen." (DV 2)

Dieser Text des Vaticanums II kann als Basistext einer kommunikativ orientierten Theologie gelesen werden. Der sich offenbarende Gott tritt nicht als Belehrer auf, sondern redet durch Christus im Heiligen Geist in unendlicher Liebe mit den Menschen ‚wie mit Freunden', die er in „seine Gemeinschaft" aufnehmen will. Von besonderer Bedeutung ist die Tatsache, dass mit diesem Konzept nicht ein Monolog Gottes mit dem Menschen impliziert ist, sondern ein Dialog, eine Beziehung, die auf Wechselseitigkeit angelegt ist: Die Menschen sind nicht die Objekte der Offenbarung Gottes, sondern deren Subjekte. Die menschliche Seite gehört zum Offenbarungsgeschehen wesentlich dazu, denn der Grund für Gottes offenbarende Selbstmitteilung ist allein seine Liebe zu den Menschen, die tiefste Form der Beziehung. „Offenbarung ist deshalb in erster Linie Anrede Gottes, Dialog und Begegnung Gottes mit den Menschen, darin zugleich Eröffnung der Wahrheit und Einladung zum Leben." (Eicher 1991b, S. 99) Gottes Handeln ist Konsequenz und Ausdruck der durch die Selbstoffenbarung Gottes ermöglichten personalen Beziehung. Hier bereits wird deutlich, wie sehr Offenbarungsdenken Beziehungsdenken impliziert. Hans Waldenfels fasst

personale Beziehung

die Theologie von *Dei Verbum* in Beziehungs- und Begegnungskategorien zusammen:

„Offenbarung ist somit *geschichtsorientiert.* Sie besteht aber nicht primär in Kommunikation, sondern in ‚Kommunion', nicht in sachhaften Mitteilungen, sondern in freier personaler Selbsteröffnung und Selbstmitteilung, so dass sie notwendigerweise eine *interpersonale Begegnungsstruktur* und damit einen *dialogischen Charakter* erhält, die sich in Wort und Tat äußert und entfaltet." (Waldenfels 1996, S. 143)

Die unterschiedlichen Offenbarungskonzeptionen spiegeln sich in den jeweiligen katechetischen und religionspädagogischen Ansätzen wider. In der neuscholastischen Katechetik stand, wie oben erwähnt, die Vermittlung satzhaften Katechismuswissens im Mittelpunkt. Im Zuge der neueren theologischen Konzeptionen konnten sich auch Religionspädagogik und Katechetik viel stärker einer kommunikativen und beziehungsorientierten Sichtweise zuwenden.

KOMMUNIKATIVE THEOLOGIE. In der aktuellen Entwicklung der Theologie sind kommunikativ-theologische und beziehungsorientierte Ansätze vermehrt zu finden (u.a. bei Carter Heyward, Dorothee Sölle, Walter Kasper, Theodor Schneider, Dorothea Sattler; Hans Kessler, Jürgen Werbick, Jürgen Moltmann, Bernd Jochen Hilberath, Christoph Schwöbel, Erwin Dirscherl), zum Teil unter Rückgriff auf relationales Person- und Gottesdenken der christlichen Theologiegeschichte (Gott in seinen innertrinitarischen und auf Welt und Mensch gerichteten Beziehungen; Person nicht als Monade, sondern als Relation, als Beziehung). Für eine beziehungstheologische Sichtweise entscheidend ist ein Verständnis des Menschseins, wonach die ‚horizontalen' menschlichen Beziehungen „... sozusagen gekreuzt und getragen [werden] durch die umgreifende Relation des Menschen zu Gott" (Kasper 1998, S. 291). In der jüdischen und christlichen Tradition wird der Mensch, wie oben gesehen, immer in seiner Gottesbeziehung gedeutet. Alles, was er ist, tut, erleidet und wofür er lebt, wird in Bibel und Glaubenstradition in seiner Gottbezogenheit verstanden. Auch der paulinisch-reformatorischen Rechtfertigungslehre liegt ein relationales Verständnis des Menschen zugrunde: Der Mensch ist nicht ein aus sich selbst Seiender, sondern ein durch Gottes ungeschuldete Gnade Gerechtfertigter.

Gottesbeziehung

Diese kommunikativ-theologischen Denktraditionen werden gegen Ende des 20. Jahrhunderts neu entdeckt und in den Mittelpunkt gerückt. „Kommunikation" und „Beziehung" werden zu entscheidenden Leitbegriffen der systematischen Theologie seit den 1990er Jahren (Scharer et al. 2003; Schneider 2000). Beziehungstheologisch ist besonders wichtig, dass in diesen theologischen Ansätzen Menschen nie nur als Individuen gesehen werden, sondern stets in ihren sozialen Vernetzungen und in ihrer Gottesbeziehung. Gottesbeziehung und Beziehung der Menschen untereinander werden strikt zusammengedacht. Religionspädagogisch durchbuchstabiert heißt dies (Kap. 9), dass auch in religionspädagogischem Denken und Handeln „Kommunikation" und „Beziehung" zu Leitbegriffen werden (Boschki 2003). Wenn beispielsweise die Kategorie der „Kommunikation des Evangeliums" als Leitkategorie für die Praktische Theologie etabliert wird (Mette 2005), richten sich alle Vollzüge von Verkündigung, Katechese und religiöser Bildung nach diesem kommunikativen Leitmotiv. Praktisches Handeln ist kommunikatives Handeln (Helmut Peukert; Jürgen Habermas). Ebenso wird religionspädagogisches Denken und Handeln in spezifischer Weise von Kommunikation und Beziehung geleitet. Auch hier wird die starke Abhängigkeit praktischer Aspekte von dem zugrunde liegenden theologischen und anthropologischen Gesamtverständnis deutlich.

kommunikatives Handeln

Die hier aufgezeigten theologischen und anthropologischen Impulse stehen exemplarisch für weitere mögliche systematisch-theologischen Fundierungen der Religionspädagogik und sollen als Anregung für weitere, eigene Standortbestimmung dienen. Ebenso sind die biblischen Vergewisserungen (Kap. 1) und die historischen Untersuchungen (Kap. 2) strikt exemplarisch zu verstehen und können (und müssen!) in vielerlei Hinsicht erweitert, vertieft, vervollständigt werden. Sie dienen einer elementaren „Einführung" in religionspädagogisches Denken. Entscheidend sind die roten Fäden in den Einzeldarstellungen, die hin zu einer übergreifenden Theorie religiöser Bildung führen. Nach einer Zusammenfassung im ersten religionspädagogischen „Ertrag" müssen wir uns deshalb intensiv den sozialwissenschaftlichen Zugängen zur religiösen Bildung zuwenden.

Ertrag: Religionspädagogische Grundoptionen (I)

Die exemplarischen biblischen, historischen und systematisch-theologischen Vergewisserungen haben einen ersten Zugang zum religionspädagogischen Feld eröffnet und Grundeinsichten freigelegt, die für die weitere Reflexion als „Grundoptionen" festgehalten werden können:

(1) Religion und Lernen sind eng miteinander verknüpft.
Bereits in der Bibel wird die notwendige Einführung und Hinführung zu den grundlegenden Erzählungen und Wahrheiten des Gottesglaubens betont. Religiöses Lernen im Alten Testament heißt in die Geschichte Gottes mit den Menschen einzutreten. Im Neuen Testament ist der eigentliche „Lehrer" Jesus Christus selbst; lernen heißt, sich von ihm in die ‚Logik' und Dynamik des Reiches Gottes einbeziehen zu lassen.

(2) Religiöses Lernen ist mehr als Wissensvermittlung.
Im altkirchlichen Katechumenat stand die Vermittlung von Inhalten immer in enger Beziehung zur Lebensführung (ethische Dimension des Glaubenlernens), zur Einweisung in die Geheimnisse des christlichen Weges und in die gottesdienstliche Praxis (mystagogische und liturgische Dimension des Glaubens). Damit war die Seite der Aneignung durch den gläubig werdenden Menschen betont.

(3) Christlicher Glaube bedarf der religiösen Bildung.
Zur religiösen Sozialisation, also dem Aufwachsen in einer bestimmten Glaubenstradition, muss eine systematische Unterweisung in den Grundbeständen des christlichen Glaubens hinzutreten, damit der Mensch zur eigenen Entscheidung befähigt wird (Grundanliegen der Reformation und der philosophischen Aufklärung).

(4) Glauben kann durch Lehren und Lernen nicht ‚hergestellt' werden.
Religiöse Lehr-Lern-Prozesse können den Menschen nicht zu einem gläubigen Menschen ‚machen'. Glaube bleibt theologisch gesehen immer Geschenk. Sie können ‚nur' Impulse für die religiöse Entwicklung des Einzelnen bereitstellen, damit er sie sich zueigen machen und in seinem Leben realisieren *kann.*

(5) Religiöse Bildung braucht eine beziehungsorientierte theologische Anthropologie.
Die grundlegende Beziehungsstruktur des christlichen Glaubens (‚Gott als Beziehung' in Jesus Christus, im Heiligen Geist und in Gott-Vater – der Mensch als Beziehungswesen) macht religiöses Lehren und Lernen zu einem Beziehungsereignis.

B. Sozial- und erziehungswissenschaftliche Zugänge

Warum Religionspädagogik?

Religionspädagogik reflektiert Prozesse religiösen Lehrens und Lernens. Doch: Wollen die Menschen heute überhaupt noch etwas religiös lernen, außer vielleicht eine kleine Minderheit? Ist Religionspädagogik nicht eine Sache ‚von gestern', eine Sache einer immer kleiner werdenden Schar von Gläubigen innerhalb der Kirchen und in anderen Religionen? Ist diese wissenschaftliche Disziplin in einer pluralen, individualisierten, entkirchlichten und (scheinbar) säkularisierten Gesellschaft noch von Nöten oder nicht eigentlich ein überflüssiges Relikt aus längst vergangener Zeit? Wer braucht die Religionspädagogik heute noch? Soll man dem Religionsunterricht und der religiösen Erziehung insgesamt die „letzte Ölung" erteilen, wie ein Flugblatt an einer deutschen Universität vor kurzem forderte?

Solche grundsätzliche Anfragen zeigen einmal mehr: Zur Annäherung an das religionspädagogische Feld gehört neben der theologischen Vergewisserung notwendig eine Vergewisserung in sozialwissenschaftlicher Hinsicht. Wie situiert sich Religionspädagogik in der soziologischen, psychologischen und erziehungswissenschaftlichen Landschaft unserer Zeit?

4. Soziologische, religionssoziologische Perspektive

4.1 Wie ‚religiös' sind die Menschen heute? – Zentrale (religions-) soziologische Stichworte

Religiöse Pilgerschaft. Populärwissenschaftliche Trenduntersuchungen (Umfragen großer Meinungsforschungsinstitute) schienen ebenso wie ‚harte' sozialempirische Analysen in ihren Aussagen bezüglich religiöser Einstellungen der Menschen bis vor kurzem eindeutig: Immer weniger Menschen glauben an Gott, immer weniger fühlen sich einer religiösen Institution zugehörig, immer weniger wissen etwas über religiöse Inhalte oder führen religiöse Praktiken aus. In jüngster Zeit ist dieser Trend in der Forschung zumindest umstritten. Manche Studien meinen einen Trend zum Wiedererstarken des Religiösen feststellen zu können – gerade bei der jüngeren Generation (zum Verhältnis Jugend und Religion s. 5.3). Klar ist, der „regelmäßig Praktizierende", die typische Figur einer stabilen Welt „wo das im Umkreis des Kirchturms organisierte Leben Raum und Zeit beherrscht" hat sich „erschöpft" (Hervieu-Léger 2004, S. 59f.). Nicht mehr Stabilität, sondern „Bewegung" ist das Kennzeichen moderner Religion und Religiosität. Dazu entwirft die französische Religionssoziologin Danièle Hervieu-Léger in neuer Weise die Figur des Pilgers als Modell für die religiöse Landschaft unserer Zeit:

Religion in Bewegung

„Der Pilger erweist sich in zweifacher Hinsicht als typische Figur der Religion in Bewegung. Er verweist zunächst metaphorisch auf den verschwimmenden Charakter der individuellen spirituellen Entwicklungsverläufe, die sich unter gewissen Bedingungen als religiöse Identifikationswege ausgestalten. Des Weiteren entspricht die Figur einer Form der neuen religiösen Gemeinschaftsbildung von größter Ausdehnung, die im Zeichen von Mobilität und Bindung auf Zeit entsteht." (ebd., S. 65)

Stellt man die beiden Modelle des Religiösen einander gegenüber, kommt man zu folgenden Charakterisierungen (ebd., S. 73):

Die Figur des PRAKTIZIERENDEN	Die Figur des PILGERS
• Verpflichtung zur Religionspraxis	• Freiwillige Religionspraxis
• Von der Institution normierte Religionspraxis	• Autonome Religionspraxis
• Festgelegte Religionspraxis	• Veränderliche Religionspraxis
• Religionspraxis in der Gemeinschaft	• Individuelle Religionspraxis
• Ortsgebundene Religionspraxis	• Mobile Religionspraxis
• Wiederholte (gewohnheitsmäßige) Religionspraxis	• Ausnahmeformen der Religionspraxis (nicht gewohnheitsmäßig)

Der Trend der Zeit drängt immer weiter weg von der Figur des Praktizierenden hin zu der des Pilgers. Damit ist Verlust und Neuanfang impliziert. Die Verluste für das traditionelle Modell von Gemeinde sind noch nicht absehbar (10.2), ebenso wenig wohin der Neuanfang führt. Festzuhalten bleibt, dass die Begriffe der „Religion in Bewegung" und der „religiösen Pilgerschaft" die objektive Gestalt der Religion in der modernen, mobilen Gesellschaft ebenso charakterisieren wie die subjektive Religiosität (zu den Termini: s.o. Hinführung). Um der Frage nach der Religiosität der Menschen, die eine Schlüsselfrage religiöser Bildung darstellt, näher zu kommen, muss im Folgenden genauer auf soziologische und religionssoziologische Analysen und deren zentralen Stichworte eingegangen werden.

Säkularisierung

Ist unsere Gesellschaft säkular? Auf den ersten Blick wird die Frage rasch mit ‚Ja' beantwortet: Die gesellschaftliche Welt dreht sich im Wesentlichen ohne Religion. Der Begriff der Säkularisierung ist einer der Kernbegriffe der Religionssoziologie und diente bereits seit der Mitte des 19. Jahrhunderts und umso mehr im vergangenen Jahrhundert als Zentralbegriff zur Gegenwartsdeutung der Gesellschaft in religionssoziologischer Hinsicht (zum Folgenden vgl. Braun 2007; Höhn 2007; Pollack 2003). Das lateinische Wort *saeculum* bedeutet „Zeitalter", „Welt"; Säkularisierung heißt also „Verweltlichung". In der Religionssoziologie wurde der Terminus für den Relevanzverlust des Religiösen in der modernen Gesellschaft bezeichnet (u. a. Max Weber). Die Moderne befreit sich mehr und mehr von dem Einfluss des Christentums und der Kirchen, trennt zwischen religiösem und weltlichem Bereich und löst sich damit von der Abhängigkeit von religiösen Autoritäten.

Die Rede von der Säkularisierung ist mittlerweile Allgemeingut. Dennoch ist die Säkularisierungsthese heute mehr denn je umstritten. Der Religionssoziologie Detlef Pollack, selbst ein Vertreter dieser These, konstatiert für seine wissenschaftliche Disziplin: „Von Säkularisierung mag kaum noch einer sprechen." (Pollack 2003, S. 1) Warum? Mehr und mehr Sozialwissenschaftler, so Pollack, stellen bei der Beschreibung der religiösen Gegenwartslage „einen Bedeutungsanstieg des Religiösen" fest. Religion ist nicht einfach im Begriff des Verschwindens oder Verdunstens, sondern taucht an oft unvermuteten Stellen (wieder) auf – meist in völlig veränderter Form. Die Pastoraltheologin Regina Polak spricht zusammen mit weiteren Forschern sogar von einer „Wiederkehr des Religiösen" (Polak 2006a; 2006b; 2002; Küenzlen 2003; Zulehner 2002; Zulehner et al. 2001). Sie sieht insbesondere zwei Bereiche, in denen Religion sich in neuer Weise zeigt: den individuell-biografischen und den gesellschaftlich-politischen Bereich (Polak 2006a, S. 15ff.): Auf der Ebene des Individuums trifft man auf eine neue Suche, ja Sehnsucht nach Religion und religiöser Bindung angesichts der hochtechnisierten und hochkomplexen, unüberschaubaren und riskant gewordenen Welt. Die nüchternen, an Effizienz und Leistung orientierten Abläufe einer ökonomisierten Gesellschaft wecken bei nicht Wenigen das Bedürfnis nach dem ganz Anderen, nach Transzendenzerfahrung, nach Spiritualität. Bisweilen sprechen Forscher von einer „Respiritualisierung" individueller Biografien oder gar von einem „Megatrend Spiritualität" (u. a. Martin 2005; Zulehner 2004).

Wiederkehr des Religiösen?

Der zweite Bereich der neuen Präsenz von Religion, der gesellschaftlich-politische, ist spätestens seit dem 11. September 2001 in neuer Deutlichkeit hervorgetreten: Religion stellt den Subtext zahlreicher weltweiter wie nationaler Konflikte dar. Die Gegenwart des Islam weltweit, der sich in tiefer Frömmigkeit und Hingabe an Gott, aber auch in fundamentalistischen Tendenzen äußern kann, die Ausbreitung evangelikaler Sekten (Süd- und Mittelamerika; Russland, Baltikumstaaten, aber auch in Deutschland) sind Anzeichen dafür, dass die Säkularisierungsthese keine umfassende Wirklichkeitsbeschreibung unserer Zeit darstellen kann. Angesichts derlei Prozesse sprechen manche Religionssoziologen von einer „De-Säkularisierung" gegenwärtiger Verhältnisse (Berger 1999). Der „Religionsmonitor 2008" (Bertelsmann 2007), eine empirische Untersuchung der Religiosität heutiger Menschen in zahlreichen Ländern und Kontinenten, konnte jedoch weder die These der Säkularisierung noch die der Wiederkehr des Religiösen bestätigen. Anzeichen für beides sind wahrzunehmen. Immerhin, in Deutschland sind nach diesen Ergebnissen 18% der Erwachsenen als „hochreligiös" und weitere 52% als „religiös" einzustufen, d. h. insgesamt 70% (in der Schweiz 80%, in den USA fast 90%, in Frankreich immerhin noch 55%) der reprä-

De-Säkularisierung

sentativ Befragten verorten sich, wenn auch z. T. diffus, innerhalb der religiösen Landschaft (ebd., S. 27). Dieser Wert fällt keineswegs zusammen mit Kirchenmitgliedschaft. Auch Nichtgetaufte und sog. Nichtreligiöse erweisen sich bisweilen als „erstaunlich religiös kompetent" (ebd., S. 113 ff.).

Dennoch: Auch die These von der „Wiederkehr der Religion" ist höchst umstritten (Höhn 2006; Körtner 2006; Herder Korrespondenz Spezial 2006). Nicht Wiederkehr, sondern „Dispersion", also die Zerstreuung religiöser Splitter auf ganz unterschiedliche Orte, Anbieter und Sozialformen wird von manchen Forschern diagnostiziert (Höhn 2007, S. 33 ff.). Nicht ‚Religion' (als Rückbindung an das Transzendente, an Gott) taucht wieder auf, so sagen Kritiker der ‚Wiederkehrthese', sondern allenfalls religions*ähnliche* Phänomene, die uns irgendwie an religiöse Traditionen oder Muster erinnern, die aber selbst sinnentleert sind und rein äußerlich bleiben (z. B. religionsähnliche Rituale bei Rockkonzerten oder religiöse Effekte in Werbung, Videoclips und Spielfilmen). Für und Wider der Säkularisierungsthese wechseln sich also ab – ein Zeichen für die Ambivalenz des Religiösen in heutiger Zeit. Sie kann offen sichtbar oder versteckt, quasi „unsichtbar" (Thomas Luckmann) erscheinen. Die (westliche) Welt ist nicht als säkular, also nicht als „postreligiös" beschreibbar, sondern als „postsäkular" (ebd.; Habermas 2002).

Pluralisierung/religiöse Pluralisierung

Die Tendenz zur Pluralisierung der Lebensformen in den westlichen Gesellschaften hat individuelle und strukturelle Aspekte (Beck 2006; Beck et al. 2004). Auf der *individuellen* Ebene bedeutet sie eine enorme Zunahme an Möglichkeiten, seinen eigenen Lebensentwurf zu realisieren. Die Moderne hält ein schier unerschöpfliches Bündel von Optionen für das Individuum bereit. Auf der *strukturellen* Ebene differenzieren sich die Lebensbereiche wie Ökonomie, Recht, Bildung, Freizeit, Medien immer weiter aus und erhöhen ihre Komplexität. Bei den Menschen ruft dies immer stärker werdende Unübersichtlichkeits- und Ohnmachtserfahrungen hervor. Man sieht sich den genannten Prozessen ausgeliefert, ohne auf sie einwirken zu können. Ein umgreifender und verbindender Lebenssinn ist vielfach nicht mehr erkennbar.

neue Unübersichtlichkeit

Hinzu kommt das Phänomen der weltweiten Migration: Menschen aus unterschiedlichen Kulturen leben in einer Gesellschaft zusammen. In Mitteleuropa haben ca. 25 % der hier lebenden Menschen einen sog. ‚Migrationshintergrund'. Vielfalt ist selbstverständlich geworden – in der Kindergartengruppe, der Schulklasse, am Arbeitsplatz, im Freizeitangebot etc. Diese Art von Pluralität kann einerseits als Bereicherung, andererseits als Bedrohung empfunden werden. Manche fürchten den Verlust des Eigenen und Vertrauten. Die Zunahme an rechtsradikalem Denken entspringt oft dieser Verlustangst gepaart mit Ressentiments gegen Fremde und Fremdes.

Eine weitere Ambivalenz der Pluralisierung liegt in dem Prozess der Nivellierung von Unterschieden. Differenzen werden nicht mehr als positive Vielfalt, sondern als störend empfunden: Kulturelle Eigenheiten werden in der riesigen Maschinerie der Ökonomisierung aller Lebensbereiche plattgeschliffen, die Profile gehen in der Einheitswelt von Supermärkten, Modestandards und Schnellimbissketten immer mehr zugrunde. Die Gefahr des Relativismus macht sich breit: Alles ist möglich, „anything goes!" (Paul Feyerabend). ‚Egal wie du lebst, was du denkst, glaubst, hoffst – alles ist okay, alles ist egal.' Wahrheit gibt es nicht mehr insgesamt, sondern nur noch in kleinen Teilchen, die sich gleich-gültig gegenüber stehen.

All diese Entwicklungen finden sich auch im religiösen Bereich wieder. Längst hat die Pluralisierung die Welt der Religionen und des Religiösen erfasst. Eine auch hier schier unendliche Fülle an Möglichkeiten, religiös zu denken, sein Leben zu gestalten, sich religiöser Schnittmuster zu bedienen, sind im Alltag, in den Medien, im nächsten Umfeld präsent und können von den Menschen ausgewählt werden (4.2). Dass die Vielfalt auch hier als Bedrohung empfunden werden kann, liegt auf der Hand. Nicht wenige Gläubige suchen (wieder) die Sicherheit fester religiöser Systeme, die scheinbar Antworten auf alle Fragen bereithalten. Negative Konsequenzen können Abschottungsmentalität, Flucht in die vermeintliche Sicherheit einer fixen Tradition, ja fundamentalistische Bestrebungen sein. Eine weitere Gefahr der religiösen Pluralisierung liegt in der Relativierung von Wahrheit und Überzeugungen.

Individualisierung/religiöse Individualisierung

Die zweite Seite der Medaille der Pluralisierung ist die Individualisierung. Sie kennzeichnet den enormen Freiheitszuwachs des Menschen in der modernen Gesellschaft. Der und die Einzelne können (und müssen!) sich ihre eigene Biografie selbst zusammenbasteln. Niemand anderer tut es (mehr) für sie. Nicht vorgegebene Muster, sondern eigene Entscheidungen bestimmen über den Lebensverlauf: Welche Ausbildung ich mache, welchen Beruf ich ergreife, welchen Wohnort und Lebensstil, welche Familienform und Freizeitgestaltung ich wähle – all dies ist zunächst mir selbst überlassen. Individualisierung bedeutet ‚Zwang zur Wahl'.

Wichtig zur Klärung sind in diesem Zusammenhang zwei Punkte: Zum einen bedeutet Individualisierung nicht automatisch Individualismus. Beide Begriffe dürfen nicht in eins gesetzt werden. Individualistisch verhalten sich Menschen, die vor allem um sich selber kreisen, die egozentrisch ihr eigenes Leben leben, ohne viel auf andere Rücksicht zu nehmen. Der soziologische Terminus Individualisierung dagegen steht für den gesellschaftlichen Prozess der Verlagerung von biografischen Entscheidungen weg von äußeren Instanzen hin zum Individuum selbst. Jedoch gilt: Nicht alle Menschen in der individualisierten Gesellschaft leben individualistisch. Die meisten Mitglieder der westlichen Industrienationen sind in vielfältige Kommunikations- und Beziehungsnetze eingebunden. Zum anderen ist wichtig zu sehen: Freiheit gibt es nie ‚an sich' oder ‚total', sondern ist immer bedingte Freiheit. Der Freiheitsgewinn der Menschen heutzutage in Bezug auf ihre Wahlmöglichkeiten wird durch andere gesellschaftliche Entwicklungen erheblich eingeschränkt. Für nicht wenige sind höhere Bildungsabschlüsse aus sozialen und ökonomischen Gründen erst gar nicht möglich (beispielsweise Kinder aus Migrationsfamilien, Menschen mit Behinderungen etc.). Die Wahl der Ausbildung ist abhängig vom Angebot an Ausbildungsplätzen. Ökonomische Zwänge und Leistungsdruck verhindern grenzenlose Wahlmöglichkeiten in allen Bereichen der eigenen Lebensgestaltung.

Ambivalenz der Freiheit

Auch in Sachen Religion ist der Trend zur Individualisierung eindeutig. Hauptkennzeichen religiöser Individualisierung ist: Jeder entscheidet in

Sachen Religion für sich, keine religiöse Biografie ist mit einer anderen identisch. Menschen binden sich nicht an eine Institution, die ihnen religiöse Denk- und Verhaltensmuster vorgibt (Familie, Kirchengemeinde, Konfession), sondern wollen eigenverantwortlich über ihre religiösen Belange entscheiden, sie wollen sich bspw. nicht eng an eine Kirchengemeinde anlehnen, denn sie haben Sorge, vereinnahmt zu werden. Damit werden Bindungen und Gemeinsamkeiten mit anderen schwächer, die religiösen Beziehungen zu einer Gemeinschaft lockern sich oder lösen sich auf. Doch der Preis, den die Menschen für die religiöse Individualisierung bezahlen, ist hoch: Sie bedeutet für viele eine religiöse Heimatlosigkeit.

ENTTRADITIONALISIERUNG/ENTKIRCHLICHUNG
Die Begriffe erklären sich aus sich selbst. Kirchensoziologische Untersuchungen der vergangenen Jahrzehnte (u.a. Ebertz 1999) haben den Relevanzverlust der institutionellen Form christlichen Glaubens in der modernen Gesellschaft aufgezeigt. Rückgang der Gottesdienstbesucherzahlen in den großen christlichen Kirchen; Verschwinden kirchlich geprägter Rituale in Familien; Wegfall des religiösen Wandschmucks in Wohnungen; Sonntagsgestaltung und Freizeitverhalten an hohen kirchlichen Festtagen; Kirchenaustritte; Abstand der Kirchenmitglieder zu den zentralen Glaubensinhalten der christlichen Kirchen und zur Kirche als Institution – all diese und viele weitere Symptome zeigen den Wandlungsprozess kirchlich gebundener Religiosität auf. Kirche wird von den meisten Menschen in unserer Gesellschaft nicht mehr von ihrer göttlichen Sendung her verstanden, sondern als „Dienstleistungsbetrieb“ (Michael Ebertz), der an den Wendepunkten des Lebens die Übergänge durch gewisse Riten begleitet (Geburt, Hochzeit, Tod). Außerdem wird Kirche als soziale Organisation betrachtet und geschätzt, die sich in ihrem karitativen Engagement einen sinnvollen und notwendigen Platz in der Gesellschaft geschaffen hat. Aber als heilsnotwendige, sakramentale Institution wird sie kaum noch verstanden.

Aufbrüche

Dennoch, ein simples ‚Abstiegsdenken‘ ist nicht angebracht. Zu den angesprochenen Tendenzen gibt es auch gegenläufige Bewegungen: Menschen suchen gerade in einer unübersichtlich gewordenen Welt wieder neu nach Traditionen, die ihnen Sicherheit und Halt geben. Das Überlieferte wird nicht einfach über Bord geworfen, sondern in neuer Weise geschätzt und interpretiert (z.B. die Taufe).

WEITERE STICHWORTE: MEDIALISIERUNG, GLOBALISIERUNG
Diese Stichworte zur Beschreibung der gegenwärtigen Gesellschaft seien hier nur noch erwähnt. Was sie beschreiben hat fundamentale Auswirkungen auf den religiösen Bereich: Die Allgegenwärtigkeit der elektronischen Medien prägt unser Bewusstsein und unsere Identität – auch unsere religiöse Existenz, weshalb man verschiedentlich von „religiöser Mediensozialisation“ spricht (Manfred Pirner; 10.5 und 11.3). Ebenso wirken weltweite Prozesse auf die (religiöse) Situation in der Gesellschaft und damit auf das Individuum ein.

4.2 Religiöse Phänomene der Gegenwart

Das oben angesprochene neue Auftauchen religiöser Phänomene ist für religionspädagogisches Denken und Handeln in der Gegenwart höchst virulent.

Denn religiös Lehrende und Erziehende müssen die religiösen Verstehensvoraussetzungen und Ausgangsbedingungen der Lernenden in der heutigen Gesellschaft kennen, wollen sie an ihnen anknüpfen und mit den Menschen ins Gespräch kommen. Dazu gehören u. a. (Streib 2007; Englert 2006a; Polak 2006a; 2002):

- *Neue Suche nach Spiritualität,* erkennbar u. a. im Boom spiritueller Ratgeberliteratur und Musik, in der Wiederentdeckung des Klosters als besinnlichem und heilsamem Ort auch für Kirchenferne, im neuen Interesse an Kirchenräumen bzw. sakralen Orten, in der neuen Beliebtheit von Pilgerwegen (z. B. Jakobsweg), in unzähligen spirituellen Angeboten innerhalb und außerhalb kirchlicher Vollzüge.
- *Auftauchen von religiösen Mustern in säkularen Gesellschaftsbereichen* wie Werbung, Kino- und Fernsehfilme, Talkshows, Sendungen mit explizit religiösen Inhalten, religiöse Angebote im Internet, virtuelle Kirchen, religiöse Elemente in der Pop- und Rockmusik, Songtexten und Videoclips etc.
- *Esoterische Strömungen,* esoterische Zentren, Verkaufsartikel, Kurse etc.
- *Okkultismus, okkulte Praktiken, insbesondere unter Jugendlichen* wie Pendeln, Beschwörung des Geistes eines Toten, Gläser rücken oder Karten legen, um eine Botschaft aus der jenseitigen, unserer Erfahrung entrückten Welt zu erhalten. Teilweise erfolgt die Teilnahme aus Neugier, aus Lust auf das Unheimliche, teilweise werden lebensgeschichtlich bedeutsame Motive wie etwa Trauer, Verlassenheit, Angst aufgenommen und in die okkulte Praxis eingebracht. Will man damit auf Dauer seine Probleme lösen, kann es zu einem gefährlichen Sog kommen, aus dem man schwer wieder herausfindet.
- *Ausbreitung von evangelikalen Sekten,* wobei Menschen weltanschauliche Sicherheit, menschliche Geborgenheit, verlässliche Beziehungen, Nähe, Emotionalität und Sinn zur Erklärung von Leben und Welt suchen, dabei aber nicht selten in problematische Abhängigkeitsverhältnisse gelangen.
- *Neue religiöse Motive in der Gegenwartskunst,* die nach jahrzehntelanger quasi ‚Verbannung' nun in Einzelwerken oder gar in aktuellen Ausstellungen ihren Ausdruck finden, z. B. in „100 Artists See God" (2004-06), „Gott sehen" (2005-06), „CORPUS CHRISTI" (2003).
- *Religiöse Aufbrüche innerhalb der Kirchen,* die sich von der Spiritualität, die auf dem ‚freien Markt' auftaucht, unterscheiden. Sie sind ausdrücklich an überlieferten christlichen Formen und Inhalten sowie an einer lebendigen Beziehung zu Gott, zu Jesus Christus interessiert und suchen Gemeinschaft mit dem Heiligen Geist.
- *Neubelebungen auf Gemeinde- oder Seelsorgebereichsebene,* z. B. durch familienorientierte katechetische Bemühungen, durch aktive (Projekt-)Gruppen, Familienkreise.
- *Karitative/diakonische Aktivitäten.* Oft sind bei kirchlichen Erneuerungsbewegungen andere Menschen, Bedürftige, an den Rand Gedrängte im Blick, um die man sich in besonderer Weise bemüht. Dies ist ein Kennzeichen christlicher Spiritualität und Religiosität, die niemals nur um sich selbst kreist, sondern die Anderen, insbesondere die „Armen und Bedrängten" (Gaudium et Spes 1) zu erreichen sucht.

Religion ohne Gott?

Bei allen diesen und weiteren religiösen Aufbrüchen in unserer Gesellschaft muss aus theologischer und religionspädagogischer Sicht kritisch zurückgefragt werden, ob es sich um ‚echte' religiöse Bewegungen handelt oder lediglich um ‚religionsähnliche' Formen heutiger Lebenshaltungen, die jedoch die Gottesfrage und Gottesbeziehung völlig ausklammern. „Religion ohne Gott" lautet der Vorwurf kritischer theologischer Analysen, die manchen religiösen Suchmustern einen „religionsfreundlichen Atheismus" bescheinigen (Metz 2006). Dennoch finden sich auch bei solchen Strömungen Sehnsüchte und Hoffnungen, die für christliche Religionspädagogik wichtige Ankerpunkte darstellen können.

4.3 Leitbegriff Sozialisation

Die mit Hilfe soziologischer Gegenwartsanalysen beschriebenen Bedingungen und Formen von Religion in individueller wie gesellschaftlicher Dimension sind von hoher Bedeutung für das Verstehen religiöser Lern- und Bildungsprozesse. Wie jemand heute religiös wird, ist abhängig davon, wie Religion in seinem Umfeld vorkommt, in welcher Weise sie ihm begegnet. Der Terminus zur Beschreibung solcher umweltbeeinflusster Lernprozesse ist ‚Sozialisation', ein theoretischer und praktischer ‚Leitbegriff' sozialwissenschaftlicher Forschung. Er ist auch entscheidend, um *religiöse* Erziehungs- und Bildungsvorgänge verstehen und konzipieren zu können, denn religiöses Lernen ist erheblich von den vielfältigen Aspekten religiöser Sozialisation geprägt.

Der Begriff Sozialisation lässt sich wie folgt definieren:

> „Sozialisation bezeichnet … den Prozess, in dessen Verlauf sich der mit einer biologischen Ausstattung versehene menschliche Organismus zu einer sozial handlungsfähigen Persönlichkeit bildet, die sich über den Lebenslauf hinweg in Auseinandersetzung mit den Lebensbedingungen weiterentwickelt. Sozialisation ist die lebendige Aneignung von und Auseinandersetzung mit den natürlichen Anlagen, insbesondere den körperlichen und psychischen Grundmerkmalen, die für den Menschen die ‚innere Realität' bilden, und der sozialen und physikalischen Umwelt, die für den Menschen die ‚äußere Realität' bildet."
> (Hurrelmann 2006, S. 15 f.)

In Abgrenzung zur gewollten, direkten fördernden Einwirkung auf andere Menschen, die üblicherweise als Erziehung bezeichnet wird (6.1), steht Sozialisation für die indirekten Einflüsse, denen wir durch das soziale Umfeld und die gesellschaftlichen Gegebenheiten ausgesetzt sind: Medien, Gleichaltrige, Freundeskreis, Menschen im Umfeld der Familie, Wohnsituation, Nachbarschaft, Stadtteil, Vereine, Institutionen bis hin zu gesamtgesellschaftlichen Faktoren (Konsumbedingungen, Arbeitsmarkt etc.).

In der Sozialisationsforschung hat sich in den vergangenen Jahrzehnten immer stärker herauskristallisiert, dass die Individuen den sozialisatorischen Einflüssen nicht passiv ausgeliefert sind: Der Mensch reagiert in aktiver, bewusster Weise auf die Einflüsse von außen und verhält sich ihnen gegenüber in bestimmter, je unterschiedlicher Weise. Sozialforscher sprechen vom Menschen als einem „produktiv Realität verarbeitenden Subjekt" (ebd., S. 20; erstmals ders. 1983). Das Modell geht von einer Wechselbeziehung zwischen Subjekt und gesellschaftlicher Realität aus. Der Mensch steht in einem sozialen und ökologischen Kontext, nimmt die Einflüsse auf, verarbeitet sie aktiv und wirkt dabei verändernd, gestaltend. Jeder Mensch ist von Kindesbeinen an ein ‚Konstrukteur', zumindest ein ‚Ko-Konstrukteur', der in Auseinandersetzung mit der Umwelt seine ‚Lebenswelt' und seine eigene Biografie konstruiert. Dies erfolgt in Interaktion zwischen Individuen und zwischen den Individuen und ihrer Umwelt. Erfahrungen und Lernprozesse

produktiv Realität verarbeitendes Subjekt

erfolgen stets im Dialog mit der Wirklichkeit, ein Dialog, der aktiv, produktiv, kreativ und realitätsverarbeitend geführt wird.

An diesem Punkt hat die Sozialisationsforschung den philosophischen Begriff des ‚Subjekts' und unser Verständnis des Menschen als sozialem Wesen entscheidend weiterentwickelt (Zima 2000). Das Subjekt ist nicht einfach da und wird in eine soziale Welt hineingeboren, deren Einflüsse es passiv ausgesetzt ist; das Subjekt entsteht erst in Auseinandersetzung mit den sozialen Faktoren und Bedingungen. Sozialisation kann als „Epigenese des Subjekts in Interaktion mit der gesellschaftlichen Umwelt" verstanden werden (Geulen 2005; 1999; Leu et al. 1999). Diese „subjektorientierte Sozialisationstheorie" hat Rückwirkungen auf die Theorie von Erziehung und Bildung sowie auf religionspädagogisches Denken und Handeln, denn auch sie können – wie in dem hier vorliegenden religionspädagogischen Ansatz – subjekt- und interaktionsorientiert sein. Geht man von einem solchen aktiven und interaktiven Subjektbegriff aus, kann religiöses Lernen nicht länger als ein Akt der passiven Aufnahme von Vorgegebenem verstanden werden. Das religiöse Subjekt entsteht in einem aktiv realitätsverarbeitenden Prozess der Auseinandersetzung mit (direkten) religiösen Impulsen (z. B. durch religiöse Erziehung, Religionsunterricht, Katechese) und indirekten Einflüssen (z. B. durch religiöse Elemente in der Gegenwartskultur). Entscheidend ist es, die aktive Auseinandersetzung der Lernenden mit religiösen Inhalten durch eine möglichst aktivierende und kreative religionspädagogische Begleitung zu unterstützen. So kann sich der Mensch seiner (indirekten) religiösen Sozialisation bewusst werden, sich ihr aktiv stellen und einen eigenen Standpunkt in religiösen Fragen finden.

4.4 Religionspädagogische Konsequenzen

Der kurze Durchgang durch einige soziologische und religionssoziologische Elementaria zeigt, wie entscheidend eine Vergewisserung der gesellschaftlichen Rahmenbedingungen ist, um religionspädagogisch theorie- und praxisfähig bleiben zu können. Die Gesellschaft wandelt sich derzeit dramatisch, wobei sich die Geschwindigkeit des Wandels ständig erhöht. Ebenso grundlegend wandeln sich Präsenz und Gestalt des Religiösen in dieser sich verändernden Gesellschaft. Es ist nicht davon auszugehen, dass die Religion von der Bildfläche verschwindet, aber es ist klar, dass sich ein immenser Transformationsprozess des Religiösen vollzieht, was für religiöse Erziehung und Bildung unmittelbare Konsequenzen nach sich zieht:

- Religionspädagogik muss die soziologischen Verstehensvoraussetzungen der Menschen von heute kennen. Dazu muss sie „pluralitätsfähig" (zum Folgenden Englert 2002) bleiben bzw. werden, d. h. sie muss mit den veränderten Bedingungen umgehen lernen, ihre traditionellen Konzepte überdenken und zum Teil Neuland betreten. Religiöse Erziehung und Bildung an den verschiedenen Lernorten Familie, Gemeinde, Schule etc. müssen angesichts veränderter Voraussetzungen auf Seiten der Subjekte und ihrer Lebenskontexte inhaltlich und methodisch ganz neu ansetzen.
- An erster Stelle gilt es, die faktisch gelebte Religiosität der Menschen ernst zu nehmen, sie unvoreingenommen wahrzunehmen, kennen und verstehen zu lernen, um die Menschen adäquat religionspädagogisch begleiten zu können.

- Wahrnehmungsfähigkeit für religiöse Fragestellungen und Spuren ist ein zentrales Ziel für einen religiösen Lehr-Lernprozess. Die Lehrenden und Lernenden sollten sensibel werden für das Auftauchen von Religion und sollten lernen, ihre eigene Religiosität, ihre Bedürfnisse nach Spiritualität, ihre Suche nach Gott besser zu verstehen. Religionspädagogik wird damit für alle Beteiligten zur Wahrnehmungsschulung.
- Religiöse Pluralität darf nicht diffus und indifferent bleiben, sondern muss „markant" (Rudolf Englert) werden. Oft ist, gerade von jungen Menschen, zu hören, es sei ‚egal', also gleich-gültig was man glaubt und denkt. Demgegenüber ist deutlich zu machen, dass religiöse Überzeugungen nicht ‚egal' sondern *entscheidend* für die jeweilige Lebensführung sind. Religionspädagogik hat die Aufgabe, die diffuse, unterscheidungsschwache religiöse Pluralität in markante und profilierte Pluralität weiterzuentwickeln. Es geht letztlich darum, klare Standpunkte und Orientierungen finden zu helfen, um einander in gegenseitigem Respekt begegnen zu können.

markante Pluralität

- Interkonfessionelles, interreligiöses und interkulturelles Lernen ist unabdingbar geworden, sowohl für die Religionen und Kirchen selbst, als auch für die Gesellschaft, die multikulturell und multireligiös geworden ist. Kulturen, Ethnien und Religionen treffen zusammen, was eine große Bereicherung, aber auch ein erhebliches Konfliktpotential bedeuten kann. Durch eine interkonfessionell, interreligiös und interkulturell orientierte Religionspädagogik können solche Themen in Bildungsvorgänge eingebracht und bearbeitet werden (8.2).
- In theologischer Hinsicht sind die aufgezeigten soziologisch und religionssoziologisch beschreibbaren Prozesse in besonderer Weise bedeutsam, denn für die Theologie sind *alle* Phänomene von Religiosität, ja selbst von Pseudoreligiosität deshalb interessant, weil sie als religiöse Suchprozesse gedeutet werden können. Sie können eine tiefere Sehnsucht der Menschen nach Heil und nach Gott (ver-)bergen. Auch wenn sich die Suchbewegung theologisch gesehen auf Abwegen befindet, liegt ihr vielleicht eine echte und unerkannte Sehnsucht nach heilender Beziehung zugrunde. Hier ist die theologische Dignität religiöser Suche zu betonen (vgl. Kap. 3). Denn solche Suchmuster sind in der Bibel und in der Christentumsgeschichte als intensive Gottsuche belegt: „Gott, du mein Gott, dich suche ich, meine Seele dürstet nach dir." (Ps 63,1) – um nur eines von unzähligen biblischen Beispielen zu erwähnen. Und in Augustinus' *Confessiones* ist die Gottessehnsucht dieses großen Kirchenlehrers, die sich viele Jahre seines Lebens auf Abwegen befand, eindrucksvoll dokumentiert. Der Mensch ist nicht erst bei Gott, wenn er ihn gefunden hat. Schon seine Suche ist in Gottes Nähe. Die religionspädagogische Herausforderung liegt darin, die Menschen in ihrer Suche nach Gott, nach Religion („Rück-Bindung") und nach Spiritualität Begleitung, Gesprächspartnerschaft und Ermutigung anzubieten. Denn christliche Religionspädagogik ist überzeugt: „Du, Gott, verlässt keinen, der dich sucht." (Ps 9,11)

Nach den gesellschaftlichen Rahmenbedingungen für religionspädagogisches Denken und Handeln, muss nun nach den individuellen, psychologischen Aspekten von Religiosität, religiöser Entwicklung und Identität gefragt werden.

5. Entwicklungspsychologische, religionspsychologische Perspektive

Ist die Soziologie eher an den sozialen, gesellschaftlichen, also ‚äußeren' Aspekten menschlichen Lebens interessiert, blickt die Psychologie bekanntlich stärker auf die innere, psychische, emotionale und kognitive Seite. Dennoch, eine rein individualpsychologische Sichtweise von Kindheit, Jugend und Erwachsenenalter wird heute kaum mehr vertreten. Menschen müssen in ihren sozialen Bezugsfeldern verstanden werden. Auch die Entwicklungspsychologie hat sich zu einer multiperspektivischen wissenschaftlichen Disziplin weiterentwickelt, die soziologische, sozialpsychologische, sozialökologische, sozialisationstheoretische etc. Theorieelemente zur Erklärung von Entwicklungsverläufen rezipiert. Besonders sichtbar wird dies in dem großen Feld der Kindheits- und Jugendforschung (vgl. Grunert et al. 2006; Andresen 2005; Hurrelmann et al. 2003; Krüger et al. 2002). Das nun folgende Kapitel legt seinen Schwerpunkt auf eine psychologische, entwicklungspsychologische und religionspsychologische Herangehensweise, die für ein Verständnis religiöser Erziehung und Bildung für alle Lebensalter unabdingbar geworden ist.

multiperspektivische Disziplin

5.1 Leitbegriffe Entwicklung und Beziehung

Die wissenschaftliche Beschäftigung mit Kindern und Jugendlichen ist inzwischen mehr als 200 Jahre alt (Markefka et al. 1993, S. IX). Waren in den Anfängen vor allem die Pädagogik und die medizinische Kinderheilkunde am jungen Menschen wissenschaftlich interessiert, kamen im 20. Jahrhundert die Psychologie und die Entwicklungspsychologie hinzu. Gerade letztere hat das Bild vom Kind und vom Jugendlichen entscheidend geprägt. Das Stichwort „Entwicklung" ist nach wie vor ein Leitmotiv in der Deutung des menschlichen Lebensverlaufs (Honig 1999, S. 59ff.).

Exemplarische Entwicklungsmodelle

Entwicklungstheorien lassen sich in verschiedene Gruppen aufteilen, je nach dem Schwerpunkt ihrer Forschungsrichtung (Überblick: Tücke 2007; Baumgart 2007; Trautner 2003; Oerter et al. 2002). Einen wichtigen Theoriestrang innerhalb der Kindheits- und Jugendforschung stellen die sogenannten endogenen Entwicklungstheorien dar. Sie gehen davon aus, dass die menschliche Entwicklung nach einem vorprogrammierten Muster abläuft, bei dem sich biologisch und genetisch angelegte Mechanismen im Laufe des Wachstums lediglich entfalten müssen. Klassisches Beispiel dafür ist das Modell der psychosexuellen Reifung von Sigmund Freud (1856–1939; einführender Überblick zur Reifungstheorie Freuds: Thomas et al. 2002). Sie geht von einem dem Körper immanenten Reifeplan aus, der sich in einem Wechselspiel aus körperlichen und psychisch-emotionalen Faktoren entrollt. Diese Faktoren sind eng mit der menschlichen Sexualität gekoppelt. Freud kennt fünf Stadien der Entwicklung:

endogene Entwicklungstheorien

Stadium 1: Die orale Periode (ca. 1. Lebensjahr)
Stadium 2: Die anale Periode (ca. 2.–3. Lebensjahr)
Stadium 3: Die infantil-genitale Periode (ca. 3.–4. Lebensjahr)
Stadium 4: Die Latenzperiode (ca. 4./5.–11./13. Lebensjahr; Pubertät)
Stadium 5: Die genitale Periode (ca. 14./16.–18./21. Lebensjahr)

Auch wenn die Entdeckung der menschlichen Sexualität und ihrer Reifung zur Zeit Freuds einen wesentlichen Fortschritt darstellte, reicht diese Theorie als alleiniges Erklärungsmodell für Entwicklung nicht aus. Inzwischen ergänzen exogene Theorien das Bild. Diese gehen von äußeren Stimulierungen

exogene Entwicklungstheorien

aus, die auf eine eher als passiv betrachtete Person einwirken. Ein solches Grundmodell findet sich in den Konditionierungstheorien von Iwan P. Pawlow (1849–1936) oder Burrhus F. Skinner (1904–1990). Nach ihnen lernt der Mensch etwas dazu, indem von einem bestimmten Signal oder Reiz eine bestimmte Reaktion hervorgerufen wird. Ein äußerer Stimulus provoziert in einer definierten Situation ein definiertes Verhalten („Konditionierung"). Das „Lernen am Erfolg", das von Skinner als positive (oder negative) Verstärkung bezeichnet wurde, hat in der Pädagogik eine ungeahnte Wirkungsgeschichte erfahren.

Dennoch, auch dieser theoretische Zugang kann grundsätzlich das Entwicklungsphänomen in seiner Ganzheit nicht erklären. Zwischen endogenen und exogenen Theorien stehen Vermittlungsmodelle, deren prominentestes Beispiel das Modell der psychosozialen Reifungstheorie von Erik H. Erikson (1902–1994) darstellt. Erikson erweitert das psychoanalytische Modell durch den sozialen Aspekt: Er beobachtete in seinen Forschungen, dass sich Entwicklung in einer Interaktion von inneren Reifungsimpulsen und äußeren Einwirkungen auf der sozialen Ebene vollzieht. Er entwirft ein Schema von acht sogenannten „psychosozialen Krisen" (Erikson 2003a [1966]; 2003b [1980]; 1995 [1957]; Überblick in Fend 2005, S. 403 ff.; Thomas et al. 2002, Kap. 4; Noack 2005; zur Diskussion: Jungwirth 2007; Schwab 2007):

1. Grundvertrauen gegen Grundmisstrauen (Säugling)
2. Autonomie gegen Scham und Zweifel (Kleinkind)
3. Initiative gegen Schuldgefühl (Kindergartenalter)
4. Werksinn gegen Minderwertigkeit (frühes Schulalter; Grundschulzeit)
5. Identität gegen Identitätsdiffusion (klassisches Jugendalter, Adoleszenz)
6. Intimität/Solidarität gegen Isolation (junges Erwachsenenalter)
7. Generativität gegen Selbstabsorption (Ende zwanzig bis ca. fünfzig)
8. Integration gegen Verzweiflung und Lebensekel (fünfzig und älter)

In diesen „Krisen" (Entscheidungssituationen) konstituiert sich nach Erikson die Identität des Menschen, ein Stichwort, das für die weitere Entwicklungspsychologie sowie für die heutige Kindheits- und Jugendforschung entscheidend geworden ist (s. u.).

Einen weiteren, ganz entscheidenden Strang in der entwicklungspsychologischen Kindheitsforschung stellen die sogenannten strukturgenetischen Entwicklungstheorien dar, die die Genese kognitiver oder moralischer Strukturen im Subjekt analysieren und verstehen wollen. Besonders hervorzuheben sind die Theorien zur kognitiven Entwicklung von Jean Piaget und zur moralischen Entwicklung von Lawrence Kohlberg, die wiederum für die religionspädagogische Theorie und Praxis eminent bedeutsam wurden, da sie die Grundlage für ein Verständnis der (kognitiven) religiösen Entwicklung von Kindern und Jugendlichen darstellen.

Piaget: kognitive Entwicklung

Der Schweizer Biologe, Philosoph und Psychologe Jean Piaget (1896–1980) beschäftigte sich in erster Linie mit der kognitiven Entwicklung von Kindern und Jugendlichen (Piaget 2005 [1978]; 2001 [1973]; einführende Übersicht: Scharlau 2007; Thomas et al. 2002; Oerter et al. 2002). Piaget erkannte in seinen unzähligen Beobachtungen von Kleinkindern und älteren Kindern, dass die Entwicklung der Denkstrukturen durch eine kognitive Auseinandersetzung mit der Umwelt erfolgt. Die Heranwachsenden versuchen stets, neue Erfahrungen in ihr bisheriges Verständnisschema zu integrieren (Assimilation) oder ihr Denken den neuen Erfahrungen anzupassen (Akkomodation). Dadurch bilden sich kognitive Schemata, mit deren Hilfe sie Welt und Wirklichkeit verstehen können. Kommt es zu Widersprüchen zwischen gedanklichen und erfahrenen Mustern, ist der kognitive Apparat stets bemüht, die Dissonanzen zu überwinden (Äquilibration). Piaget entwickelte folgendes Stufenschema:

Stufe 1: Sensomotorische Entwicklungsstufe (Geburt – ca. 2. Lebensjahr)
Stufe 2: Präoperationale Entwicklungsstufe (2.–7. Lebensjahr)
Stufe 3: Konkret-operationale Entwicklungsstufe (7.–11. Lebensjahr)
Stufe 4: Formal-operationale Entwicklungsstufe (11.–15. Lebensjahr)

Auf Piagets Modell aufbauend hat der amerikanische Entwicklungspsychologe Lawrence Kohlberg (1927–1987) die Entwicklung des moralischen Urteilvermögens bei (jungen) Menschen untersucht und ebenso festgestellt, dass sich das moralische Urteilen in Stadien und Stufen entwickelt, die kognitiv strukturiert sind (Kohlberg 2007; 1974; Überblick: Garz 2006; Thomas et al. 2002). Kohlberg entwickelte seine Theorie aus empirischen Untersuchungen zunächst mit Kindern, dann mit Menschen unterschiedlicher Altersklassen. Er legte ihnen sogenannte Dilemma-Geschichten vor und bat die Probanden, eine richtige oder angemessene Antwort zu finden sowie diese zu begründen. Die von den Teilnehmern der Studie gegebenen Antworten klassifizierte Kohlberg in sechs Entwicklungsstadien des moralischen Urteils, die er wiederum in drei grobe Stufen aufteilte:

I. Präkonventionelle Stufe
   1. Orientierung an Bestrafung und Gehorsam
   2. Naiv-instrumentelle, egoistische Orientierung
II. Konventionelle Stufe
   3. „Guter Junge, liebes Mädchen"-Orientierung
   4. „Gesetz und Ordnung"-Orientierung
III. Postkonventionelle, autonome Stufe
   5. Sozialverträgliche Orientierung
   6. Orientierung an universellen ethischen Prinzipien

Durch zahlreiche Folgeuntersuchungen – zum Teil mit differenzierteren Methoden und in unterschiedlichen Kulturen – bestätigte und verfeinerte Kohlberg mit seinem Team die Ergebnisse: Nicht nur die kognitive Entwicklung im engeren Sinne, auch die kognitiv-moralische Entwicklung im Blick auf das Urteilsvermögen in moralischen Fragen entwickelt sich in Stufen und Schritten zusammen mit der gesamten Persönlichkeit des Menschen.

Solche und viele weitere Entwicklungsmodelle haben ein erweitertes Verständnis der Entwicklungsverläufe in Kindheit und Jugendzeit, ja in der ganzen Lebensspanne ermöglicht. Für Lehr- und Lernprozesse bieten diese Modelle die Chance eines adäquaten, altersentsprechenden Unterrichtens, das die Lernenden in ihrem jeweiligen Entwicklungsstand begreift und ihnen hilft, sich weiterzuentwickeln.

Problematik der Entwicklungsmodelle

Bei aller Leistung der Entwicklungsmodelle muss aber auch auf die Schwierigkeiten einer ausschließlichen Konzentration auf Entwicklungsverläufe hingewiesen werden. Ein striktes Entwicklungsdenken nämlich lässt dem Kind wenig Raum, eigenaktiv seine Beziehungen zu gestalten, lässt Um- und Mitwelt eher als Randphänomene eines Prozesses erscheinen, der sich quasi ‚naturgemäß', gegebenenfalls biologisch oder genetisch programmiert abspielt. Der Kindheitsforscher Michael-Sebastian Honig spricht darum vom *„Entwicklungsparadigma"* dieser Bereiche der Kindheitsforschung (1999, S. 59). Entwicklung wurde zur Leitkategorie des Erziehungsdenkens, die sowohl Theoriebildung, Forschung als auch die pädagogische Praxis durchzog und weitgehend heute noch durchzieht. Entwicklung jedoch, so Honig weiter, suggeriert stets einen linearen Prozess. Ein solchermaßen einseitiges Entwicklungsdenken ist im Blick auf eine Anthropologie des Kindes (und der ganzen Lebensspanne) entschieden zu kritisieren. Die Gefahr besteht, dass eine solche Beschreibung von Kindheit, Jugendzeit, jungem Erwachsenenalter dann nach einem Defizitmodell erfolgt: Kinder z. B. sind *noch nicht* erwachsen, *noch nicht* reif, *noch nicht* kompetent, sie sind *noch nicht* fähig, selbstverantwortlich zu handeln, Beziehungen aufzubauen, kurz, sie sind – denkt man den Gedanken konsequent zu Ende – unfertig, hilflos, unfähig, sozusagen menschliche ‚Mängelwesen'. Erst wenn sie bestimmte Stadien, Stufen, Entwicklungsschritte durchlaufen hätten, würden sie zu kompetenten, eigenständigen Personen. Unausgesprochen verbergen sich solche oder ähnliche Einschätzungen hinter manchen wissenschaftlichen Erklärungsmodellen, aber vor allem auch hinter Alltagsauffassungen von Kindern. In der Kindheits- und Jugendforschung wird von daher zunehmend die Einseitigkeit des Entwicklungsparadigmas der 1970er bis 1990er Jahre gesehen und kritisiert. Der heranwachsende Mensch darf nicht nur in Entwicklungs- und Reifekategorien gesehen werden, sondern ist in seinen Beziehungen wahrzunehmen.

Kindheit als Defizitmodell?

Von der Entwicklung zur Beziehung: Entwicklungsaufgaben als Beziehungsaufgaben

Der Entwicklungsbegriff behält in der Entwicklungspsychologie seine Bedeutung, so auch zur Lösung pädagogischer Fragestellungen. Doch legt man heute das Augenmerk viel stärker auf den Einfluss von Beziehungen für die menschlichen Reifungsprozesse. Kindheits- und Jugendforschung ist zu einem wesentlichen Teil Erforschung der Beziehungen von jungen Menschen geworden. Wer die Entwicklung von Kindern und Jugendlichen verstehen will, muss ihre Beziehungen verstehen. In der Entwicklungspsychologie hat sich eine solche Sichtweise insbesondere in der Rede von den sogenannten „Entwicklungsaufgaben" niedergeschlagen, die der Entwicklungspsychologe Helmut Fend in beziehungsorientierter Weise klassifiziert (zum Folgenden Fend 2005; vgl. Klosinski 2004; Grob et al. 2003). Für das Jugendalter sind im Wesentlichen drei Bereiche maßgebend:

1. *Entwicklungsaufgabe: Herausbildung einer bewussten Beziehung zu sich selbst.* Hierzu gehört ein neues, jugendgemäßes Verhältnis zum eigenen Körper, das insbesondere durch die biologische Reifung, die Pubertät, angestoßen wird. Die Sexualität muss in die eigene Persönlichkeit integriert werden, was körperliche aber ebenso stark auch emotionale Aspekte umfasst. Die eigene geschlechtliche Rolle als Mädchen oder als Junge wird verstärkt wahrgenommen und – als Entwicklungsziel – auch akzeptiert. Die Beziehung zu sich selbst kann jedoch niemals unabhängig von der Beziehung zu anderen gesehen werden.

2. *Entwicklungsaufgabe: Umbau der sozialen Beziehungen.* Im Jugendalter verändern sich vor allem die Beziehungen zu den Menschen in der unmittelbaren Umgebung. Das Verhältnis zu den Eltern wird konfliktreicher, im Idealfall auch partnerschaftlicher. Die ‚Peers', die Gleichaltrigen, werden zum „neuen Zentrum" (Fend) der Lebensgestaltung. Peer-Beziehungen sind deshalb so bedeutsam, da sie prinzipiell auf gleicher Augenhöhe erfolgen (was jedoch nicht Machtverhältnisse in Cliquen und Gruppen ausschließt). Unter Gleichaltrigen werden Regeln und mögliche Aktivitäten ausgehandelt, Rollen gemeinsam definiert etc.
3. *Entwicklungsaufgabe: Herausbildung neuer Beziehungen zum gesellschaftlichen Kontext.* Auch die weitere Weltwahrnehmung verändert sich im Jugendalter und mit ihr die Beziehung zur Um- und Mitwelt. Neben Elternhaus, Nachbarschaft und Stadtteil gehört die Schule als Institution wesentlich zur Lebenswelt junger Menschen. Einen geeigneten und angemessenen „Umgang mit Schule" (Fend) zu finden, dies wird heute als Entwicklungsaufgabe gesehen. Zum gesellschaftlichen Kontext gehört ferner das gesamte kulturelle, historische und politische Gefüge, in dem man sich als Jugendlicher bewegt. Es gilt, sich ihm gegenüber zu verhalten, sprich ein Verhältnis, eine Beziehung dazu aufzubauen. Damit verbunden ist ein Verhältnis zur Geschichte des Landes, aus dem man stammt oder in dem man lebt (Rüsen 2001; Borries 1999), ebenso aber auch zu seiner Kultur und Religion.

Solche Entwicklungsaufgaben, die als Beziehungsaufgaben charakterisiert werden können, dürfen jedoch nicht als gesellschaftlicher Aufgabenkodex aufgestellt werden, den die jungen Menschen zu erfüllen haben. Im Gegensatz dazu muss die Perspektive umgedreht werden. Entwicklungsaufgaben müssen induktiv von den Jugendlichen, ihren Bedürfnissen, Lebens- und Beziehungswelten her verstanden werden: Was brauchen junge Menschen, damit sie mit sich selbst, mit ihrem Körper, ihren Emotionen, mit anderen Menschen und dem gesellschaftlichen Umfeld zurechtkommen? Insofern kann den Entwicklungsaufgaben ein gemeinsames Zentrum zugeschrieben werden, auf das die jungendliche Reifung abzielt: die Entwicklung von Identität. (Junge) Menschen müssen im Laufe ihrer Biografie sich selbst finden, ihre eigene Persönlichkeit entdecken, das eigene Selbst formen und entwickeln können.

5.2 Leitbegriff Identität

Was ist Identität?

Wer bin ich? Was gehört zu mir? Was ist mir wichtig? Was kann ich? Wo sind meine Stärken und Schwächen? Wo gehöre ich dazu? – Diese und viele ähnliche Fragen können als Fragen nach der eigenen Identität verstanden werden, die vor allem junge Menschen in der Adoleszenz (Zeit nach der Pubertät bis ins junge Erwachsenenalter) aber auch Menschen aller Altersstufen umtreibt. Mit sich selbst identisch sein, also: bei sich sein, sich selbst sein, ist das Ziel menschlicher Identitätsentwicklung: „Identität ist ein Projekt, das zum Ziel hat, ein individuell gewünschtes oder notwendiges ‚Gefühl von Identität' (sense of identity) zu erzeugen. Basale Voraussetzungen für dieses Gefühl sind soziale Anerkennung und Zugehörigkeit." (Keupp 2006, S. 34) Hier sind die zentralen Stichwort der „Identitätsarbeit heute" (Keupp et al. 2006b; vgl. Zirfas et al. 2007; Keupp et al. 2006c) benannt: Es geht um ein Gefühl, mit sich selbst identisch, man selbst zu sein.

Dieses Gefühl kann sich der Mensch jedoch nicht alleine erwerben, sondern wird vor allem durch soziale Faktoren, insbesondere durch Beziehungen vermittelt. Identität konstituiert sich zu einem nicht unerheblichen Teil als „soziale Identität" (im Anschluss an Henri Tajfel: vgl. Stroebe et al. 2003, S. 559 ff.). Gruppenzugehörigkeiten wie Peergroup, Freundeskreis, Arbeit, Vereine, Cliquen sind Bausteine unseres Selbstkonzepts und wesentliche Impulsgeber für die eigene Identitätsfindung.

soziale Identität

Hinzu kommt eine weitere wesentliche Einsicht der modernen Identitätsforschung: Im Zeitalter der Pluralisierung der Lebensformen wird Identitätsarbeit immer schwieriger. Der Identitätssuchende muss sich aus der Flut von Identitätsangeboten Elemente aussuchen, die zu ihm oder ihr passen – Heiner Keupp spricht von „Patchwork-Identitäten" (u.a. 2006a). Identität ist demnach keine feststehende Größe, die einmal erworben für alle Zeiten unverändert bliebe. Im Gegenteil: Identität ist ein dynamischer und lebenslanger Prozess, was inzwischen in der Identitätsforschung allgemein vertreten wird (u.a. Straub et al. 2002). – All diese Identitätsreflexionen und Ansätze der Identitätsforschung erfolgen „auf den Schultern des Riesen" (Keupp 2006, S. 14), nämlich Erik H. Eriksons (5.1). Sein entwicklungspsychologisches Modell der Identitätsbildung ist das Basismodell für unzählige weitere Forschungsansätze zur Beschreibung von Identität.

Jugendzeit: Zeit der Suche nach Identität

Am Beispiel des Jugendalters soll nun der Frage nach der „Identitätsarbeit heute" (Keupp et al. 2006b) nachgegangen werden. Die Zeit der Jugend ist, wie gesehen, eine besonders sensible Phase für die Identitätsentwicklung. Heutige Jugendforschung ist bemüht, soziologische Erkenntnisse und psychologische bzw. entwicklungspsychologische Analysen zusammenzubringen (Grunert et al. 2006, S. 30; vgl. Hurrelmann 2007; Göppel 2007; Andresen 2005). Im Folgenden wird bewusst von Jugendkulturen im Plural gesprochen, denn: Es gibt nicht *die* Jugendkultur, sondern eine Vielzahl von Jugendkulturen. Ebenso wenig gibt es *die* Jugend. Unterschiedliche Jugendliche partizipieren an unterschiedlichen Segmenten der Jugendkulturen und identifizieren sich mit den divergenten jugendkulturellen Angeboten. Der Jugendforscher Wilfried Ferchhoff zählt einige dieser Segmente auf (Ferchhoff 2007, S. 286 ff.): Jugend im 21. Jahrhundert ist unter anderem …

Jugendkultur im Plural

… individualisierte Jugend, … Schul- und Bildungsjugend, …arbeitsferne Jugend,
… Gegenwartsjugend, …Kaufkraft- und Konsumjugend,
… vermittelte Jugendkulturjugend,
… familiale Versorgungs- und umsorgte Mutterjugend, … Gleichaltrigenjugend,
… weibliche und männliche Jugend, … sexuelle Jugend,
… Multi-Media-Jugend, … Patchworkjugend, … ego- und ethnozentrische Jugend,
… politikverdrossene aber dennoch keine politikabstinente Jugend.

Was hier deutlich wird, ist ein *erstes Kennzeichen* der Jugendkulturen unserer Zeit, nämlich ihre Pluriformität. Nirgendwo in der Geschichte gab es so viele Möglichkeiten, die Jugendzeit auszuleben, wie in den westlichen Industrie- und Dienstleistungsgesellschaften heute. Neben den noch bestehenden Sport-, Musikvereinen und kirchlichen Jugendgruppen, gibt es einen schier unerschöpflichen Markt an jugendkulturellen Möglichkeiten.

Ein *zweites Kennzeichen* ist die tiefe Ambivalenz der Jugendzeit. Eine der ersten großen Jugendstudien im neuen Jahrhundert hat festgestellt, dass Jugendliche durchaus optimistisch in die Zukunft blicken, bildungsambitioniert, kommunikationsfreudig und werteorientiert sind (Familie, Freundschaft etc.; vgl. Shell 2006, S. 49ff.; Shell 2002, S. 142), gleichzeitig aber sehen sie die globale Zukunft eher düster, sind sich unsicher im Blick auf die eigene berufliche Zukunft, erleben schon früh Scheitern, Trennung, Krankheit und Tod im privaten Umfeld (Zinnecker et al. 2003, S. 11f.).

Jugend als Suche

Positiv gewendet kann man das Phänomen der Ambivalenz, so ein *drittes Kennzeichen*, als Suchprozess verstehen: Jugendzeit ist Zeit der Suche. Man ist auf der Suche nach sich selbst, einer eigenen Identität, einem eigenen Standort, einem eigenen ‚Outfit'. Man ist auf der Suche nach Beziehungen zu anderen (z.B. zum anderen Geschlecht), nach Verlässlichkeit und Permanenz. Man ist auf der Suche nach einem Lebensentwurf, der einem Glück, Erfolg und Erfüllung der eigenen Bedürfnisse verheißt. Der Kinder- und Jugendpsychiater Gunther Klosinski bezeichnet die Jugendzeit als eine „Art Dauer-Workshop" (Klosinski 2004, S. 67f.) auf der Suche nach dem eigenen Selbst und dem eigenen Standort in der Gruppe.

Ein *viertes Kennzeichen* heutiger Jugendkulturen ist die Beziehungsorientierung von jungen Menschen, die sich trotz Individualisierung, Pluralisierung, Medialisierung und Globalisierung deutlich feststellen lässt. Schon in den 1990er Jahren hatte der Jugendforscher Dieter Baacke den Jugendlichen eine „hohe Konnexität", also ein hohes Maß an Eingebundensein, an Verbindungen zwischen Individuum und dem sozialen Umfeld zugemessen (Baakke 2004, S. 165f.). Jugendliche Lebenswelt ist Beziehungswelt. Wichtig dabei ist zu sehen, dass die Beziehungswelt die Welt der Medien mitumfasst. Sie gehört zur „Konnexität" (Verbindung per Handy, SMS, E-Mail, Chat-Rooms etc.) und prägt mehr und mehr unsere Identität – nicht nur die von Jugendlichen (Mikos 2007).

Lebenslange Entwicklung

Schon Erik H. Erikson hatte, wie gesehen, in seiner Entwicklungstheorie nicht nur die Kindheit und Jugendzeit im Blick, sondern die ganze Lebensspanne (vgl. Kohlberg 2007; Lindenberger et al. 2007). Der Mensch ist in seiner (Identitäts-)Entwicklung nie ‚fertig', wobei bedeutsame Entwicklungsprozesse feststellbar sind – bis hinein ins höhere Alter. Gerade auch für die letzte Gruppe gilt in unserer Gesellschaft: „Selbst die Senioren sind nicht mehr die alten..." (Fürst et al. 2003). Identität ist kein fixer Punkt in der Biografie, sondern eher ein roter Faden, der sich durch die gesamte Lebensgeschichte schlängelt, eine Lebenslinie, die erst in ihrer Ganzheit als Identität einer Person begriffen werden kann. Identitätsbildung ist ein grundsätzlich unabgeschlossener Prozess. Dies gilt umso mehr für die Entwicklung religiöser Identität.

5.3 Entwicklung der religiösen Identität

Wenn sich die Persönlichkeit des Menschen entwickelt, seine Gefühle und Kognitionen, seine moralische Kompetenz und seine Identität, dann liegt die Vermutung nahe, dass sich auch seine religiöse Konstitution und sein Glaubensverständnis im Laufe des Lebens entwickeln. Religiosität als die subjektive, individuelle Dimension von Religion (s.o. Hinführung; Grom 2007; Angel 2006) ist keine statische Größe, die man entweder hat oder nicht, sondern ist einer lebendigen Dynamik unterworfen. Sie wird in der Regel in früher Kindheit grundgelegt und kann sich aufgrund innerer und äußerer Einflüsse im Laufe der Biografie stets verändern. Kann! Sie kann auch auf Kindheitsvorstellungen stehenbleiben, kann verkümmern oder eine schiefe, gar eine pathologische Gestalt annehmen. Religionspsychologische Forschung interessiert sich seit Jahrzehnten für die Entwicklungsvorgänge auf religiösem Gebiet. Dabei baut sie auf den oben dargestellten Entwicklungstheorien auf und spitzt diese in religiöser Hinsicht zu (übersichtliche Darstellung in Schweitzer 2004a, Kap. 4; Kießling 2003, Kap. 2; s. auch: Grom 2007; Fowler 2000 [1981]; Büttner et al. 2000; Wagener 2002).

Stufentheorien der religiösen Entwicklung

Anknüpfend an die strukturgenetischen Konzepte der moralischen und kognitiven Entwicklung versuchte das Schweizer Forscherteam um Fritz Oser und Paul Gmünder den religiösen Entwicklungsvorgängen auf die Spur zu kommen. Analog zu Kohlberg arbeiteten sie mit Dilemma-Geschichten, die Probanten unterschiedlicher Alterstufen vorgelegt wurden. Sie setzten u.a. folgende, als „Paul-Dilemma" bekannt gewordene Geschichte in ihren Forschungen ein:

> „Paul, ein junger Arzt, hat soeben sein Staatsexamen mit Erfolg bestanden. Er hat eine Freundin, der er versprochen hat, dass er sie heiraten werde. Vorher darf er als Belohnung eine Reise nach England machen, welche ihm die Eltern bezahlen. Paul tritt die Reise an. Kaum ist das Flugzeug richtig aufgestiegen, meldet der Flugkapitän, dass ein Motor defekt ist und der andere nicht mehr zuverlässig arbeitet. Die Maschine sackt ab. Alle Sicherheitsvorkehrungen werden sofort getroffen – Sauerstoffmasken, Schwimmwesten usw. werden verteilt. Zuerst haben die Passagiere geschrien, jetzt ist es totenstill. Das Flugzeug rast unendlich schnell zur Erde. Paul geht sein ganzes Leben durch den Kopf. Er weiß, jetzt ist alles zu Ende.
> In dieser Situation denkt er an Gott und beginnt zu beten. Er verspricht – falls er gerettet würde –, sein Leben ganz für die Menschen in der Dritten Welt einzusetzen und seine Freundin, die er sehr liebt, sofern sie ihn nicht begleiten will, nicht zu heiraten. Er verspricht, auf ein großes Einkommen und Prestige in unserer Gesellschaft zu verzichten. Das Flugzeug zerschellt auf einem Acker – doch – wie durch ein Wunder wird Paul gerettet! Nach seiner Rückkehr wird ihm eine gute Stelle in einer Privatklinik angeboten. Er ist aus 90 Anwärtern aufgrund seiner Fähigkeiten ausgewählt worden. Paul erinnert sich jedoch an sein Versprechen, das er Gott gegeben hat. Er weiß nun nicht, wie er sich entscheiden soll."
> (Oser et al. 1996 [1984], S. 199f.)

Wer selbst überlegt, wie er reagieren würde oder was er Paul raten sollte, stellt schnell fest, dass es gute Gründe für verschiedene Positionen gibt. Letzten Endes geht es um die Beziehung zwischen Mensch und Gott, oder, wie es Oser und Gmünder etwas allgemeiner formulieren, zwischen Mensch und „dem Ultimaten", da sie auch an andere Religionen und an Menschen denken, die keine Vorstellung von einem persönlichen Gott haben.

Einige Jahre zuvor hat auf ganz andere Weise James W. Fowler in den USA die religiöse Entwicklung des Menschen untersucht (Fowler 2000 [1981]). Fowler bindet sich nicht so sehr an Kohlbergs Vorlage, sondern greift stärker auf psychoanalytisch orientierte Ansätze zur Erklärung von Entwicklungsvorgängen zurück, was ihn auf Eriksons Theorie verweist. Fowler kommt durch qualitative Interviews zu einer Folge von „Stufen des Glaubens". ‚Glauben' versteht er als Suche nach Sinn, die für jeden Menschen konstitutiv ist. Es geht ihm demnach nicht um einen bestimmten Gottesglauben *(belief)*, sondern um Glauben als sinnstiftendes Vertrauen auf letzte Werte *(faith)*. Schematisch kann man beide Theorien der Glaubensentwicklung etwa folgendermaßen gegenüberstellen:

Stufen des religiösen Urteils (Fritz Oser/Paul Gmünder)	**Stufen des Glaubens (James W. Fowler)**
0. „vorreligiöse Stufe" (von Oser und Gmünder zunächst so bezeichnet; später in Anlehnung an Fowler differenzierter entwickelt)	**0. „erster Glaube"**: Grundvertrauen
1. Sicht einseitiger Macht und Autorität Gottes; Gott greift direkt in die Welt ein, bestrafend, belohnend („Deus ex machina") *(Vorschulalter/frühes Schulalter)*	**1. Intuitiv-projektiver Glaube**: Kind projiziert Ängste und Hoffnungen in Gottesbilder; Grundvertrauen und Gewissensbildung sind die Wurzel kindlicher Religiosität; Gottesbild und Elternbild sind noch nicht getrennt *(ab 2 Jahre bis 4/5 Jahre)*
2. Sicht der Beeinflussbarkeit Gottes durch Riten, Erfüllungen, Gebete usw.; erste Subjektivität („Do ut des") *(etwa Schulalter bis Pubertät)*	**2. Mythisch-wörtlicher Glaube**; „Buchstabenglaube": Mythen, Geschichten Symbole werden wörtlich genommen *(Vorschulalter/frühes Schulalter)*
3. Autonomie der Person durch Abtrennung Gottes vom genuin humanen Bereich („Deismus") *(„klassisches" Jugendalter, Pubertät, frühe Adoleszenz)*	**3. Synthetisch-konventioneller Glaube**; „konventionell" bedeutet: kein persönlich angeeigneter, sondern von außen übernommener Glaube; „synthetisch" heißt: die einzelnen Inhalte stehen „künstlich" nebeneinander *(ab Pubertät möglich)*
4. Autonomie der Person durch Annahme apriorischer Voraussetzungen aller menschlichen Möglichkeiten durch Gott („Apriorität") *(Erwachsenenalter)*	**4. Individuierend-reflektierter Glaube**; traditionskritisches Bewusstsein und Selbstreflexion *(Adoleszenz)*
5. Sicht einer kommunikativ-religiösen Praxis, in der Gott in jedem Handeln Voraussetzung und Sinngebung bildet; höchste menschliche Autonomie („Kommunikativität")	**5. Verbindender Glaube**: Konfrontation mit Krisen im Leben führt zu neuer Integration *(nur im Erwachsenenalter)*
6. Postulat: Grundsätzliche Annahme des Menschen durch Gott ist Voraussetzung allen menschlichen Handelns	**6. Universalisierender Glaube**: Diese Stufe wird postuliert: Sie kommt nur bei den großen Gestalten der Religionsgeschichte vor (Gandhi, Martin Luther King, Mutter Teresa, Dietrich Bonhoeffer etc.)

Ein Blick auf die Jugendzeit kann die Bedeutung solcher Modelle für religionspädagogisches Handeln illustrieren: In der Stufe 3 des religiösen Urteilens (Oser/Gmünder) fühlen sich die jungen Menschen als autonom und nicht mehr von Gott abhängig. Gott mag zwar die Welt erschaffen haben, sagen viele, doch überlässt er Welt und Mensch sich selbst (philosophiegeschichtlich im „Deismus" anzutreffen). Diese Stufe der religiösen Entwicklung entspricht dem allgemeinen Entwicklungsverlauf, wonach der junge Mensch in der Adoleszenz sich von den Abhängigkeiten der Erwachsenen, Eltern, Lehrer, Institutionen befreien will. Natürlicherweise will er sich dann auch von einem Gott abgrenzen, von dem man sich im Kindesalter noch ganz abhängig fühlte. Autonomie ist das herrschende Kennzeichen in dieser Stufe.

Glaubensverständnis Jugendlicher

Fowlers Modell legt in der Jugendzeit den Schwerpunkt auf die Peergroup, die für die Suche nach eigener (auch religiöser) Identität als Beziehungsfeld immer wichtiger wird. Die Jugendlichen nehmen die anderen als ‚Spiegel', in dem sie sich selbst sehen. Deshalb übernehmen sie die Konventionen, die Erwartungen und Urteile signifikant Anderer aus ihrem Umfeld für ihr eigenes Bild von sich selbst, von Welt und Wirklichkeit und schließlich auch von Religion. Der Glaube wird aus verschiedenen, von außen kommenden, ‚konventionellen' Teilkomponenten ‚synthetisch' zusammengestückelt. Erst in der darauffolgenden Stufe 4 kommt es verstärkt zur eigenen Urteilsbildung und zu reflektiertem, traditionskritischem Bewusstsein.

An einzelnen Punkten sind an die Methoden und Analysekriterien der Forschungen von Oser/Gmünder und Fowler kritische Rückfragen zu stellen (Schweitzer 2004a, S. 157ff.; Kießling 2003, S. 88ff., 109ff.). Doch der wichtigste Einwand geht einher mit dem oben (5.1) kritisierten, starren Entwicklungsdenken, wonach die höhere Stufe mit einer ‚besseren' Religiosität oder einem ‚besseren' Glauben identifiziert würde. Aus theologischer und pädagogischer Sicht muss einer solchen Sichtweise energisch widersprochen werden. Denn theologisch gesehen, ist jeder Mensch Gott in gleicher Weise nahe, egal welche Entwicklungsstufe er erreicht hat (Kap. 3). Jeder Mensch, auch das Kind, ist unmittelbar zu Gott (Rahner 1966), weshalb die Glaubensvorstellungen und religiösen Urteile gleich welcher Stufe theologische Dignität haben. Ferner ist für die religionspädagogische Rezeption der Glaubens- und Urteilsstufen wichtig, dass das Glaubensverständnis von Menschen nicht in eine Schablone gepresst werden und es nicht zu Pauschalisierungen kommen darf. Dennoch sind die Erkenntnisse für die Optimierung religiöser Lehr-Lern-Prozesse hilfreich, da sie Aufschluss über die altersgemäßen Zugänge von Lernenden zu Glaubensthemen geben können.

theologische und pädagogische Kritik

Entwicklung der Gottesbeziehung

Eine wichtige, ja entscheidende Erkenntnis wurde erst in weiterführenden Studien gemacht, nämlich die Frage nach dem ‚Motor' für die Entwicklung von einer Glaubensstufe in die nächste. Was sind Auslöser und Bedingungen für eine Entwicklung im Glaubensverständnis und in der Gottesbeziehung? Hartmut Beile (1998) untersuchte im Hinblick auf diese Frage insbesondere die emotionale Seite der Religiosität von Jugendlichen. Haben Jugendliche eine Beziehung zu Gott (oder dem ‚Transzendenten'), erleben sie in dieser Beziehung meist positiv gefärbte Emotionen wie Glück, Dankbarkeit, Vertrauen, Freude und Geborgenheit. Doch manchmal spielen auch Angst und Wut, Schuldgefühle, Trauer oder Sehnsucht eine Rolle. Diese Emotionen scheinen unsere Kognitionen in Bezug auf das Religiöse und auf Gott zu

Bedeutung der Emotionen

begleiten. Beiles Ergebnisse legen nahe, die emotionale Seite der Entwicklung stärker in den Blick zu nehmen. Diese Erkenntnis ist für die Planung und Durchführung religiöser Lehr-Lern-Prozesse höchst bedeutsam, da stets auch die emotionalen Lernziele berücksichtigt werden müssen (vgl. KatBl 1/2007). Denn nur wenn religiöse Kognitionen und Emotionen zusammen kommen, können (junge) Menschen ihre eigene religiöse Identität finden und ‚entwickeln'.

Ein weiterer Punkt ist für die Frage nach der religiösen Identität entscheidend: die Frage nach den konkreten Gottesvorstellungen, den Gottesbildern, die seit Mitte des vergangenen Jahrhunderts, verstärkt seit den 1990er Jahren untersucht werden (Forschungsüberblick bei Schweitzer 2004a, Kap. 8; Lehmann 2003, Teil II). Beispielsweise legte Helmut Hanisch sein Augenmerk auf den Unterschied von anthropomorphen und symbolischen Gottesbildern (Hanisch 1996). Er stellte fest, dass Kinder Gott häufig in menschenähnlicher Gestalt zeichnen (oft als „alten Mann mit Bart"), während ältere Kinder und Jugendliche mehr symbolische Gottesbilder wählen. Hanisch entdeckte allerdings eine wichtige Differenzierung: Kinder und Jugendliche, die religionspädagogische Impulse erhalten hatten, sei es durch religiöse Erziehung im Elternhaus oder durch Religionsunterricht in der Schule, waren eher in der Lage, ihr Gottesbild von kindlichen Vorstellungen zu lösen als junge Menschen ohne religiöse Bildungsimpulse. Letztere bleiben eher an den kindlichen Klischees hängen; es gelingt ihnen schwerer, ihr Gottesbild zu reiferen Sichtweisen weiterzuentwickeln.

Untersuchungen mit Kindern im Kindergartenalter haben ergeben, dass die meisten Kinder, auch wenn sie nicht religiös erzogen wurden, in der Lage sind, über eine eigene Vorstellung von Gott Auskunft zu geben. Martin Schreiner und sein Team führten mit Kindern Gespräche über deren zeichnerische Produkte (Schreiner 1998), wobei häufig christliche Motive in den Bildern vorhanden waren (z.B. das Kreuz) und Kinder ihr Gottesbild oft als Beziehungsbild zeichneten. Diese Voraussetzungen nahm Ulrich Schwab zum Ausgangspunkt seiner Studie (Schwab 2000). Religiosität von Kindern, so seine begründete These, ist eingebettet in die sozialen, insbesondere familiären Kontexte, in denen sie leben (s.a. Fischer et al. 2000). Inzwischen sind wichtige Arbeiten zur Gender-Thematik, also zur Bedeutsamkeit der Geschlechter-Differenz, erschienen. Stefanie Klein untersuchte die Gottesbilder von Mädchen (Klein 2000) und stellte fest, dass Mädchen Gott signifikant häufiger in weiblicher Gestalt darstellen als Jungen. Diese und weitere Forschungen geben Anlass, der Gender-Thematik viel stärkere Beachtung zu schenken (Pithan 2007; Kohler-Spiegel 2004b; 2002; Lehmann 2003).

Gender

Jugend und Religion

Die Jugendzeit ist nicht nur im Blick auf die persönliche und soziale Identität eine Zeit der Suche, sie ist es auch mit Blick auf die Gottesbeziehung. Jugendliche bekennen sich zwar selten offen zu einer religiösen Einstellung, aber unterschwellig scheint das religiöse Interesse nicht erloschen zu sein. Nach wie vor gilt, was Friedrich Schweitzer bereits für die 1990er Jahre konstatierte: „Auch beim Gottesglauben nimmt die Religiosität der Jugendlichen die Form des Fragens und Suchens an." (Schweitzer 1998, S. 40) Viele

Jugendliche sind religiös Suchende. Dabei suchen sie nicht den Glauben der Erwachsenen oder der Kirche, sondern sind auf der Suche nach *„eigenem Glauben"* (ebd.), einem Glauben, den sie vor dem Hintergrund ihrer eigenen Erfahrungen und Beziehungen verantworten können. Das zentrale Stichwort der Religiosität von Jugendlichen lautet: Selbstbestimmung (Ziebertz et al. 2003, S. 258ff.). Sie wollen über ihren Glauben bzw. über ihre religiöse Orientierung selbst entscheiden und reagieren ‚allergisch' bis ablehnend, wenn sie spüren, dass sie vereinnahmt werden. Auch ist ihre Religiosität nicht identisch mit Kirchlichkeit oder Konfessionalität (Gensicke 2006, S. 204). Insgesamt kann man in den Forschungen der vergangenen Jahre drei große Muster jugendlicher Einstellungen zu Religion ausmachen (in Anlehnung an Feige 2002, S. 807ff.):

Suche nach eigenem Glauben

Signale massiver Distanz: Ein Teil der Jugendlichen äußern auf die Frage, ob sie sich als religiös bezeichnen, ob sie an Gott glauben oder religiöse Praktiken betreiben mit einem klaren Nein. Je nach Studie und Fragerichtung variiert diese Zahl von unter einem Viertel (Ziebertz et al. 2003, S. 394), über etwas weniger als ein Drittel (Gensicke 2006, S. 210) bis zu etwa der Hälfte der Befragten (Fuchs-Heinritz 2000, S. 173). Die Unterschiedlichkeit lässt sich durch die Verschiedenheit des Religionsbegriffs erklären (Thonak 2003). In allen Untersuchungen wird eine deutliche Ost-West-Differenz ausgemacht. Nimmt man alle Studien zusammen, gehen durchschnittlich schätzungsweise ein Drittel der jungen Menschen zu religiösen Themen, Fragen, Handlungen, Institutionen völlig auf Distanz.

Zeichen für Ambiguität und Ambivalenz: Etwa ein weiteres Drittel der Jugendlichen ist sich nicht sicher, ob sie religiös sind, an Gott glauben und auf welche Weise sie das tun wollen, sie zeigen aber Hinweise, dass sie nicht völlig distanziert sind. Etwa die Hälfte aller jungen Menschen ist überzeugt, dass ein persönlicher Gott oder eine übergeordnete, höhere Macht existiert, während ein Viertel nicht genau weiß, was sie glauben sollen (Gensicke 2006, S. 210ff.). In dieser Rubrik der Ambiguität und Ambivalenz finden sich Jugendliche, die religiös auf der Suche und offen für religiöse Impulse sind, die sich also weder auf die eine noch auf die andere Seite festlegen. Ein Drittel bis die Hälfte beten hin und wieder, sie können sich vorstellen, ihre Kinder später einmal religiös zu erziehen, sie feiern Weihnachten nicht nur als Konsumfest, sie glauben, dass mit dem Tod nicht alles zu Ende ist. Manche bewerten Religion durchaus als Orientierungs- und Lebenshilfe, sind sich aber unsicher, ob sie dazu eine Beziehung zu Gott brauchen (Ziebertz et al. 2003, S. 392f.). Allerdings, hier finden sich auch Jugendliche, die sich auf dem Feld der Esoterik oder des Okkultismus bewegen (Streib 2007). Ansonsten sind hier eher Offenheit aber auch religiöse Unsicherheit zu finden, denn empirisch ist deutlich geworden, „...dass heutige Jugendliche Religion als selbstverständliches Angebot ihres Umfelds akzeptieren. Die Zeit, in der Religion ein Feindbild war, gegen das man sich auflehnen muss, ist vorbei." (Ziebertz et al. 2003, S. 259)

Signale der Zustimmung: Alle Jugendstudien der vergangenen Jahre, die das Verhältnis von Jugend und Religion untersuchten, zeigen: „Viele Jugendliche sind religiös ansprechbar. Sie akzeptieren Religion als ein Angebot, das ihnen hilft, das eigene Leben zu orientieren..." (ebd., S. 386). Manche von ihnen verorten sich in der Nähe der großen Kirchen, sind in kirchlichen Jugendgruppen engagiert (z.B. CVJM, BDKJ, Ministranten, den kirchennahen Pfadfindern etc.), suchen katholische oder evangelische Kirchentage auf, fahren in Gruppen nach Taizé, waren auf dem Weltjugendtag in Köln (2005) zu finden, pilgern auf dem Jakobsweg, erleben eine Auszeit im Kloster und/oder nehmen an kirchlichen Aktivitäten auf Gemeindeebene teil. Hier finden sich aber auch junge Menschen, die eine offene, nur locker oder gar nicht kirchlich gebundene Form von Spiritualität leben.

Insgesamt lässt sich sagen, dass eine einfache Gleichung, Jugendliche seien heute kirchenfern oder fern von Religion und Spiritualität, nicht zu machen ist. Auch der Religionsmonitor 2008 (Bertelsmann 2007) bescheinigt der jungen Generation ein recht hohes Interesse an Religion (4.2). Jugendliche Religiosität nimmt plurale Formen an. In jedem Fall ist sie Ausdruck einer Suche nach religiöser Beheimatung in einer unüberschaubaren, heimatlosen Zeit, einer Suche nach religiöser Beziehung, religiöser Identität und nach religiöser Orientierung.

5.4 Religionspädagogische Konsequenzen

Vor dem Hintergrund der Kenntnisse von Entwicklungsvorgängen, der Bedeutung der Identitätsfrage und der Beziehungen für die Subjekte sowie individueller religiöser Orientierungsmuster lassen sich religiöse Lehr-Lern-Prozesse adäquat planen und durchführen. Entwicklungspsychologisches Grundwissen ist für Religionslehrer in Schulen und Katecheten in Kirchengemeinden unabdingbar. Für die Religionspädagogik ergeben sich zusammenfassend folgende Konsequenzen:

- Religiöse Identität entspricht einem lebenslangen Entwicklungsprozess. Entwicklungslinien zu verstehen, die Bedingungen unterschiedlicher Entwicklungsstufen zu kennen – sowohl in allgemein-psychologischer als auch in religiöser Hinsicht – ist Voraussetzung, um Menschen auf ihren Entwicklungswegen kompetente Begleitung anbieten zu können.

Identität als Beziehung

- Insbesondere ist die Beziehungsorientierung menschlicher Identitätssuche und religiöser Orientierungssuche zu beachten. (Religiöse) Identität formt sich aus (religiöser) Beziehung. Religiös Lehrende sind Beziehungspartner und nehmen an einem gemeinsamen Suchprozess teil, bei dem der Ausgang prinzipiell offen ist. Wenn Lehrende als religiös kompetente Personen in Erscheinung treten, können sie für Lernende zu ‚signifikanten Anderen' werden.
- In religiöser Hinsicht gibt es kein Defizitmodell der Entwicklung. Theologisch gesehen sind Kinder und Jugendliche auf gleicher Augenhöhe mit Erwachsenen, wenn sie sich religiöse Gedanken machen und dazu äußern. Das bedeutet, dass Lehrende eine Haltung der Achtung und des Respekts vor der, wenn auch anfanghaften, Religiosität der Lernenden zeigen müssen.
- Naive Bilder von Gott oder vorurteilsbehaftete religiöse Vorstellungen können durch religionspädagogische Impulse weiterentwickelt werden. Dabei sind neben kognitiven auch emotionale Elemente wichtig.
- Wenn religiöses Lehren und Lernen nicht an der Oberfläche bleiben will, muss es vor allem eines: Mut machen. Dazu gehört, die Identität von Menschen zu stärken, Selbstvertrauen, Selbstakzeptanz und Selbststand zu fördern, Beziehungskompetenz zu entwickeln, für die Gottesfrage zu öffnen und für eine lebendige, dialogische Beziehung zu Gott zu sensibilisieren. Wesentlich ist es, die Menschen zu befähigen, in Sachen Religion eigenständig entscheiden zu können.

Autonomie und Mündigkeit, also eigenständige Entscheidungskompetenz für das eigene Leben, sind seit der philosophischen Aufklärung Grundforderungen einer emanzipatorischen Pädagogik. Um die pädagogischen Elemente einer subjektorientierten Religionspädagogik genauer einschätzen zu können, werden im folgenden Kapitel die erziehungswissenschaftlichen Voraussetzungen für religiöses Lehren und Lernen bzw. religiöse Bildung geprüft.

6. Erziehungswissenschaftliche Perspektive

Religionspädagogik vereint theologische und pädagogische Perspektiven (s. Hinführung). Deshalb sind nun – nach den soziologischen und psychologischen Zugängen – zentrale Aspekte einer genuin erziehungswissenschaftlichen Sicht einzuholen. Dabei ist wiederum die Arbeit an Grundbegriffen erforderlich, die das pädagogische Feld erschließen (Göhlich et al. 2007; Krüger et al. 2007; Koller 2006; Lenzen 2006; 1995; Kron 2001; Brezinka 1990; Speck et al. 1970). Gleichzeitig wird in diesem Kapitel versucht, Konvergenzlinien zwischen erziehungswissenschaftlichen Reflexionen hier und theologischen und anthropologischen Überlegungen dort aufzuzeigen.

6.1 Leitbegriff (religiöse) Erziehung

Erziehung – ein intentionales Geschehen

Erziehung ist gleichermaßen ein alltäglicher und ein wissenschaftlicher Begriff. Im Alltag wird er vor allem für die familiäre Erziehung verwendet, während für den Bereich Schule eher von Lernen und Bildung bzw. Ausbildung gesprochen wird. Neuerdings wird jedoch auch für schulisches Lehren und Lernen wieder stärker vom ‚erzieherischen Auftrag' gesprochen, da manche einen Werteverlust in Familien und in den Ausbildungswegen junger Menschen diagnostizieren, der durch stärkere ‚Erziehung' von staatlicher Seite kompensiert werden soll. Doch sind die Alltagsverwendungen des Begriffs fließend und meist undeutlich.

Im Allgemeinen (Literatur s. o.) wird in der Erziehungswissenschaft unter Erziehung ein planvolles, bewusstes und gewolltes Handeln verstanden, hinter dem eine bestimmte pädagogische Absicht steht. Der Erziehungsbegriff unterscheidet sich somit stark von dem Terminus ‚Sozialisation' (4.3), der die indirekten Einflüsse auf den Menschen beschreibt. Erziehung dagegen ist ein gerichteter, intentionaler Vorgang. Sozialisation geschieht eher beiläufig, Erziehung planmäßig und reflektiert. Der Erziehungswissenschaftler Wolfgang Brezinka bestimmt den Erziehungsbegriff folgendermaßen:

pädagogische Absicht

> „Unter Erziehung werden Handlungen verstanden, durch die Menschen versuchen, das Gefüge der psychischen Dispositionen anderer Menschen in irgendeiner Hinsicht dauerhaft zu verbessern oder seine als wertvoll beurteilten Bestandteile zu erhalten oder die Entstehung von Dispositionen, die als schlecht bewertet werden, zu verhüten." (Brezinka 1990, S. 95)

Erziehung ist durch „Veränderungswillen" (Herman Nohl) charakterisiert, wobei zuvor normativ festgelegt wird, dass diese Veränderung gut und richtig sei.

Trotz dieser in der Erziehungswissenschaft allgemein akzeptierten Bestimmung gibt es diverse Schattierungen im Verständnis von Erziehung, die sich in der Geschichte der Pädagogik (Tenorth 2008; Harney et al. 2006; Benner 2001) ausmachen lassen (zum Folgenden insbes. Kron 2001, S. 196ff.). Erziehung kann, von der Etymologie des Wortes, als ‚Ziehen' verstanden werden, als ‚Hoch- oder Großziehen'. Dahinter verbirgt sich ein Bild vom Kind – bis zur Mitte des vergangenen Jahrhunderts als ‚Zögling' bezeichnet –, das von Unselbstständigkeit und Unmündigkeit ausgeht. In eine ähnliche Richtung gehen Vorstellungen von Erziehung als ‚Führen'. Die Terminologie des ‚Führers' ist im deutschsprachigen Raum seit dem Nationalsozialismus zwar diskreditiert, die Vorstellung vom Führen der zu Erziehenden ist indes nicht nur Vergangenheit. Hin und wieder werden auch heute Stimmen laut, die mehr Disziplin und Führungskraft im Erziehungsprozess fordern (Bueb 2007; vgl. dazu Brumlik 2007). Im Extremfall wird Erziehung als ‚Reglementieren' mit dem Ziel von ‚Zucht und Ordnung' verstanden, wobei die Freiheit der zu Erziehenden extrem eingeschränkt wird.

befreiende Erziehung

Im Gegensatz dazu legen andere Vorstellungen von Erziehung erheblich mehr Wert auf Freiheit und Eigendynamik der Kinder und Jugendlichen, ja kennzeichnen Erziehung gar als „Befreiung" (Paolo Freire). Das Bild von Erziehen als ‚Wachsenlassen' findet sich in aktuellen ebenso wie in historischen Entwürfen, z.B. in der Kindergartenpädagogik oder in der sog. Reformpädagogik (Ende des 19., Anfang des 20. Jahrhunderts; vgl. Oelkers 2005; Scheibe 1999). Schon zuvor war Jean-Jacques Rousseau (1712–1778) der erste, der diesen Gedanken vehement vertrat und ihm in seinem Erziehungsroman „Emile oder Über die Erziehung" (Rousseau 2006 [1762]) konkreten Ausdruck verlieh. Der Mensch wird als „von Natur aus gut" bestimmt; allein die Gesellschaft verdirbt ihn und macht ihn schlecht. Konsequenterweise schirmt Rousseaus Erziehung den zu Erziehenden von der ‚korrupten Gesellschaft' möglichst ab. Der Erzieher gleicht einem Gärtner, der die Saat aufgehen und wachsen lässt. Kindheit hat einen Eigenwert. Trotz dieser sicher zu kritisierenden Extremposition gilt Rousseau als ‚Entdecker der Kindheit' und als Begründer einer systematischen Reflexion von pädagogischen Sachverhalten, was die Pädagogik als eigenständige Disziplin zum Entstehen brachte. Mit einer solchen Vorstellung von Erziehung wird der Erzieher eher zum Berater, Unterstützer und Helfer. Eine ähnlich große Wirkungsgeschichte hatte das Erziehungsverständnis eines anderen ‚Klassikers der Pädagogik', nämlich Johann Heinrich Pestalozzi (1746–1827). Er sieht Erziehung als Lebenshilfe und als Hilfe zur Selbsthilfe. Erziehung setzt bei den konkreten Bedürfnissen der jungen Menschen ein und hilft ihnen, diese zu befriedigen bzw. ihre Probleme selbst zu lösen. In der Reformpädagogik finden sich zahlreiche Weiterführungen dieser Ansätze (z.B. in dem erzieherischen Motto von Maria Montessori „Hilf mir, es selbst zu tun!", s.o. 2.3).

(Religions-)Pädagogische Anthropologie

Deutlich wird in all diesen Konzeptionen: Letztlich steht hinter den Vorstellungen von Erziehung ein bestimmtes Bild vom Kind und von der Kindheit, ein bestimmtes Menschenbild, was in der „Pädagogischen Anthropologie" näher reflektiert wird (ZfPäd 2007; Hamann 2005; Kluge 2003; Bollnow 1969; Langeveld 1968): Welches Bild vom Kind prägt die jeweilige Theorie der Erziehung sowie die konkrete Erziehungspraxis? Wird das Kind als hilfloses, abhängiges, führungsbedürftiges Wesen gesehen, das durch Erziehung erst zu vollem Menschsein gebracht werden muss? Oder sieht man es als potentiell eigenständiges, mündiges und kompetentes Subjekt, das zwar der Unterstützung und Begleitung bedarf, das aber selbst Konstrukteur seiner eigenen Entwicklung ist? Je nach Beantwortung dieser Fragen, d.h. je nach Kindes- und Menschenbild, wird Erziehung konzeptionell und praktisch ein völlig anderes Gesicht bekommen. Wenn in Alltag oder in Wissenschaft von

Erziehung die Rede ist, muss zunächst in ideologiekritischer Weise das dahinterstehende Menschenbild freigelegt bzw. hinterfragt werden.

Das in allgemeinpädagogischer Sicht für den Erziehungsbegriff Gesagte, kann in analoger Weise auf das Verständnis von *religiöser* Erziehung übertragen werden. Auch hierbei gibt es völlig unterschiedliche Auffassungen von dem, wie religiöse Erziehung aussehen soll und kann, welche Aufgaben sie hat und zu welchem Ziel sie führen soll. In kirchlichen Verlautbarungen und in traditionell-christlichem Verständnis erscheint religiöse Erziehung als Einführung in christliche Tradition, christliche Lebensführung und als Hinführung zu kirchlichen Grundvollzügen (Kap. 1 und 2).

Analog zur Frage nach der allgemeinen Erziehung muss auch bei religiöser Erziehung nach dem dazugehörigen Menschenbild gefragt werden, was eng mit dem zugrunde liegenden Gottesbild und Glaubensverständnis zusammenhängt. Wie wird das Kind in religiöser Hinsicht gesehen? Wie wird die „Religion des Kindes" gedeutet (Schweitzer 1992)? Welche theologische Anthropologie begleitet die Konzeptionen religiöser Erziehung? Als Beispiel kann der bedeutende, aber nur selten rezipierte Entwurf für eine theologische Anthropologie der Kindheit von Karl Rahner gelten, den er in seinen „Gedanken zu einer Theologie der Kindheit" im Jahre 1966 vorlegte (Rahner 1966; dazu Boschki et al. 2006b; Grümme 2004; Müller 1993). Rahner geht von der „unüberholbaren Würde der Kindheit" aus, die er strikt theologisch begründet: Alle Altersphasen des Menschen sind unmittelbar zu Gott, so auch die Kindheit (Rahner 1966, S. 313). Damit stellt er jeden Menschen, auch und gerade die Kinder, in den Horizont der Gottesbeziehung, den Grundgedanken seiner theologischen Anthropologie (Kap. 3). Ein solches Verständnis kontrastiert er mit der landläufigen Meinung, die die Kindheit allein im Horizont der Vorläufigkeit versteht. Kindheit, so denken viele, sei nichts als Durchgangsstadium und habe nur vorläufigen Charakter. Einem solchen Denken erteilt Rahner eine klare Absage: „Aber das ist doch nur der eine Teil der Wahrheit der geschichtlich-personalen Zeitlichkeit des Menschen. Der Mensch ist nicht ein Ding, das durch den Zeitraum hindurchgeschoben wird, das nur den jeweiligen Augenblick, Gegenwart genannt, besäße. Der Mensch ist ein Subjekt, er besitzt sich, er ist sich immer als ganzer aufgegeben" (ebd.).

Theologie der Kindheit

Das theologische Subjektdenken, das dem Menschen in jeder Lebensphase absolute Würde verleiht, wird für Rahner Anlass, auch die Kindheit in dieses Licht zu stellen. Das Kind muss nicht erst Mensch werden, es ist Mensch im vollen Sinne von Anfang an. Kindheit ist keineswegs nur Entwicklungsstadium und damit Vorphase des eigentlichen Lebens, das sich erst im Erwachsenenalter abspiele. Kindheit ist unmittelbar zu Gott, weshalb sie letztlich ein „Geheimnis" bleibt, das „dem herrschenden Griff" (ebd., S. 321) entzogen ist. Sie ist Offenheit für das Unberechenbare und Unerwartete, das sich in jedem Augenblick ereignen kann. Rahner bestimmt die Kindheit wesentlich als Offenheit für Gottes offenbarende Zuwendung und für die Begegnung mit dem bergenden „Geheimnis des Daseins".

Wird religiöse Erziehung von einem solchen Verständnis der Kindheit aus konzipiert, wird sie eher den Modus des Begleitens, der Glaubenshilfe (analog zu Lebenshilfe) und der Betonung des Eigenrechts kindlicher (und jugendlicher) Glaubenszugänge annehmen, was indes keineswegs ausschließt, dass sich die zu Erziehenden eine solide Grundlage an religiösem Wissen aneignen sollen. Niemand kann das Christentum aus sich selbst erfinden, aber jeder Mensch kann zum Subjekt seines eigenen Glaubens werden, wenn er in seiner je eigenen religiösen Verfasstheit ernst genommen und religionspädagogisch begleitet wird.

6.2 Leitbegriffe (religiöses) Lernen und (religiöse) Bildung

Lernen – eine menschliche Grundhaltung

Die Grund- bzw. Leitbegriffe ‚Lernen' und ‚Bildung' sind für pädagogische Prozesse gleichermaßen wesentlich (s. Literatur eingangs zu 6.1). Auch diese Begriffe sind vieldeutig: Während der eben beleuchtete Begriff ‚Erziehung' eher auf die Erziehenden, deren Handeln und Intentionen fokussiert, sind beim Begriff ‚Lernen' stärker die Lernenden selbst im Blick. Erziehen ist der Vorgang, der von außen auf den jeweiligen Menschen einwirken will; Lernen ist das, was der Mensch in seinem Inneren selbst vollzieht. Zwar können die Bedingungen und Voraussetzungen des Lernens von außen gesteuert werden, am Ende aber müssen die und der Einzelne den Lernprozess ‚in sich selbst' realisieren, weshalb man beim Lernen auch von einem „Binnenprozess" (Kron 2001, S. 70) sprechen kann.

Zwei Lernarten können unterschieden werden: Zum einen das natürliche Lernen oder Erfahrungslernen, das aus der alltäglichen Lebenserfahrung erwächst. Zum anderen gibt es das planvolle, gezielte Lernen, das meist in Institutionen wie Familie, Schule, Berufsausbildung, Universität etc. gefördert wird. Doch auch in der zweiten Form, dem bewussten Lernen, gibt es gewichtige Unterscheidungen: Manches Lernen bezieht sich auf das Verhalten, die Emotionen, den Umgang mit anderen, die körperliche Entwicklung etc. Andere Lernarten zielen stärker auf kognitives Lernen (Wissen, Zusammenhänge erkennen etc.), also auf eine spezielle Vermehrung von Wissen und Erkenntnis. In allen Fällen geht es um Veränderung eines früheren Zustands, weshalb Lernen wissenschaftlich folgendermaßen definiert werden kann:

Lernen heißt Veränderung

> „Unter Lernen verstehen wir alle nicht direkt zu beobachtenden Vorgänge in einem Organismus, vor allem in seinem zentralen Nervensystem (Gehirn), die durch Erfahrung … bedingt sind und eine relativ dauerhafte Veränderung bzw. Erweiterung des Verhaltensrepertoires zur Folge haben." (Treml 2007, S. 107)

Lernen bedeutet demnach Verhaltens- bzw. Denkveränderung. Es kann so organisiert sein, dass Menschen zu Objekten des Lernens verzweckt werden (passiv, rein rezeptiv). Dagegen ist ein Lernbegriff zu favorisieren, der die Lernenden als Subjekte ihres eigenen Lernprozesses versteht. Durch bestimmte Lernanreize, durch Lehr-Lern-Verfahren, die die Menschen motivieren, aktivieren und die natürliche Neugier reizen, wird selbstgesteuertes, aktives und entdeckendes Lernen stimuliert. Lernende werden so zu Konstrukteuren ihres eigenen Erkenntnisprozesses.

Der Aspekt der internen Veränderung, durch den Lernen definiert ist, kennzeichnet auch das *religiöse Lernen.* Wer religiös etwas gelernt haben will, hat seine Weltorientierung, sein Sinnverstehen, sein Selbstverständnis erweitert und hat auch – so die Hoffnung einer jeden Religion – sein Verhalten erneuert. Religiös Lernende verändern sich in ihrer Beziehung zu sich selbst, zu Welt- und Wirklichkeit und in ihrem Gottesverhältnis. Neutestamentlich gesprochen geht es beim religiösen Lernen um *metanoia* (Umkehr): Wer an das Evangelium zu glauben lernt, wer das Reich Gottes freudig zu erwarten lernt, wird sein bisheriges Leben überdenken und umkehren, so die grundlegende Botschaft Jesu (z. B. Mk 1,15). Religiöses Lernen in seiner Tiefe umfasst die ganze Person des Lernenden, seine Einstellung, sein Handeln, sein Denken, sein Leben. Wer innerhalb einer Religionsgemeinschaft etwas lernt, lernt gemeinsam mit anderen einen Weg zu gehen, bestimmte Gebete zu sprechen, Lieder zu singen, Liturgie zu feiern, eine bestimmte Form der Spiritualität zu leben. Er oder sie lernen bedeutungsgebende Erzählungen kennen, insbesondere biblische Geschichten. Hier sind die Grenzen zum Begriff der religiösen Bildung fließend.

Dennoch, neben dieser umfassenden Form des religiösen Lernens, die tief in die eigene Existenz eingreift, gibt es ein religiöses Lernen auf der Ebene der Wissenserweiterung und Einstellungsveränderung. Bescheid zu wissen in religiösen Fragen, religiöse Grundmuster zu kennen, die Sprache des Religiösen wenigstens ansatzweise ‚sprechen' zu können, verschiedene Religionen und deren Lebensäußerungen zu verstehen – all dies sind wesentliche Punkte religiöser Lernprozesse, die für heutige Gesellschaften und die Probleme in der politischen Welt wichtig geworden sind. Beide Formen religiösen Lernens gehen Hand in Hand, sind aber nicht miteinander zu identifizieren. Religionsunterricht in der Schule und Erwachsenenbildung haben einen anderen Auftrag als Gemeindekatechese, aber dennoch sind beide Lernformen miteinander vernetzt (Kap. 10). Deshalb bleibt auch diese zweite Form religiösen Lernens nicht an der Oberfläche, sondern intendiert eine innere Veränderung, die sich auch in äußeren Veränderungen niederschlägt. Wer beispielsweise etwas über andere Religionen lernt, sollte seine Vorurteile abbauen und sein Verhalten gegenüber Menschen einer fremden Religion in Achtung und Respekt justieren.

Bildung – unerlässlich für das Verstehen von Welt und Wirklichkeit

Der Begriff ‚Bildung' hat derzeit Hochkonjunktur. Der ‚PISA-Schock', also das mittelmäßige Abschneiden deutscher Schüler in der internationalen Bildungsvergleichsstudie, hat eine energische Bildungsdebatte ausgelöst. Von „Bildungskatastrophe" ist die Rede (Korczak 2003). Doch was genau bedeutet Bildung und wie kann der Begriff uns helfen, den Kern *religiöser* Bildung genauer zu verstehen?

Verkürzung des Bildungsbegriffs

Die alltagssprachliche Verwendung des Begriffs ‚Bildung' ist vielfach verkürzt und einseitig. Man bezeichnet jemanden als gebildet, der viel weiß und belesen ist. Bildung wird häufig identifiziert mit einem bestimmten Maß an Kenntnissen und Wissen, einem Kanon an Bildungsgütern. Auch in öffentlichen Debatten wird Bildung meist im Sinne einer Quantität an Information, an Kenntnissen und (beruflichen) Fertigkeiten, also eher im Sinne von ‚Ausbildung' verwendet. Doch der Begriff der Bildung ist weitaus breiter und facettenreicher. Bildung ist ‚Persönlichkeits-Bildung': Sie umfasst den ganzen Menschen, seine kognitiven, emotionalen, sozialen und handlungsorientierten Fähigkeiten.

Der Bildungsbegriff wurde in den vergangenen Jahren neu belebt (Dörpinghaus et al. 2008; Benner et al. 2004a; Tenorth 2002; Tippelt et al. 2002; Neumann 1999; Hoffmann 1999). Der Erziehungswissenschaftler und Religionspädagoge Karl Ernst Nipkow fasst die abendländische Bildungstradition in fünf Punkten zusammen (Nipkow 1992, S. 32 ff.):

Fünf Grundmerkmale abendländischen Bildungsverständnisses (Karl Ernst Nipkow)

1. *Bildung und Gesellschaft:* Bildung ist nie nur ein privates und individuelles Phänomen, sondern ist Bestandteil der gesellschaftlichen, öffentlichen und politischen Kultur. Bildung bewirkt und sichert Freiheit, umfasst aber gleichzeitig stets ein gesellschaftskritisches Moment.
2. *Bildung und Utopie:* Bildung will nicht nur in die Gesellschaft eingliedern und anpassen, sondern weist über die bestehenden Verhältnisse hinaus. Sie ist „nie bloß Schulung und Zurichtung für die Wirklichkeit, wie sie ist, sein sollte, sondern immer auch Bildung für eine Lebenswirklichkeit, wie sie sein könnte." (ebd., S. 35)
3. *Bildung und Subjektivität:* Von der philosophischen Aufklärung des 18. Jahrhunderts her wird Bildung als Prozess des persönlichen Mündigwerdens verstanden, der auf Eigenständigkeit, freie Entscheidungsfähigkeit und selbstverantwortliches Denken und Handeln weist. Ziel des Bildungsprozesses ist das mündige Subjekt.
4. *Bildung und Überlieferung:* Angelpunkt des sich Bildens sind die überlieferten geistigen und kulturellen Güter, mit denen sich das mündig werdende Subjekt auseinandersetzt. Der Bildungsprozess vollzieht sich im „Medium der Tradition", in deren Deutung und Interpretation, aber auch in deren kritischen Relecture und Weiterentwicklung.
5. *Bildung und Verständigung:* „Bildung heißt: *Leben im Gespräch.*" (ebd., S. 37) Bildung ist schon im Werden ein dialogischer Prozess der Auseinandersetzung mit Lehrpersonen und Bildungsgütern; Verständigung ist aber auch ein Bildungsziel, das auf dialogische Kompetenz, auf Verständigungsfähigkeit innerhalb der eigenen (heute pluralen) Gesellschaft und nach außen im Blick auf andere Kulturen, Ethnien, Religionen ausgerichtet ist.

Deutlich wird, dass das Mündigwerden des Subjekts als zentrales Bildungsziel im Mittelpunkt abendländischer Bildungsentwürfe steht. Analog benennt Wolfgang Klafki in seiner Untersuchung zur „Bedeutung der klassischen Bildungstheorien für ein zeitgemäßes Konzept allgemeiner Bildung" das erste Moment von Bildung: „Bildung als Befähigung zu vernünftiger Selbstbestimmung", bei der es um „Selbstbestimmung, Freiheit, Emanzipation, Autonomie, Mündigkeit, Vernunft, Selbsttätigkeit" geht (Klafki 2007, S. 19 f.). Um zur Mündigkeit zu gelangen, muss sich der Mensch mit der ihn umgebenden Welt, mit Gesellschaft, Geschichte und Kultur, die ihn umgibt, auseinandersetzen. Er tritt in Dialog mit den kulturellen Beständen seines jeweiligen Lebenskontextes. Klafki bezeichnet dieses Moment mit „Bildung als Subjektentwicklung im Medium objektiv-allgemeiner Inhaltlichkeit" (ebd., S. 20 ff.). Auch in neuerer Bildungstheorie wird Bildung als „subjektive Aneignung des objektiven Gehalts von Kultur" beschrieben (Ehrenspeck 2002, S. 145). Bildung ist demnach immer ein dialogischer Vorgang zwischen Individuum und Kultur bzw. Überlieferung. In diesem Sinne macht

Klafki: Bildung als Aneignung

der Bildungstheoretiker Heinz-Elmar Tenorth auf zwei zentrale Punkte im Bildungsbegriff aufmerksam (Tenorth 1997, S. 975, 981 f.): Zum einen zeigt er auf, dass (a) der Bildungsbegriff seit Wilhelm von Humboldt stets auf die Subjekt-Welt-Relation zielte. Zum anderen weist Tenorth darauf hin, dass (b) Bildung nicht nur die individuelle Subjektivität betrifft, sondern stets auf zwischenmenschliches Handeln, gegenseitige Achtung und Anerkennung verweist.

Aufgrund des Ertrags der klassischen Bildungstheorie und ihrer Weiterentwicklung, aufgrund der Vernetzung mit der Sozialisationstheorie (4.3), die den Menschen als produktiv, realitätsverarbeitendes Subjekt charakterisiert, und aufgrund der Berücksichtigung der Ergebnisse der Sozialpsychologie (5.2: Leitbegriff ‚Identität') kann Bildung für unsere Zeit in folgender Vielgestaltigkeit definiert werden (Gudjons 2006, S. 198):

„Bildung meint
- die Befähigung zu vernünftiger Selbstbestimmung und Solidaritätsfähigkeit,
- die Subjektentwicklung im Medium der Objektivationen bisheriger menschlicher Kultur; das bedeutet: Bildung ist immer als ein Selbst- und als ein Weltverhältnis auszulegen, das nicht nur rezeptive, sondern verändernd-produktive Teilnahme an der Kultur meint,
- die Gewinnung von Individualität und Gemeinschaftlichkeit,
- eine allgemeingültige, d. h. für alle Menschen gleich gültige Bildung,
- Vielseitigkeit, vor allem die moralische, kognitive, ästhetische und praktische Dimension."

Mithilfe eines solchen weit gefassten Bildungsverständnisses entgeht man einer Engführung von Bildung auf ‚Ausbildung' oder einem rein instrumentell-technokratischen Verständnis. Bildung ist eben mehr als Wissen und Kenntnis, mehr als Bildungspläne und Bildungsstandards, mehr als PISA-Test und Notendurchschnitt. Bildung ist ein die Persönlichkeit umgreifendes, ganzheitliches und dialogisches Konzept. Bildung ist keine Einbahnstraße vom Bildungsgut über deren Vermittler hin zu den Empfängern von Bildung, sondern ist auf Gegenseitigkeit und Beziehung verwiesen.

ganzheitlicher Bildungsbegriff

Um diesen Aspekt von Bildung (und Erziehung und Lernen) zu vertiefen und ihn für religiöse Bildung fruchtbar zu machen, lohnt ein Blick in die Werke zweier ‚Klassiker' der Pädagogik des 20. Jahrhunderts, denen es in besonderem Maße um die dialogische Dimension von Erziehung und Bildung ging, mehr noch, die Erziehung und Bildung ganz und gar in den Kategorien Beziehung und Begegnung verstanden: den jüdischen Philosophen Martin Buber sowie den jüdischen Kinderarzt und Pädagogen Janusz Korczak.

6.3 Exkurs: Martin Buber und Janusz Korczak als Impulsgeber für (religions-)pädagogisches Denken und Handeln

Nicht von ungefähr kommen zwei bedeutende pädagogische Ansätze, die die Realität des Zwischenmenschlichen und die Dialogik in den Mittelpunkt der erzieherischen Überlegungen und ihre Praxis stellen, aus der Tradition des Judentums, wenn auch in unterschiedlicher Gestalt. Wie in kaum einer anderen Religion ist das dialogische Element in der jüdischen Religion von Grund auf angelegt: Beziehungen der Menschen untereinander und zu ihrem Gott bilden den Kern der *Tora*. Ihre Auslegung, der immer wieder neue Kommentar zur *Tora*, kann als „signifikante Denkform im Judentum" verstanden werden (Petzel 2001; Wohlmuth 1997; Stemberger 1997). In den großen *Tora*-Kommentaren, *Midrasch* und *Talmud*, treten die Rabbinen und Gläubigen in einen endlosen „Dialog mit dem Text" (Stemberger 1989, S. 26, 227; vgl. Lévinas 1993). Dieser Dialog mit dem heiligen Text ist ein engagierter, aktiver Prozess. In der Auslegung, in der aktualisierenden Beschäftigung mit der *Tora*, ereignet sich ein kreativer Dialog mit dem Text, mit den Menschen und mit Gott. Vor dem Hintergrund eines solchen Verständnisses werden die Konzentration auf das Dialogische und der Entwurf einer dialogischen Philosophie, wie sie im Werk von Martin Buber vorliegen, erst verständlich.

Martin Buber entwickelt seine Gedanken über Erziehung auf der Folie seiner dialogischen Philosophie, in der die Termini „Beziehung", „Begegnung" und „Dialog" Grundbegriffe darstellen (Buber 2006 [1923 ff.]; zur Pädagogik Bubers: Ventur 2003). In seiner berühmten Rede „Über das Erzieherische" (2000 [1925]) konzipiert Buber das erzieherische Verhältnis ganz von der Begegnung des Erziehers mit dem ‚Zögling' aus. Nicht die Metapher des Wachsenlassens („Die Entfaltung der schöpferischen Kräfte im Kinde", ebd., S. 11 ff.), eine in Teilen der reformpädagogischen Bewegung damals geläufige Redewendung, eignet sich nach Buber für eine Beschreibung der Erziehung. Das „Prinzip der Erziehung ... kann nur ein Grundverhältnis sein" (ebd., S. 30), eine „Zwiesprache" (ebd., S. 28 f.), die „Erfahrung der Gegenseite" (ebd., S. 36). Kurz: „Das erzieherische Verhältnis ist ein rein dialogisches." (ebd., S. 40) Nur durch ein Gegenüber, durch die Begegnung einer Person mit einer anderen, kann sich Erziehung ereignen. Erziehung ist bei Buber aufs engste mit Beziehung verknüpft, sie wird bei ihm durch ein gegenseitiges Vertrauensverhältnis qualifiziert: „Vertrauen, Vertrauen zur Welt, weil es diesen Menschen gibt – das ist das innerlichste Werk des erzieherischen Verhältnisses." (ebd.) Nur wenige Denker haben Erziehung so radikal personal gedacht wie Martin Buber. Ohne die persönliche Beziehung (das auf Vertrauen gründende „erzieherische Verhältnis") gibt es keine Erziehung. Dennoch zeichnet sich bei Buber die pädagogische Beziehung im Vergleich zu anderen zwischenmenschlichen Beziehungen dadurch aus, dass sie nicht auf Gegenseitigkeit beruht, sie ist im Gegenteil „völlig auf die Einseitigkeit hingewiesen" (ebd. S. 41). Der Erzieher repräsentiert bei Buber „die Welt" – Kultur, Tradition, Wissen, was er dem zu Erziehenden weitergibt. Buber denkt Erziehung zwar konsequent dialogisch, doch ebenso konsequent asymmetrisch. Das Gefälle Erzieher – Zögling bleibt für ihn unauflöslich. An dieser Stelle setzte denn auch spätere Kritik an, ob diese Asymmetrie im erzieherischen Verhältnis nicht zu einer Festschreibung der Überlegenheitsrolle des Erziehers führe. Verständlich wird Bubers Ansatz vor dem religiösen und historischen Hintergrund: Für ihn stand das Bild des chassidischen Rabbi, der seinen lernwilligen Schüler in die Weisheit der Über-

Erziehung als Beziehung

lieferung einweist, Pate für seine Konzeption des Lehrer-Schüler-Verhältnisses.

Ein anderer, im gleichen Jahr wie Buber geborener, jüdischer Pädagoge sollte in dieser Hinsicht weitaus radikaler denken und die pädagogische Beziehung strikt auf gleicher Augenhöhe verstehen (und leben!): Janusz Korczak.

JANUSZ KORCZAK, von Hause aus Kinderarzt, hat durch die Berichte und Reflexionen über sein Zusammenleben mit Kindern ein Werk hinterlassen, das zu den bedeutendsten pädagogischen Zeugnissen des vergangenen Jahrhunderts gehört (Korczak 1996ff.; dazu: Ungermann 2006; Ungermann et al. 2004). Seine unbedingte Leidenschaft für Kinder kommt in seiner Rolle als Leiter von jüdischen Waisenhäusern in Warschau zutage, in seinen Büchern, die essayistisch-narrative Reflexionen *über* Kinder und Bücher *für* Kinder umfassen, und schließlich in seinem Tod, den er im Jahr 1942 zusammen mit einer Gruppe von etwa 200 Waisenkindern im Vernichtungslager Treblinka erleidet. In seinem Werk nimmt er die Kinder ohne Idealisierung und Romantisierung in ihren Alltagssituationen wahr, die oft durch kärgliche Armut, gesellschaftliche Benachteiligung und schlechten Gesundheitszustand gekennzeichnet waren. Im Zusammenleben mit Kindern entdeckt Korczak eine Grundregel, die zum Kern seiner pädagogischen Anthropologie werden sollte: „Kinder *werden* nicht erst zu Menschen, sie sind schon welche." (Korczak 1996ff., Bd. 1, S. 475) Entgegen der landläufigen (und in der Pädagogik seiner Zeit verbreiteten) Auffassung, dass Kinder erst zum vollen Menschsein gelangen müssen, indem sie erzogen werden, ist Korczaks Gesamtwerk ein flammendes Plädoyer für das Recht des Kindes, Kind zu sein.

Pädagogik der Achtung

Korczak begründet eine strikte Pädagogik der Achtung vor dem Kind. Der Erzieher steht nicht *über* den Kindern, hat keine Vorrangstellung. Im Gegenteil, nichts rechtfertigt eine Überlegenheit der Erwachsenen. Kinder und Jugendliche selbst können Vorbilder für die Erziehenden werden, denn Kinder sind bereits denkende, fühlende, freie und kreative Wesen, die zu Phantasie und Produktivität fähig sind. Korczak konstituiert die pädagogische Beziehung durch die grundsätzliche Haltung des Respekts und der Achtung seitens des Erziehers den jungen Menschen gegenüber.

Kommt ein solch hoher Anspruch an das erzieherische Verhältnis einer Überforderung gleich? Korczak weiß nur zu gut: Kein Erzieher (oder Lehrer) kann allen Kindern, mit denen er zu tun hat, gerecht werden. Aber die grundsätzliche Einstellung Kindern und Jugendlichen gegenüber, die grundsätzliche Achtung der Würde entscheidet über die Qualität der pädagogischen Beziehung.

Der Erziehungswissenschafter Friedhelm Beiner sieht bei Korczak sechs Dimensionen der pädagogischen Beziehung (Beiner 1994, S. 75ff.):

„1. Mit den Kindern fühlen.
2. Die Kinder begleiten statt sie zu bevormunden.
3. Die Realität nicht beschönigen – aus Fehlern lernen.
4. Die Menschenrechte der Kinder achten.
5. Beobachten und reflektieren.
6. Phantasie- und humorvoll eine demokratische Lebenswelt schaffen."

Mit seinem Ansatz hat Janusz Korczak viele Berührungspunkte und Gemeinsamkeiten mit den pädagogischen Gedanken Martin Bubers (Kirchhoff 1988). Beide begründen die pädagogische Beziehung personal und dialogisch, wobei Dialog nicht nur Gespräch, sondern personale Begegnung und vertrauensvolle Beziehung bedeutet. Beide sind sich auch der gesellschaftlichen Verflochtenheit der Erziehung bewusst. Doch Korczak geht über Buber hinaus, indem er das pädagogische Verhältnis als eine strikt wechselseitige Beziehung unter Gleichrangigen beschreibt – und lebt. In den Kinderversammlungen konnten die Kinder auch die Erzieher und deren Verhalten anprangern. Und im persönlichen Kontakt war für Korczak klar: Der Erzieher lernt ebensoviel vom Kind wie das Kind vom Erzieher. Diese „konsequente Wendung zum Subjekt" (in Bezug auf Korczak: Giesecke 1999, S. 170) begründet Korczaks Modernität.

Beide Denker haben einen erheblichen Einfluss auf die Pädagogik des 20. Jahrhunderts. Dies gilt auch für das Nachdenken über *religiöse* Erziehung und Bildung, obwohl beide nicht als Religionspädagogen bezeichnet werden können. In der folgenden Gegenüberstellung werden die zentralen Punkte zusammengefasst:

Martin Buber (1878–1965)

Martin Buber
- geboren in Wien
- jüdischer Philosoph; bedeutender Vertreter der dialogischen Philosophie
- beeinflusst vom Chassidismus (religiös-mystische Strömung des Judentums in Osteuropa)
- Übersetzer der hebräischen Bibel ins Deutsche (zusammen mit Franz Rosenzweig)
- engagiert für eine Erneuerung des Bildungswesens (Erwachsenenbildung; Erziehung im Allgemeinen)
- emigriert 1938 aus Deutschland nach Palästina
- lehrt an der Hebräischen Universität in Jerusalem

Für die religiöse Bildung bedeutende Schriften:
- 1918: Mein Weg zum Chassidismus
- 1923: Ich und Du
- 1926: Reden über die Erziehung
- 1930: Zwiesprache
- 1933: Biblischer Humanismus
- 1949: Die Erzählungen der Chassidim
- 1936 ff., 1953 ff.: Die Schrift (Bibelübersetzung ins Deutsche)
- 1954: Elemente des Zwischenmenschlichen

Grundgedanken im Blick auf religiöse Bildung:
- Alles wirkliche Leben ist Begegnung.
- Der Mensch wird am Du zum Ich.
- Die Ich-Du-Beziehung ist die Grundsituation für das Menschsein.
- Das Zwischenmenschliche ist durch die absolute Ich-Du-Beziehung, die Gottesbeziehung, umfasst.
- Personwerdung (-bildung) geschieht durch Einwirken der Welt auf den Menschen.
- Erziehung und Bildung basieren auf Beziehung und Begegnung.
- Im Erziehungsverhältnis besteht eine Asymmetrie zwischen Erzieher und zu Erziehenden.

(Ausgewählte Sekundärliteratur siehe im Text oben.)

Janusz Korczak

- geboren in Warschau
- Kinderarzt und Pädagoge; Leiter jüdischer Waisenhäuser
- stammt aus säkularisiertem Judentum
- gründet Zeitschriften, verfasst Kinderbücher, Essays, pädagogische Werke
- lebt in Gemeinschaft mit den Kindern
- lässt die Kinder und Jugendlichen in Versammlungen über ihre Belange selbst entscheiden
- bleibt auch im Warschauer Ghetto bei den Kindern
- wird mit ‚seinen' Kindern 1942 in das Vernichtungslager Treblinka deportiert und ermordet

Janusz Korczak (1878–1942)

Für die religiöse Bildung bedeutende Schriften:

- 1901: Kinder der Straße (Roman)
- 1918: Wie man ein Kind liebt
- 1922: Allein mit Gott. Gebete eines Menschen, der nicht betet
- 1922 f.: König Hänschen (Kinderromane)
- 1925: Wenn ich wieder klein bin
- 1928: Das Recht des Kindes auf Achtung
- 1939: Fröhliche Pädagogik
- 1940–42: Tagebuch aus dem Warschauer Ghetto

Grundgedanken im Blick auf religiöse Bildung:

- Kinder sind schon Menschen, sie müssen es nicht erst durch Erziehung werden.
- Kinder und Erwachsenen sind prinzipiell gleichberechtigt.
- Erziehung muss auf gleicher Augenhöhe, ohne Gefälle erfolgen.
- Kinder haben grundlegende Rechte, insbesondere das Recht auf den Augenblick und auf Achtung.
- Achtung und Respekt bilden die ethische Grundlage der Pädagogik.
- Kinder können Selbstverantwortung übernehmen, sie sind in vieler Hinsicht schon mündig.

(Ausgewählte Sekundärliteratur siehe im Text oben.)

6.4 Ein dialogischer Bildungsbegriff: Bildung als Selbstbildung in Beziehung

Stellt man die Ergebnisse der erziehungswissenschaftlichen Perspektive in den Horizont religionspädagogischen Denkens und Handelns, können alle pädagogischen Grundgedanken auch für *religiöses* Lehren und Lernen fruchtbar gemacht werden. Entscheidender Ertrag der Beschäftigung mit erziehungswissenschaftlichen Leitbegriffen ist, dass die Termini Erziehung, Lernen und Bildung von der Realität der Beziehung qualifiziert werden. Bildung ist immer ein Selbst- und Weltverhältnis, das das Subjekt selbst realisiert. Vor diesem Hintergrund ist Bildung in erster Linie als kreative Eigenleistung des Subjekts zu beschreiben, die sich freilich nur in Beziehung mit anderen realisiert.

dialogische und kreative Eigenleistung

Unter Berücksichtigung der bildungstheoretischen Überlegungen und der Impulse, die die Werke und Biografien von Martin Buber und Janusz Korczak erbringen, kann ein dialogisches Bildungsverständnis folgendermaßen zusammengefasst werden: Bildung ist Selbstbildung in Beziehung. ‚Beziehung' bedeutet dabei zweierlei: einerseits Beziehung zur Welt (Verhältnis zu Umwelt, Geschichte, Kultur, Gesellschaft) als Auseinandersetzung, Verortung und kreative Konstruktion des Subjekts, andererseits (und mit ersterem eng verflochten) bedeutet es eine personale Beziehung zu konkreten Menschen (zu Erziehern, Lehrern, signifikant Anderen). Bildung ist verwiesen auf Dialog, der mehr ist als verbales Gespräch. Dialog ist ein Synonym für Begegnung und Beziehung. Persönlichkeits-Bildung und Identitäts-Bildung kann nur in Beziehung vonstatten gehen.

6.5 Religionspädagogische Konsequenzen

- Wie die allgemeine Erziehung ist auch die religiöse Erziehung von Sozialisation zu unterscheiden. Religiöse Erziehung ist ein intentionales Handeln. Sie geschieht planvoll und ist von Erziehungs- bzw. Lernzielen geleitet. Über derartige Zielbestimmungen ist religiöse Erziehung reflektier- und steuerbar (8.1).
- Auch religiöse Erziehung muss sich – wie die allgemeine Erziehung – das ihr zugrunde liegende Menschenbild bewusst machen. Die jeweilige theologische und pädagogische Anthropologie prägen in entscheidendem Maße die Konzeption des Erziehungsdenkens und -handelns.
- Religiöses Lernen ist ein innerer Vorgang im Individuum, das durch äußere Lernarrangements stimuliert werden kann. Letztlich bleibt es selbstgesteuert. Religiös Lernende verändern ihre Beziehung zu sich selbst, zu Welt- und Wirklichkeit und zu Gott.

religiöse Bildung

- Religiöse Bildung ist zugleich Weg und Ziel: Weg deshalb, weil die kreative und existentielle Auseinandersetzung mit überlieferten religiösen Formen und Inhalten einen Prozess darstellt, der die menschliche Person im Ganzen betrifft. Ziel ist religiöse Bildung insofern, als sie auf religiöse Mündigkeit, Selbstbestimmung und Selbstverantwortung der lernenden Subjekte ausgerichtet ist.
- Alle Grundmerkmale des aufgeklärten Bildungsverständnisses (s. o.) können, insbesondere weil sie aus der christlichen Tradition erwachsen sind, für christliche religiöse Bildung fruchtbar gemacht werden:
  - Religiöse Bildung ist verwiesen auf *Gemeinschaft und Gesellschaft.* Sie bleibt nicht auf der individuellen Ebene verhaftet, sondern bringt das Subjekt in Beziehung zur Gemeinschaft derer, die gemeinsame religiöse Überzeugungen und Haltungen teilen. Neutestamentlich gesprochen zielt religiöse Bildung auf *koinonía,* auf die Gemeinschaft derer, die an Jesus Christus glauben, und auf *ekklesía,* die ihrerseits Teil der Gesellschaft ist.
  - Religiöse Bildung ist verwiesen auf *Zukunft und Erwartung des Kommenden.* Sie hat eine immense zeitliche Dynamik, indem sie sich mit der Überlieferung beschäftigt (Vergangenheit, Erinnerung), die aktuelle Situation und Person verändern will (Gegenwart, Umkehr) und die Erwartung nach vorne richtet (Zukunft, Hoffnung). In christlich religiöser Bildung ‚bildet' sich die zeitliche Dynamik des Reiches Gottes ab (präsentische und zukunftsgerichtete Eschatologie).
  - Religiöse Bildung zielt auf *Mündigkeit und Selbstbestimmung* in religiösen Fragen und Urteilen. Die christliche Botschaft erwartet von dem und der Einzelnen eine klare Entscheidung für oder gegen Jesus Christus („Ja ist Ja, Nein ist Nein"). Religiöse Bildung will den Menschen entscheidungsfähig machen.
  - Religiöse Bildung ereignet sich in produktiver und konstruktiv-kreativer *Auseinandersetzung mit der Überlieferung,* das heißt in christlicher Terminologie mit der biblischen und kirchlichen Tradition. Es gilt, das scheinbar Vergangene (z. B. Jesu Taten, seinen Tod, seine Auferstehung) im Hier und Jetzt zu ‚vergegenwärtigen' (in Liturgie, Gebet, Bibellektüre...), also bei sich ankommen zu lassen, sich zueigen zu machen.
  - Religiöse Bildung geschieht in und zielt auf *Verständigung, Dialog und Begegnung.* Sie ist sozial vermittelt und gleichzeitig will sie Sozialität erreichen. Verständigung bedeutet dialogische Kompetenz in der eigenen Religion und im Austausch mit anderen.

- Neben den erwähnten Aspekten ist auf die Vielseitigkeit religiöser Erziehung und Bildung hinzuweisen. Sie hat moralische, kognitive, praktische aber auch ästhetische Dimensionen (Kap. 7 und 8).
- Religiöse Erziehung ist, wie die Beschäftigung mit Martin Buber zeigt, auf Beziehung angewiesen, da die Beziehung der Menschen untereinander auf die Beziehung zu Gott verweist. Der Mensch wird an einem religiösen Du zu einem religiösen Ich. Diese Beziehung, so ist von Janusz Korczak zu lernen, muss auf gleicher Augenhöhe, in Respekt und Achtung vor den Lernenden erfolgen. Der religiös Lehrende ist dem Lernenden nur in seinen Erfahrungen, nicht in seiner Gottunmittelbarkeit voraus (religionspädagogische Anthropologie).
- Religiöse Bildung ist ein Prozess des Individuums selbst, das sich jedoch nur in Beziehung mit anderen Menschen und mit überlieferten Inhalten ereignen kann. Religiöse Bildung ist – analog zur allgemeinen Bildung – stets Selbstbildung in Beziehung.

Ertrag: Religionspädagogische Grundoptionen (II)

Nach dem Durchgang durch soziologische, psychologische und erziehungswissenschaftliche Diskussionsfelder können weitere Grundoptionen für religionspädagogisches Denken und Handeln formuliert werden:

(6) Religiöse Bildung nimmt Bezug auf den gesellschaftlichen Kontext.
Die soziologischen Gegebenheiten stellen basale Bedingungen für religiöse Lehr-Lern-Prozesse dar. In einer pluralen Gesellschaft muss sich religiöse Bildung als pluralitätsfähig erweisen. Mit den sozialisatorischen Einflüssen ist sensibel und konstruktiv umzugehen.

(7) Die Verstehensvoraussetzungen der religiös Lernenden sind abhängig von individuellen, entwicklungsbedingten Faktoren.
Lernprozesse können nur dann sinnvoll initiiert und durchgeführt werden, wenn die individuellen Voraussetzungen im Blick sind. Dazu gehören Erkenntnisse der allgemeinen Entwicklungspsychologie wie der religiösen Entwicklungsmodelle.

(8) Ziel religiöser Bildung ist religiöse Identität.
(Religiöse) Identität ist ein lebenslanger Prozess. Er ist weder gerad- noch einlinig, sondern kennt Um-, Ein- und Durchbrüche. Religiöse Identität wird nicht durch einfache Übernahme von Vorgegebenem konstituiert, sondern ist eine kreative Eigenleistung des Subjekts.

(9) Religiöse Erziehung, religiöses Lernen und religiöse Bildung erfolgen stets in Beziehung.
In erziehungswissenschaftlicher Sicht sind religiöse Erziehungs-, Lern- und Bildungsprozesse immer dialogisch angelegt: in Auseinandersetzung mit den überlieferten Inhalten und in Beziehung mit konkreten Menschen, die von Religion authentisch berichten und/oder ihren Glauben leben.

(10) Religiöse Bildung ist verwiesen auf Gemeinschaft, Zukunft, Selbstbestimmung, Überlieferung, Dialog.
Alle Aspekte abendländischer Bildungstradition sind auch für religiöse Bildung maßgebend. Religiöse Bildung benötigt von daher eine pädagogische und theologische Hermeneutik der Vermittlung, Aneignung und Beziehung.

Um die bisherigen Ergebnisse für eine umfassende Theorie religiöser Bildung fruchtbar machen zu können, bedarf es der Situierung in den gegenwärtigen religionspädagogischen Diskussionskontexten, was im folgenden Teil C geleistet wird.

C. Übergreifende Theorie religiöser Bildung

7. Heutige Religionspädagogik im Überblick

Im bisherigen Gang dieser Einführung wurden das Fach Religionspädagogik sowie die Grundstrukturen religionspädagogischen Denkens und Handelns von verschiedenen Seiten abgeschritten. Die unterschiedlichen Perspektiven sind konstitutiv für die wissenschaftliche Disziplin, aber auch für die Praxis der Religionspädagogik. Im weiteren Gang werden all diese Fäden zu einem gemeinsamen Band verwoben. In einem ersten Schritt muss die religionspädagogische Vorgehensweise, ihre Methodologie und wissenschaftstheoretische Grundlage geklärt werden, bevor das Fach und der Terminus „Religionspädagogik" definiert und ausgewählte Grundprinzipien vorgestellt werden können.

7.1 Wissenschaftstheorie/Methodologie der Religionspädagogik

Wissenschaftstheorie ist die grundsätzliche Reflexion über Herangehens-, Erkenntnis- und Vorgehensweisen einer wissenschaftlichen Disziplin. Außerdem werden die Verortung im Fächerkanon weiterer Wissenschaften, die fundamentalen Themenfelder, die Logik und Plausibilität eines Faches etc. bedacht („enzyklopädische Frage"). Summa summarum sind es vor allem fünf Bereiche, um die die wissenschaftliche Selbstreflexion der religionspädagogischen Disziplin immer wieder kreist:

wissenschaftliche Selbstreflexion

- Selbstverständnis als Wissenschaft
- Disziplingeschichte
- Zielperspektiven
- Enzyklopädische Frage des Standorts im Verhältnis zu anderen Disziplinen
- Methodologie des Fachs

Die Religionspädagogik zeichnet sich durch ein hohes Maß an Selbstreflexivität aus, die sie seit ihrer Entstehung als wissenschaftliche Disziplin im Kontext der Praktischen Theologie an den Tag gelegt hat (Boschki et al. 2007; Klein 2005; Rothgangel et al. 2005; Hauschildt et al. 2002; Ritter et al. 1998; Schweitzer 1996; Englert 1995; Ziebertz et al. 1995). Zentrale Diskussionsfelder der aktuellen wissenschaftstheoretischen Überlegungen zur Religionspädagogik sind unter anderem:

Verbund mit theologischen und nichttheologischen Fächern: Die Wissenschaftstheorie der Religionspädagogik beschäftigt sich mit der „enzyklopädischen Verortung" des Fachs im Kontext anderer wissenschaftlichen Disziplinen (Boschki 2007; Ritter et al. 1998). Wie in der Hinführung dargestellt und im Gang dieser „Einführung in die Religionspädagogik" durchbuchstabiert, bezieht sich die Religionspädagogik auf die Disziplinen der Theologie ebenso wie der Sozialwissenschaften, wobei sich die beiden Perspektiven wechselseitig kritisch ergänzen und korrigieren.

Keine ‚Anwendungswissenschaft': Religionspädagogik versteht sich nicht als bloße ‚Anwendungswissenschaft' für theologische Erkenntnisse oder Vermittlungsinstanz religiöser Einsichten, sondern als Wissenschaft mit eigener Erkenntnisproduktion. Sie setzt nicht nur das ‚in die Praxis um', was andere Wissenschaftszweige erdacht und als richtig und wichtig erkannt haben, sondern hat aufgrund ihrer genuinen Methodologie eine eigene Forschungslogik. Ihre Erkenntnisse sind relevant für die Praxis religiöser Bildung, sie wirken aber auch auf die theologischen und sozialwissenschaftlichen Disziplinen zurück. Im Idealfall lernen beispielsweise systematische oder biblische Theologie ebenso von der praktischen Theologie wie umgekehrt.

Theorie-Praxis-Zirkel: Wie die Theologie im Ganzen, ist in besonderem Maße die praktische Theologie und mit ihr die Religionspädagogik auf die Praxis gelebten und gesuchten Glaubens verwiesen. Deshalb stand die Frage, in welchem Verhältnis Theorie und Praxis für den Erkenntnisgewinn des Fachs stehen, seit langem im Brennpunkt der Diskussion. Insbesondere seit den 1960er und 1970er Jahren wurde immer wieder darauf hingewiesen, dass nicht allein der Theorie, sondern vor allem der Praxis gelebter und (im Falle der Religionspädagogik) gelernter Religion erkenntnistheoretische Bedeutung zukommt. Mit anderen Worten: Die Praxis ist nicht nur das Ziel, auf das hin religionspädagogisch gedacht wird, sie ist nicht nur das ‚Endprodukt' religionspädagogischen Nachdenkens, sondern die Praxis selbst hat eminente Aus- und Rückwirkungen auf die Theorie. Die Auseinandersetzung um die erkenntnistheoretische Bedeutung der Praxis flammt immer wieder neu auf. Die Befreiungstheologien Südamerikas, Afrikas und Asiens, die Neue Politische Theologie sowie feministische Ansätze repräsentieren ein Praxisverständnis, das sich nicht mit der Aufteilung Glaubenslehre und deren intellektuellen Durchdringung hier, praktische Umsetzung dort zufrieden gibt (exemplarisch: Boff 1986). Seit einigen Jahrzehnten hat der Theorie-Praxis-Diskurs in der praktischen Theologie ein neues Praxisverständnis angebahnt (exemplarisch Fuchs 1984; Mette 1978): Theorie und Praxis verstehen sich in diesen Modellen als ein Zirkel, der sich in immer neuen spiralartigen Bewegungen zwischen Theorie und Praxis hin- und herbewegen. Theorie wirkt auf Praxis, Praxis wirkt auf Theorie.

Bedeutung der Praxis

Interdisziplinarität: Die neuen alten Debatten um die ‚Mitte der Theologie' bzw. um eine theologische Leitdisziplin sollten endlich der Vergangenheit angehören (Schweitzer 2005). Theologie ist ein Projekt, das in verschiedener Sprachgestalt und von verschiedenen Perspektiven her versucht, die Wirklichkeit Gottes und die Bedeutung der Religion für Welt und Mensch gedanklich zu durchdringen. Dazu gehört – unter anderem (!) – die wissenschaftliche Theologie an den Hochschulen. In ihr gibt es keine Hauptdisziplin, sondern viele verschiedene, gleichberechtigte Zugangsweisen, denn jede Disziplin trägt auf ihre Weise zu einem besseren Verständnis der Gottesrede in unserer Zeit bei. Aus diesem Grund ist strikt für eine Struktur von Theologie zu plädieren, die sich als konsequent interdisziplinäres Projekt versteht, dessen einzelne Teilgebiete gleichrangig und gleich wichtig sind. Theologie generiert sich im interdisziplinären Verbund.

Vier Schritte religionspädagogischer Erkenntnis: In weiten Teilen der Religionspädagogik und der Praktischen Theologie hat sich seit den 1970er Jahren das sog. „Drei-Schritt-Modell" etabliert, das den religionspädagogischen Erkenntnisgewinn in drei Schritten schematisch ordnet: Sehen – Urteilen – Handeln. Das Schema geht auf den belgischen Arbeiterpriester Joseph Cardijn (1882–1967) zurück, der es für die Praxis der von ihm gegründeten Christlichen Arbeiterjugend (CAJ) entwickelte (Klein 2005, S. 54ff.). Sehen bedeutet, die Wirklichkeit genau wahrnehmen, Urteilen, ein theologisch bzw. religionspädagogisch begründetes Urteil fällen, um schließlich zu Handlungsperspektiven zu gelangen. Das Modell ist durchaus leistungsfähig, hat aber auch Schwächen (Mette 2005, S. 41 ff.; Englert 1995). Insbesondere ist unklar, von welcher Perspektive aus und mit welchem Zweck das Sehen als Blick auf die Wirklichkeit erfolgen soll. Deshalb muss der Weg religionspädagogischer Erkenntnis in Forschung und Praxis durch einen weiteren Schritt ergänzt werden, der am Anfang des Forschungsprojekts oder der Praxisreflexion steht (Boschki 2007):

Erweiterung der Methode

- *ORIENTIEREN:* ‚Sehen' ist niemals neutral. Alles Erfassen von Wirklichkeit ist geprägt durch die Art und Weise, wie das Erfassen erfolgt, durch die Perspektivik des Betrachters, durch den Standpunkt, von dem aus Welt und Wirklichkeit wahrgenommen werden. Entscheidend ist eine Offenlegung der Perspektive. Durch diesen Schritt wird die ideologiekritische Einsicht über den Zusammenhang von Erkenntnis und Interesse eingeholt (Habermas 2003 [1973]) sowie die von Johann Baptist Metz geforderte Standortbestimmung für jedes Theologietreiben vorgenommen: „Wer treibt wo – also: mit wem? – und in wessen Interesse – also: für wen? – Theologie?" (Metz 1992 [1977], S. 55) Damit sind die kontextuellen, d. h. auch die kirchlichen, gesellschaftlichen, ökonomischen und politischen Bedingungen impliziert. Orientieren bedeutet auch eine Vergewisserung über die Ziele und die Grundoptionen des religionspädagogischen Prozesses (Boschki et al. 2008).
- *SEHEN:* Beim Blick auf die Wirklichkeit stehen die konkreten Subjekte, die Menschen, um die es im religionspädagogischen Prozess geht bzw. gehen soll im Mittelpunkt, ebenso die Kontexte, in denen sie sich aufhalten (Beziehungen, Gemeinschaften, Institutionen, Schulsysteme, Gemeindestrukturen etc.). Hierzu benötigt die Religionspädagogik ein ausreichendes Maß an ‚Sehschärfe', sie will nahe an die Subjekte und ihre Beziehungen herankommen, will sie selbst zu Wort kommen lassen, ihnen nicht Kategorien von außen aufdrängen, sondern auf ihre Geschichten, Erfahrungsberichte, Interpretationen, Bilder etc. achten, um so ihre subjektiven Zugänge zur Wirklichkeit (‚Lebenswelt') und zu Religion zu verstehen. Mithilfe phänomenologischer, sozialempirischer, quantitativer, qualitativer, deskriptiver etc. Untersuchungsmethoden, versucht sie, diese Lebenswelt der Subjekte zu begreifen, um ihre Verstehensvoraussetzungen und Lernbedingungen zu kennen.
- *URTEILEN:* Dieser Schritt besteht aus einer Verknüpfung des ersten mit dem zweiten. Aufgrund der Vergewisserung über den eigenen Standort bzw. die Forschungsperspektive (Schritt 1) und auf Grundlage einer genauen Kenntnis der Kontexte bzw. der Lebenswelt der Subjekte (Schritt 2) können religionspädagogische Urteile gefällt werden. Hier wird versucht, das ‚Gesehene' zu strukturieren, einzuordnen, vor dem Hintergrund der theologischen und pädagogischen Grundoptionen zu bewerten. Entscheidend bei diesem Schritt ist es, eine religionspädagogische Kriteriologie zu entwickeln, die es erlaubt, die in Forschung und Praxisevaluation gewonnenen Daten bzw. Erkenntnisse zu interpretieren. Hier ist der Ort religionspädagogischer Theoriebildung.
- *HANDELN:* Schließlich sind die Erkenntnisse, theoretischen Einsichten und Kriterien für Handlungsoptionen geltend zu machen. Auch bei diesem Schritt ist die

Religionspädagogik eine konsequent interdisziplinäre Wissenschaft – sowohl ad intra, innerhalb der Theologie, als auch ad extra in Zusammenarbeit mit ihren nichttheologischen Bezugswissenschaften. Jetzt können Vorschläge für konkretes praktisches Handeln entworfen und Praxiskonzepte erstellt werden.

Wichtig ist die Verbindung und Vernetzung aller vier Schritte. Der Theorie-Praxis-Zirkel beginnt schon beim ersten Schritt und zieht sich durch den gesamten Prozess. Die Methode religionspädagogischer Erkenntnis darf nicht eindimensional, sondern muss zyklisch gedacht und vollzogen werden (s. Abb.).

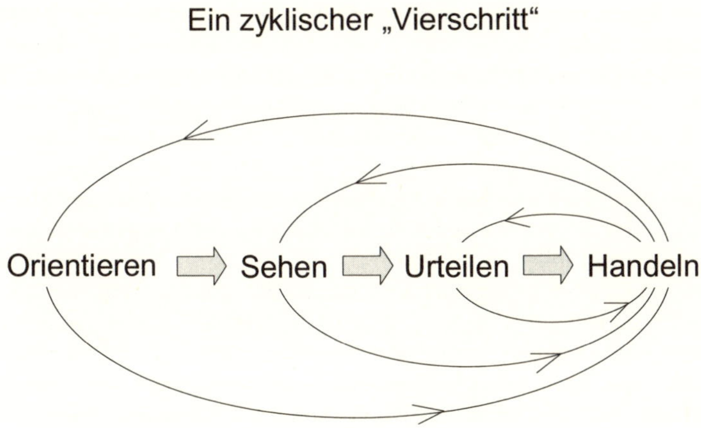

7.2 Definition Religionspädagogik

Die wissenschaftliche Disziplin der Religionspädagogik kann aufgrund des bisher Erarbeiteten allgemein als eine „Theorie der Praxis" bezeichnet werden (mit Bezug auf Friedrich Schleiermacher: Nipkow 2007, S. 1716). Dabei kommt es je nach Ausrichtung ihrer Vertreter zu unterschiedlichen Akzentuierungen. Gottfried Bitter und Gabriele Miller definieren in dem nach wie vor bedeutenden (alten) „Handbuch religionspädagogischer Grundbegriffe" die „Religionspädagogik ... als *theologische* Theorie der Praxis des Lernens und Lehrens von Religion und christlich[em] Glauben" (Bitter et al. 1986, Bd. 2, S. 423), wodurch eine eindeutige theologische Verortung und Vorgehensweise impliziert wird. Etwas allgemeiner, ohne ausdrücklichen Bezug auf ihre theologische Basis, definiert Hans-Georg Ziebertz: „Religionspädagogik wird ...(als) wissenschaftliche Reflexion der Praxis religiöser Erziehung verstanden", bzw. „Religionspädagogik wird definiert als Theorie religiös vermittelter Praxis in Kirche und Gesellschaft in edukativ bedeutsamen Zusammenhängen" (Ziebertz 2002b, S. 157 u. 159). Im Allgemeinen wird – so auch in diesem Buch – das Fach Religionspädagogik zur Theologie gerechnet, steht aber in engem Austausch mit den Sozialwissenschaften (Schweitzer 1996, S. 150). Das ökumenisch orientierte „Neue Handbuch religionspädagogischer Grundbegriffe" versteht die religionspädagogische Disziplin in dieser doppelten Ausrichtung (Bitter et al. 2006a, S. 14):

doppelte Ausrichtung

„Religionspädagogik befasst sich mit der wissenschaftlichen Reflexion und Orientierung religiöser Lernprozesse. Die Wortverbindung ‚Religion' und ‚Pädagogik' hat insofern eine programmatische Qualität, als sie die immer gebotene Verbindung von Religion und Bildung, von christlicher Theologie und erziehungswissenschaftlicher Reflexion verspricht; wissenschaftspraktisch ist die Religionspädagogik in den Rahmen der theologischen Disziplinen, näherhin als Teildisziplin in die Praktische Theologie eingeordnet, die im engen interdisziplinären Austausch mit den benachbarten Sozialwissenschaften (Soziologie, Psychologie, Philosophie, Erziehungs- und Kommunikationswissenschaft) steht."

übergeordnete Theorie religiöser Bildung

Bezieht man zusätzlich die oben erarbeitete Vierschritt-Methode religionspädagogischen Erkenntnisgewinns in die Umschreibung ein (7.1), kann man abschließend formulieren: *Religionspädagogik ist eine übergeordnete Theorie religiöser Lehr-Lern-Prozesse bzw. religiöser Bildung aufgrund theologischer und pädagogischer Vorannahmen, Grundsatzentscheidungen und Optionen.*

Neben diesen wissenschaftlichen Definitionen hat das Wort ‚Religionspädagogik' noch weitere Verwendungsfelder. So werden Religionslehrerinnen und -lehrer nicht selten als ‚Religionspädagogen' bezeichnet, auch Erzieherinnen und Erzieher in kirchlichen Kindergärten oder die Personen, die sie ausbilden. Zudem gibt es sog. ‚religionspädagogische' Institute zur Entwicklung von Materialien für Schule und Gemeinde und zur Durchführung von Fortbildungen. Auch Referentinnen und Referenten in der religiösen bzw. kirchlichen Erwachsenenbildung haben einen ‚religionspädagogischen' Auftrag. In all diesen und weiteren Feldern wird Religionspädagogik stark praxisorientiert verstanden. Die Grenzen zum Begriff ‚Religionsdidaktik' sind hier fließend (Kap. 11).

7.3 Ausgewählte religionspädagogische Prinzipien

Die Felder der wissenschaftlich arbeitenden Religionspädagogik sind kaum überschaubar und schon gar nicht auf einen Nenner zu bringen, umso mehr, wenn man internationale Zusammenhänge mit in den Blick nimmt (s. exemplarisch: Souza et al. 2006). Dennoch können bestimmte Schwerpunkte der aktuellen religionspädagogischen Diskussionen ausgemacht werden, hinter denen sich Prinzipien religionspädagogischen Denkens und Handelns verbergen.

Religionspädagogik in der Pluralität: Mehr denn je versteht sich die religionspädagogische Wissenschaft und Praxis heute in der Situation der Pluralität (Jackson 2004; Schweitzer et al. 2004; Schweitzer et al. 2002b; Nipkow 1998). Pluralisierung ist eines der Hauptkennzeichen unserer heutigen Gesellschaft (4.1), weshalb Wissenschaft und Praxis konsequent von pluralen Kontexten und Voraussetzungen ausgehen müssen. Religionspädagogische Lehr-Lern-Prozesse können nicht mehr homogen, für eine bestimmte Zielgruppe innerhalb eines einheitlichen Milieus durchdacht, geplant und realisiert werden, sondern sind im Blick auf die Heterogenität der Verstehensvoraussetzungen der einzelnen, am Bildungsprozess beteiligten Lehrenden und Lernenden zu justieren. Lerngruppen sind sozial, konfessionell, religiös, kulturell, ethnisch etc. äußerst heterogen und plural zusammengesetzt. Der katholische Religionspädagoge Rudolf Englert benennt die Konzepte, die für eine „pluralitätsfähige Religionspädagogik" notwendig sind, wie folgt (Englert 2002, S. 93ff.):

pluralitätsfähige Religionspädagogik

- *Sich um eine umfassende Kenntnis faktisch gelebter Religiosität bemühen:* Damit ist gemeint, dass die Religionspädagogik die Vielfalt faktisch gelebter Religiosität und die unterschiedlichen Stile religiöser Lebensführung der Menschen von heute kennen muss (4.2). Auch außerkirchliche religiöse Anschauungen und Lebensweisen müssen ernst genommen werden.
- *Auf unvertraute Formen von Religiosität unverkrampft zugehen:* Die zunehmende Individualisierung (s.o. 4.1) bringt immer mehr fremde bis hin zu befremdende Formen der Religiosität Einzelner und von Gruppen mit sich. Sie müssen zunächst einmal unvoreingenommen wahrgenommen werden.
- *Die verschiedenen Erscheinungsformen religiöser Pluralität beachten:* Die Pluralität betrifft nicht allein das Vorhandensein verschiedener Religionen in unserer Gesellschaft, sondern auch die Gleichzeitigkeit von höchst unterschiedlichen religiösen Lebensweisen innerhalb und außerhalb der Religionsgemeinschaften, was sensibel wahrzunehmen ist und worauf ebenso sensibel reagiert werden muss.
- *Den Bezug auf andere Religionen als Medium der Identitätsfindung und der Wahrheitsfindung begreifen:* Der Umgang mit anderen Religionen bedeutet nicht Preisgabe der eigenen religiösen Identität oder der Wahrheitsansprüche. Im Gegenteil: Im Dialog mit anderen findet sich oft erst ein klares Bild der eigenen Identität; sie kann im Austausch ‚gebildet' und gestärkt werden.
- *Sich um angemessene Formen einer pluralisierenden Hermeneutik und Didaktik bemühen.* Verschiedene Lernorte (Kap. 10) und verschiedene Zielgruppen brauchen unterschiedliche Zugangsweise religionspädagogischer und -didaktischer Bemühungen, da die Lernorte in sich sowie die Verstehensvoraussetzungen der einzelnen Gruppen höchst unterschiedlich sind.

Die Erarbeitung religionspädagogischer Pluralitätskonzepte mündet – idealer Weise – in die Ausformung von Kompetenzen, die für eine pluralitätsfähige Religionspädagogik (und Religionsdidaktik) sowie für die religionspädagogisch und religionsdidaktisch Handelnden unabdingbar sind (s. weiterhin Englert 2002). Dazu gehören die Wahrnehmungsfähigkeit für die Religiosität der Menschen heute, die Kompetenz, über unterschiedliche Religiositätsstile zu kommunizieren, die Fähigkeit an interreligiösen und interkulturellen Diskursen teilzunehmen (Claude Ozankom: „Differenzkompetenz"), sich persönlich zu positionieren sowie seinen eigenen, den jeweiligen Verhältnissen angemessenen Weg zu entdecken.

Differenzkompetenz

SUBJEKTORIENTIERUNG: Weite Teile der heutigen Religionspädagogik verstehen sich subjektorientiert, was nichts mit einer simplen und ständigen ‚Adressatenorientierung' zu tun hat. Letztere kann einer oberflächlichen Anpassung an die Wünsche und Bedürfnisse der Lernenden gleichkommen. Subjektorientierung hingegen stellt die Subjekte des Lernens in die Mitte religionspädagogischer Reflexion, um ihre Bedingungen und Voraussetzungen zu klären, ohne dabei die zentralen Inhalte und die elementaren Gegenstände des Themas zu vernachlässigen, beziehungsweise – christlich gesprochen – ohne die zentralen Glaubenswahrheiten zu nivellieren (Bahr et al. 2005; Boschki 2005; Schwab 2002b; Ziebertz 2000; Luther 1992). Die theologischen Inhalte und christlichen Wahrheiten bleiben nicht subjektlos, werden also nicht formuliert und reflektiert, ohne die sozialen und persönlichen Rahmenbedingungen der Lernenden mitzubedenken. Aus diesem Grund sind eine Vielzahl religionspädagogischer Publikationen und Forschungsprojekte den entwicklungspsychologischen, sozialpsychologischen, sozialisationsbedingten, familiären etc. Voraussetzungen religiösen Lehrens und Lernens gewidmet. In der Religionsdidaktik spiegelt sich eine solche Subjektorientierung in der Tatsache, dass den Erfahrungen der Menschen erkenntnisleitende Bedeutung eingeräumt wird (Kap. 11). Das Elementarisierungskonzept beispielsweise legt ebenso großen Wert auf die elementaren Strukturen und elementaren Wahrheiten eines Themas wie auf die elementaren Zugänge und elementaren Erfahrungen der Lernenden. Mehr noch: Bereits die Erarbeitung der Inhalte berücksichtigt die Lernvoraussetzungen der Subjekte.

Erfahrungsorientierung: Eng mit der Subjektorientierung zusammen hängen religionspädagogische Ansätze, die man als erfahrungsorientiert bezeichnen kann. Sie stellen den theologischen und philosophischen Begriff der Erfahrung in den Mittelpunkt, um die Lebenserfahrung der Menschen religionspädagogisch ernst zu nehmen. Während in der evangelischen Religionspädagogik erfahrungszentrierte Entwürfe bereits Ende des 19. und Anfang des 20. Jahrhunderts, v. a. im Zusammenhang mit der sog. ‚liberalen Religionspädagogik' auftauchen (Ritter 1989), sind ähnliche Überlegungen in der katholischen Disziplin insbesondere Frucht der anthropologischen Wende in der Theologie und deren Konzentration auf die existentiellen Erfahrungen der Menschen (katholische Theologen wie Karl Rahner, Edward Schillebeeckx u. a.). Das daraus und aus einer Auseinandersetzung mit dem evangelischen Theologen Paul Tillich resultierende Konzept der ‚Korrelation' als theologisches, hermeneutisches und didaktisches Prinzip will stets die Lebenserfahrung der Menschen mit den Erfahrungen des Glaubens ‚korrelieren', also in Beziehung setzen (Baudler 1984). Heute ist in konfessionsübergreifender Weise die Bedeutung der „elementaren Erfahrungen" der Lernenden (Karl-Ernst Nipkow) für religionspädagogisches Denken und Handeln zentral geworden; man spricht von Intensiverfahrungen, Symbolerfahrungen, Schlüsselerfahrungen etc., die für religiöses Lernen wichtig sind (u. a. JRP 16/2000; Porzelt 1999; zu diesen und weiteren erfahrungsorientierten Ansätzen siehe Kap. 11)

Korrelation der Erfahrungen

Empirische Religionspädagogik: Obwohl es bereits in den Anfängen der modernen Religionspädagogik als wissenschaftliche Disziplin (ca. 1900–1933) zu bedeutenden empirische Arbeiten gekommen ist (Kliss 2007), spricht man seit Ende der 1960er Jahre von einer zunächst geforderten „empirischen Wendung" der Religionspädagogik (Wegenast 1968), die sich dann im Laufe der vergangenen Jahrzehnte verstärkt in reale Forschungspraxis umsetzt (Ziebertz 2007, 1994; Porzelt et al. 2000). Manche Vertreterinnen und Vertreter des Fachs sprechen gar von „empirischer Theologie" (Dinter et al. 2007; Van der Ven 1994). In einem weiten Sinn (*empeiria,* griech.: „Erfahrung") sind alle Bemühungen, die Erfahrungswelt und Lebenswelt der Menschen in religiöser Hinsicht oder mit religionspädagogischer Absicht zu ergründen, als empirisch-religionspädagogisch zu bezeichnen. So kann die phänomenologische Methode in der Praktischen Theologie und Religionspädagogik

(Kirchhoff 2007; Klein 2005, S. 127ff.; Heimbrock 1998) als eine bestimmte Form der empirischen, also erfahrungsorientierten Vergewisserung betrachtet werden. Die Hinwendung zur Biografie der Menschen erfolgt vor allem in der religionspädagogischen Biografieforschung (Kaupp 2007); erforscht werden ferner die Glaubensvorstellungen und religiösen Konzepte von Kindern und Jugendlichen, von jungen Erwachsenen, von Familien mit Kindern, von älteren Erwachsenen und Senioren; die religiöse Entwicklung der Menschen; Planung und Durchführung von Religionsunterricht (Unterrichtsforschung, Lehrerforschung); katechetische Unternehmungen (z.B. Befragung von Konfirmanden, Firmlingen, Ehrenamtlichen und Hauptamtlichen der Katechese); Lernprozesse in der kirchlichen Erwachsenenbildung etc. Inzwischen kommt es zu einer wahren Flut an empirischen Forschungsprojekten (auch besonders im angloamerikanischen Bereich), sodass mit Recht nach dem Ort und der Methodologie dieser Forschung innerhalb der Disziplin der Religionspädagogik bzw. Praktischen Theologie gefragt werden muss: Sind diese empirischen Forschungen noch als theologisch ausgewiesen? Oder sind sie ohne theologischen Bezugsrahmen rein sozialwissenschaftlich orientiert? Wie funktioniert ‚Theologie' in empirischen Untersuchungen? (Fuchs 2000b; dazu Kießling 2007; Boschki 2007) Die Debatten um die Theologizität empirischer Forschung muss eine Debatte um die Voraussetzungen und Grundlagen, insbesondere um die Fragestellung des Forschungsprozesses sein: Wer theologisch fragt, beginnt einen theologischen Prozess. Wer theologisch und gleichzeitig sozialwissenschaftlich fragt, beginnt einen praktisch-theologischen oder – geht es um Themen religiöser Bildung – einen religionspädagogischen Prozess. Aus diesem Grund ist Peter Biehl zuzustimmen, der strikt für einen Methodenverbund aus historisch-hermeneutischen, empirisch-analytischen, phänomenologischen und ideologiekritischen Methoden in der Religionspädagogik plädiert (Biehl 2006).

Theologie in Empirie

Gender-Perspektive: Nicht erst im Kontext neuerer empirischer Forschung, sondern bereits bei der Rezeption der feministischen Theologie für religionspädagogische Themen und Fragestellungen vor zwei bis drei Jahrzehnten wurde die Gender-Perspektive in die fachinternen Diskussionen eingebracht (Kohler-Spiegel 1999; 1995). Unter ‚Gender' sind die sozialen Rollen, Zuschreibungen und Eigenheiten der Geschlechter zu verstehen. Die Erkenntnis, dass religiöse Entwicklungsverläufe nicht einheitlich vonstatten gehen, dass Mädchen und Jungen, Frauen und Männer auf je spezifische Weise ihr Glaubensverständnis ausprägen, ihre emotionalen Zugänge zu religiösen Themen und zu Gottesvorstellungen bilden und sich auch in ihrer religiösen Praxis unterscheiden, führt zu der grundlegenden Überzeugung, dass Differenz (im Sinne von Geschlechterdifferenz) eine zentrale Kategorie in religionspädagogischem Wahrnehmen, Erkennen, Denken und Handeln darstellt (Pithan 2007). In empirischen Forschungsarbeiten kann mithilfe der Gender-Hermeneutik gezeigt werden, dass mädchen- bzw. frauenspezifische Muster in der Ausbildung religiöser Vorstellungen und Einstellungen feststellbar sind (z.B. Kaupp 2005; Lehmann 2003; Klein 2000). Beispielsweise hat Stefanie Klein in ihren Untersuchungen zur religiösen Vorstellungswelt von Mädchen festgestellt, dass Mädchen in einer religiösen Kultur, die traditionell weitgehend von Männern bestimmt ist, um ihre *eigene, weib-*

soziale Zuschreibung der Geschlechter

liche religiöse Identität ringen. Sie können die religiöse Norm des männlichen und sie entfremdenden Gottes nicht in Einklang bringen mit „der aus ihrer Gottesbeziehung stammenden Gewissheit, sich in Gott in allem, auch in ihrer geschlechtlichen Identität, wiederfinden zu können" (Klein 2000, S. 123). Derlei Erkenntnisse haben Auswirkungen auf die Praxis religiöser Erziehung und Bildung, da die Differenzen nicht durch eine vereinheitlichende Rede von ‚den' Kindern, ‚den' Jugendlichen oder ‚den' Schülern im Religionsunterricht verschleiert werden dürfen. Inzwischen finden sich Ansätze für eine „Religionsdidaktik der Differenz" (Riegel et al. 2005; Kohler-Spiegel 2002).

Ästhetisches Lernen – Wahrnehmung und Ausdruck: Wohl seit Menschen religiös lernen, hat dieses Lernen auch eine ästhetische Dimension. Das hängt damit zusammen, dass Religion und Glauben selbst, aber auch das Lernen eine sinnliche Komponente haben. Nie geht es dabei nur um Inhalte (Was?) oder nur um Subjekte (Wer?), sondern stets ist auch die Frage der sinnlichen Form (Wie?) von Bedeutung. Allein durch die Wahrnehmung eines Kirchenraumes durch die verschiedenen Sinne, das Lesen in einer besonders gestalteten Bibel oder durch das Singen eines Kirchenliedes zum Beispiel kann religiös gelernt werden. Diese sog. ästhetische Dimension ist seit einiger Zeit auch Gegenstand theoretischer religionspädagogischer Forschungen und wird als ein entscheidender Faktor religiösen Lernens angesehen (Altmeyer 2006b, 2006a; Hilger 2005; Kunstmann 2002). Man unterscheidet dabei zwischen rezeptiven und produktiven Tätigkeiten, zwischen Wahrnehmen und Ausdrücken, die sich komplementär ergänzen. Beispiele sind der Umgang mit Bildwerken, Musik, Poesie etc., die nicht nur Gegenstände der Wahrnehmung von Lernenden, sondern auch Impulsgeber für deren eigene Ausdrucksversuche (in Text, Bild, Spiel etc.) werden können.

Bildungsorientierung: Religion ist auf Bildung angewiesen, denn ohne Bildung gibt es keine Tradierung von Religion. Umgekehrt ist Bildung im Sinne eines umfassenden Bildungsbegriffs (6.2) auf Religion verwiesen, da die Bildung der Persönlichkeit eines Menschen die Auseinandersetzung mit religiösen Fragen, Themen und Inhalten braucht, um eine Deutungskompetenz für individuelle Sinnkonstruktionen sowie für sozioreligiöse Phänomene zu erlangen. Die Religionspädagogik hat sich dem Bildungsbegriff in den vergangenen Jahren wieder verstärkt zugewandt, so diagnostiziert Peter Biehl in seinem Aufsatz „Die Wiederentdeckung der Bildung in der gegenwärtigen Religionspädagogik" (Biehl 2005; vgl. Haep 2007; Biehl et al. 2005). Religionspädagogik knüpft dabei an den Bildungsbegriff der Allgemeinen Pädagogik und Bildungstheorie an, um ihn für religiöse Bildung zu perspektivieren. Dadurch wird ein Doppeltes gewonnen: Zum einen wird mit dem Bildungsbegriff ein Verständnis für die Ganzheitlichkeit religiöser Lehr-Lern-Prozesse geschaffen, die nicht allein auf die Vermittlung von Sachwissen oder Sachverhalten ausgerichtet sind, sondern religiöse Mündigkeit und Entscheidungskompetenz des Individuums zum Ziel haben; zum anderen kann Religionspädagogik aus dem ‚Zwang zur Methode' befreit und die eigenständige Beschäftigung mit den Inhalten ermöglicht werden. ‚Bildung' verweist auf Bildungsinhalte, aber eben auch auf Bildung des ganzen Menschen. Doch

Wiederentdeckung der Bildung

hier sind die Rezeptionsweisen des Bildungsbegriffs in der Religionspädagogik unterschiedlich akzentuiert. Religiöse Bildung kann als grundlegende anthropologische Kategorie verstanden werden (Fraas 2000), in ihrer ästhetischen Funktionalität (Kunstmann 2002) oder als „Lebensbegleitung und Erneuerung" (Nipkow 1992), die allerdings heute konsequent auf die Situation des Pluralismus zu beziehen ist und als (religiöse) „Bildung in der pluralen Welt" reflektiert werden muss (Nipkow 1998, Bd. 2).

Kommunikative und beziehungsorientierte Religionspädagogik: Kaum ein religionspädagogischer Ansatz heutzutage würde sich nicht irgendwie als kommunikativ oder an Kommunikation orientiert bezeichnen. Doch der Stellenwert, den der Kommunikationsbegriff im Gesamtkonzept innehat, und die inhaltliche Füllung des Begriffs sind sehr verschieden. Kommunikation kann im Sinne einer „Theorie kommunikativen Handelns" (Habermas 1981) als Grundbegriff fungieren, der die Subjekte und ihre gemeinschaftlich-gesellschaftlichen Strukturen kennzeichnet. Von hier aus kann religionspädagogisches Handeln als „kommunikative Praxis" definiert werden, die die Befreiung aus vereinnahmenden Strukturen intendiert (Mette 2006 [1994]). Beispielsweise schlägt Norbert Mette die Option „Kommunikation des Evangeliums" als praktisch-theologischen Leitbegriff vor (Mette 2005). Andere kommunikative Konzepte orientieren sich an einem theologischen Kommunikationsbegriff, beispielsweise im Kontext einer „kommunikativen Theologie" (Scharer et al. 2003). In katholisch-religionspädagogischen Ansätzen wird dabei häufig die „Communio-Theologie" des Zweiten Vatikanischen Konzils weitergeführt. Kommunikation kann auch im engeren Sinne als didaktischer Grundbegriff auftreten, um religiöse Lehr-Lern-Prozesse zu organisieren. Ferner kann der Terminus in manchen religionspädagogischen Entwürfen für die Glaubenskommunikation innerhalb von Familien und in katechetischen Prozessen in Gemeinden stehen (z. B. Biesinger et al. 2000). Hier rückt der Kommunikationsbegriff in die Nähe des Beziehungsbegriffs, wobei manche Entwürfe den Terminus Beziehung als Leitbegriff verwenden (Boschki 2003; Spiegel 2007; bereits: Biesinger et al. 1998b, 1983). Damit wird eine potentielle Verengung des Kommunikationsverständnisses auf Informationsaustausch vermieden (vgl. den Begriff ‚Kommunikationsmittel'). ‚Beziehung' ist ein breiteres Konzept, denn sie schließt immer den emotionalen Bereich mit ein, ohne den es keine Beziehung (und letztlich keine echte Kommunikation) geben kann. Gefühle sind konstitutive Elemente für den Aufbau und den Erhalt von Beziehungen, sowohl im Blick auf die zwischenmenschlichen Beziehungen wie auf die Gottesbeziehung.

Kommunikation des Evangeliums

Vermittlungs- und Aneignungshermeneutik: Religionspädagogik in heutiger Zeit tendiert zu integrativen Konzeptionsbildungen. Zwar sind Schwerpunkte und Ausrichtungen von Fall zu Fall verschieden, doch setzt sich mehr und mehr ein Denken durch, dass die einzelnen ‚Schulen' religionspädagogischer Theorien sich nicht gegenseitig ausschließen, sondern wechselseitig ergänzen. Die divergierenden Konzepte werden in dialektischer Weise verstanden. So hat die Debatte um die religionspädagogische Hermeneutik der Vermittlung und der Aneignung gezeigt, dass die eine Verständnisweise nicht ohne die andere auskommt (Becker et al. 1995). Vermittlungshermeneutik bedeu-

doppelte Hermeneutik

tet, dass religiöses Lehren und Lernen bzw. religiöse Bildung nach wie vor auf die Vermittlung grundlegender Inhalte angewiesen sind. Wer nicht weiß, wer Jesus ist, welche Geschichten das Neue Testament über ihn erzählt, was die Bibel ist etc., kann nicht als christlich gebildet bezeichnet werden und kann sich schwerlich für oder gegen den christlichen Glauben entscheiden. Deshalb beschäftigt sich Religionspädagogik nie nur mit Methoden oder mit Pädagogik, sondern stets auch mit den ‚Gegenständen' religiöser Bildung. Aneignungshermeneutik fragt nach den Bedingungen des religiösen Lernens auf Seiten der Subjekte, also danach, wie sich die Menschen die zu vermittelnden Inhalte aneignen, wörtlich: zu eigen machen können – in Übernahme und/oder in kritisch-konstruktiver Abgrenzung. Ohne eine gründliche Erforschung und Berücksichtigung der Verstehensvoraussetzungen der Lernenden bleibt der Lernprozess einseitig und inhaltslastig. Beide Herangehens- und Verstehensweisen religionspädagogischer Theorie und Praxis bedingen sich gegenseitig, ja, sind aufeinander angewiesen.

Die verschiedenen Prinzipien religionspädagogischen Denkens, die sich in unterschiedlich akzentuierten Ansätzen widerspiegeln, können für eine umfassende Theorie religiöser Bildung fruchtbar gemacht werden (Kap. 9). Eine solche Theorie wirkt dann wiederum erkenntnisleitend für die Praxis der Religionspädagogik an den verschiedenen Lernorten (Kap. 10ff.). Zuvor jedoch muss die derzeitige religionspädagogische Landschaft nochmals genauer vermessen werden: Was wird aktuell in der Religionspädagogik diskutiert?

8. Aktuelle religionspädagogische Diskussionsfelder

8.1 Ziele und Kompetenzen religiöser Bildung

Woraufhin wird religiös unterrichtet, religiös gelehrt und gelernt? Welches Ergebnis soll am Ende des Lehr-Lernprozesses stehen? Was sollen die Lernenden wissen, können, welche Kompetenzen sollen sie erworben haben? Die Frage nach den Zielen religiöser Bildung ist ein Brennpunkt aller religionspädagogischen Diskussionen. Sie zu klären ist ebenso wichtig für Lehr- und Bildungspläne in Schulen wie für katechetische Prozesse in Kirchengemeinden und für Anstrengungen auf dem Feld der Erwachsenenbildung. Auch für die einzelnen Religionslehrerinnen und Religionslehrer oder Katechetinnen und Katecheten ist die Reflexion der persönlichen Ziele ihres Handelns im Kontext der institutionellen Ziele von entscheidender Bedeutung – als generelle Zielbestimmung ihrer Arbeit und als Zielreflexion für einzelne Lehreinheiten (u. a. Englert 2006b; Ziebertz 2005b). Denn wer sich nicht klar vor Augen führt, wohin er im Bildungsprozess kommen möchte, muss sich nicht wundern, wenn er mit seiner Lerngruppe im Diffusen steckenbleibt. Deshalb ist die Frage nach Zielbestimmungen religiöser Bildung („Grundoptionen") ein roter Faden, der diese Einführung in die Religionspädagogik insgesamt durchzieht.

persönliche Ziele – institutionelle Ziele

Dennoch wird an dieser Stelle die Frage nach den Zielen nochmals genauer aufgeworfen, und zwar im Kontext neuerer religionspädagogischer Diskussionen. Denn in den vergangenen Jahren hat die bildungspolitische Forderung nach Standards und Kompetenzformulierungen in den schulischen Curricula und deren Einführung die Debatte um die Ziele des *religiösen* Lernens in der Schule neu belebt. Gleichzeitig werden im Folgenden allgemeine Ziele für religiöse Bildung unter Berücksichtigung weiterer Lernorte benannt.

GLAUBEN LERNEN/BILDUNG IM GLAUBEN. In traditioneller kirchlicher Unterweisung war das Ziel der katechetischen Bemühungen eindeutig: das Glaubenlernen. Doch kann man Glauben überhaupt lernen? (Kap. 3) Der evangelische Religionspädagoge Karl Ernst Nipkow beantwortet die Frage mit „Ja und nein" (Nipkow 1992, S. 264): Der Mensch kann nicht von sich aus zu Christus und dessen Heil gelangen. Dies entspricht einer klassisch reformatorischen Sicht, die inzwischen auch katholisch breit rezipiert ist: Glaube ist ein persönlicher Akt (*„fides qua"*; s. Kap. 3), in dem der Mensch auf das Beziehungsangebot Gottes antwortet. Dieser Glaube ist nicht machbar, sondern immer Geschenk Gottes. Dennoch kann, so Nipkow weiter, dem Glauben Ausdruck verliehen werden, damit andere, ob Kinder, Jugendliche oder Erwachsene, auf den Glauben aufmerksam werden, zum Glauben hingeführt werden und ihn als Lebensweg für sich selbst entdecken können. Hier kann statt von einer Erziehung *zum* Glauben von einer „Bildung *im* Glauben" gesprochen werden (Schweitzer 2006, S. 124). Ein erstes Ziel besteht demnach in einer Orientierung im Blick auf religiöse Themen, Inhalte und Ausdrucksgestalten des Glaubens (*„fides quae"*), damit sich der und die Lernende in Freiheit selbst entscheiden können. Die evangelische Denkschrift „Identität und Verständigung" formuliert für den Religionsunterricht, was ohne Zweifel auch für andere Lernorte gilt: Das Lehren und Lernen in Sachen Religion soll „ein Beitrag zur persönlichen religiösen Orientierung und Bildung" darstellen, um damit „Anstöße zum christlichen Glauben" zu geben (EKD 2000a, S. 26f.).

ERSCHLIESSUNG DER GOTTESBEZIEHUNG. Der christliche Glaube setzt jedoch immer ein Beziehungsverhältnis zu Gott voraus. Deshalb formuliert der katholische Religionspädagoge Albert Biesinger als grundlegendes Ziel aller christlichen Bildungsprozesse die „Erschließung der Gottesbeziehung" (Biesinger et al. 1998b). Erschließung bedeutet im Rückgriff auf Wolfgang Klafki in diesem Sinne eine „wechselseitige Erschließung", d.h. eine Sensibilisierung des Menschen für das Evangelium, also für die Beziehung zu Gott in Jesus Christus, und gleichzeitig eine Erschließung des Evangeliums für den Menschen. Religiöse Bildung darf nicht an der ‚Frage' nach Gott stehen bleiben, sondern muss den Raum für die Dimension der Beziehung zu Gott eröffnen. Sensibilisierung

KIRCHENBEZUG ALS ZIEL. Religionspädagogik als Fach an Hochschule und Schule sowie religionspädagogische Praxisfelder haben im deutschsprachigen Raum immer einen kirchlichen und konfessionellen Bezug: Religionspädagogen an Hochschulen und Schulen benötigen eine kirchliche Lehrerlaubnis oder kirchliche Beauftragung, katechetisch Handelnde sind meist in kirchlichen Institutionen verortet. Deshalb ist die Kirchlichkeit, genauer: der „Kirchenbezug" (Schröder 2004) der Religionspädagogik immer gegeben, was sich auch in Zielformulierungen niederschlägt. In katholischen Verlautbarungen wird für Katechese ebenso wie für Religionsunterricht oftmals das Ziel der „Beheimatung" benannt (DBK 1996). Religiöse Lernprozesse sollen mit kirchlichen Glaubens- und Lebensvollzügen vertraut machen, um Menschen eine Verwurzelung in der Kirche zu bieten. Katechese will die Kompetenzen „Auskunftsfähigkeit und Sprachfähigkeit im Glauben" fördern (DBK 2004, Abschnitt 2.2), um Partizipation an der Gemeinschaft und Gemeinde zu ermöglichen. Das Ziel der Verwurzelung und Beheimatung darf aber aus religionspädagogischer Sicht nicht exklusiv gesehen werden. Es muss immer mit der Grundkompetenz der religiösen Verständigung und dem respektvollen Dialog mit anderen Konfessionen und Religionen einhergehen. Außerdem kann der Glaube der Kirche stets nur im Modus des Angebots und des einladenden Vorschlags erfolgen. Religiöse Bildung darf die Kirchenverortung der Lernenden nicht zum ausschließlichen Hauptziel erklären, denn Bildung – auch Bildung im Glauben bzw. Katechese – ist (wie oben gesehen) ein dynamischer Vorgang, wobei der Ausgang offen bleibt und die konkrete Entscheidung des Subjekts respektiert werden muss.

Entscheidungsfähigkeit, religiöse Mündigkeit. Aus diesem Grunde ist die eigene Fähigkeit zur Entscheidung in religiösen Dingen ein zentrales Ziel religiöser Lehr-Lern-Vorgänge. Vom allgemeinen Bildungsbegriff her und den theologischen Ansätzen, die von der philosophischen Aufklärung beeinflusst waren (2.2), ist ein übergreifendes Ziel (religiöser) Bildung die Mündigkeit der lernenden Subjekte und die autonome Entscheidungsfähigkeit. Theologisch gesehen gilt dies für Katechese und religiöse Bildung im Allgemeinen: Das Evangelium fordert die Menschen zur eigenen Entscheidung heraus. Zu einer solchen lebensrelevanten Entscheidung muss der Mensch jedoch befähigt werden. Der evangelische Religionspädagoge Christian Grethlein nennt die „Befähigung zum Christsein" als hervorgehobenes Lernziel aller christlich orientierten religiösen Bildung (Grethlein 2006). Diese Befähigung setzt Kenntnisse und Erfahrung in den grundlegenden religiösen (christlichen) Themen und Vollzügen voraus und zielt auf ganzheitliche Bildung (Persönlichkeitsbildung).

Befähigung zum Christsein

Ziele für den Religionsunterricht. Speziell für den Religionsunterricht hat die Würzburger Synode der Bistümer Deutschlands (1971–1975) als Ziel formuliert, dass er zu religiösem Leben und Handeln in Kirche „motiviert" und eine Antwort des Menschen auf Gottes Anruf aus dem Glauben der Kirche „ermöglicht":

Globalziel des Religionsunterrichts:
Religionsunterricht soll zu verantwortlichem Denken und Verhalten im Hinblick auf Religion und Glaube befähigen.
Teilziele:

- Der Religionsunterricht weckt und reflektiert die Frage nach Gott, nach der Deutung der Welt, nach dem Sinn und Wert des Lebens und nach den Normen für das Handeln des Menschen und ermöglicht eine Antwort aus der Offenbarung und aus dem Glauben der Kirche.

- Der Religionsunterricht macht vertraut mit der Wirklichkeit des Glaubens und der Botschaft, die ihm zugrunde liegt, und hilft, den Glauben denkend zu verantworten.
- Der Religionsunterricht befähigt zu persönlicher Entscheidung in Auseinandersetzung mit Konfessionen und Religionen, mit Weltanschauung und Ideologien und fördert Verständnis und Toleranz gegenüber der Entscheidung anderer.
- Der Religionsunterricht motiviert zu religiösem Leben und zu verantwortlichem Handeln in Kirche und Gesellschaft.

(„Der Religionsunterricht in der Schule". Ein Beschluss der Gemeinsamen Synode der Bistümer in der Bundesrepublik Deutschland (1974), Abschnitt 2.5.1; abgedruckt in: DBK 1998, S. 145–179)

Die Erklärung der Deutschen Bischöfe zum Religionsunterricht aus dem Jahre 2005 erneuert diese Zielformulierungen, akzentuiert sie allerdings stärker kirchlich und setzt wieder verstärkt auf Wissensvermittlung:

Aufgaben des Religionsunterrichts:

- Der Religionsunterricht vermittelt strukturiertes und lebensbedeutsames Grundwissen über den Glauben der Kirche
- Der Religionsunterricht macht mit Formen gelebten Glaubens vertraut und ermöglicht Erfahrungen mit Glaube und Kirche
- Der Religionsunterricht fördert die religiöse Dialog- und Urteilsfähigkeit der Schülerinnen und Schüler

(DBK 2005, Abschnitt 3)

Aus religionspädagogischer Sicht werden diese kirchlich formulierten Ziele durch religiöse Kompetenzen ergänzt, die zu einer umfassenden religiösen Bildung hinzutreten.

Religiöse Kompetenzen. Das bisher Gesagte verweist auf Grundkompetenzen im Umgang mit Religion und Glaubensthemen, die als Ziel für religiöse Bildung formuliert werden können. Ulrich Hemel hat den Begriff der Kompetenz in einer umfangreichen Studie zu den Zielen des Religionsunterrichts entwickelt: „Religiöse Kompetenz" bezeichnet er als „Globalziel religiöser Erziehung" und als „die erlernbare, komplexe Fähigkeit zum verantwortlichen Umgang mit der eigenen Religiosität in ihren verschiedenen Dimensionen und in ihren lebensgeschichtlichen Wandlungen" (Hemel 1988, S. 674). Hemel bezieht sich auf folgende religiöse Kompetenzen, die es im Lehr-Lernprozess zu fördern gilt: die Fähigkeit zu religiöser Sensibilität, zu religiösem Ausdrucksverhalten, zu religiöser Inhaltlichkeit, zu religiöser Kommunikation und zu religiös motivierter Lebensgestaltung (ebd., S. 677–690). Die Zusammenstellung von Kompetenzen wurde in der Religionspädagogik breit rezipiert und floss auch in kirchliche Formulierungen von Bildungsstandards ein. Aufgrund aktueller Entwicklungen, insbesondere im Hinblick auf die Pluralitätsanforderungen, werden darauf aufbauend folgende Kompetenzen als Grundkompetenzen religiösen Lernens vorgeschlagen (nach Englert 2002, S. 57 ff.):

Grundkompetenzen religiösen Lernens

- *Fähigkeit zum Umgang mit religiösen Traditionen.* Hierzu gehören das Vertrautmachen mit der für die eigene Kultur prägenden religiösen Tradition, die kritische Auseinandersetzung, eine elementare Sensibilität für die Fragen der Religion, vor allem für die Frage nach Gott sowie ein Grundverständnis signifikanter Geschichten, Symbole und Praxisformen.
- *Fähigkeit zum Umgang mit ethischen Konfliktsituationen.* Da die ethische Fragestellung der Religionen nicht am Rande, sondern im Zentrum religiösen Lebens steht, sind Erziehung zu prosozialem Verhalten, die Sensibilisierung für die Würde, das Leiden und die Rechte des Anderen sowie ethische Urteilsbildung Grundanliegen religionspädagogischen Engagements.
- *Fähigkeit zum Umgang mit existentiellen Krisensituationen.* Religiöse Bildung soll Impulse geben, die Weisheit und moralische Kraft der Religion bzw. des Glaubens an Gott auf die Situationen des eigenen Lebens zu beziehen.
- *Fähigkeit zum Umgang mit religiöser Pluralität.* Konstruktiver Umgang mit anderen Religionen und Weltanschauungen muss heißen, sich für die religiösen Hintergründe des Verhaltens von Menschen aus anderen kulturellen und religiösen Kontexten zu interessieren und fremde religiöse Traditionen als Impuls für die eigene religiöse Bildung zu begreifen; dabei sind Differenzen und Gemeinsamkeiten wahrzunehmen.

Lernzieldimensionen. Um Verkürzungen und Einseitigkeiten bei dem umfassenden Ziel religiöser Bildung zu vermeiden, ist stets die Vielgestaltigkeit der Lernzieldimensionen zu berücksichtigen: Religiöse Lernziele müssen in ihren kognitiven, emotionalen, sozialen und handlungsorientierten Dimensionen verstanden werden (Kap. 11).

Alle Lernziel- und Kompetenzformulierungen sind an einer umfassenden Theorie religiöser Bildung zu orientieren, wobei der Bildungsbegriff in besonderer Weise die Bedingungen und Verstehensvoraussetzungen der Subjekte (6.2), die Grundoptionen (am Ende jedes Teils dieses Buches) und nicht zuletzt die konkreten Inhalte (Kap. 9) berücksichtigt. Alle drei Bereiche zusammen – die betroffenen Subjekte, die zugrunde liegenden Optionen, die elementaren Inhalte – sind die bestimmenden Faktoren zur Vergewisserung über die Ziele religionspädagogischen Handelns.

8.2 Ausgewählte weitere Diskussionsfelder der aktuellen Religionspädagogik

Die im Folgenden aufgeführten Schwerpunkte verweisen auf exemplarische Diskussionsfelder aktuellen religionspädagogischen Nachdenkens, die einführend konturiert werden. Zusammen mit den oben aufgezeigten religionspädagogischen Prinzipien und Ansätzen (7.3) und den unten dargestellten religionsdidaktischen Realisierungen (Kap. 11) bieten sie einen Überblick über die derzeitige religionspädagogische Landschaft.

Spirituelles Lernen. Es ist kaum verwunderlich, dass in den vergangenen Jahren dem Thema Spiritualität im Kontext des religiösen Lernens mehr und mehr Aufmerksamkeit geschenkt wird, sind doch die allgemeinen religionssoziologisch beschreibbaren Entwicklungen eindeutig (Kap. 4): Menschen heute, gerade auch junge Menschen, suchen auf neue Weise das, was der Begriff ‚Spiritualität' umfasst oder zu umfassen verheißt: neue, nicht institutionell festgelegte Formen der Gottesbegegnung oder der Suche nach Transzendenz; eigene, individuelle oder in neuen geistlichen Bewegungen gelebte Weisen der Frömmigkeit, des Gebets, des Gottesdienstes; persönliche Suche nach religiösen Themen und Lebensweisen. Der Begriff Spiritualität scheint manchmal den der Religion (objektiv vorfindbare Formen des Transzendenzbezugs; s. o. Hinführung) zu ersetzen bzw. den der Religiosität (subjektive Realisierung von Religion) zu beschreiben. Dabei ist es nicht leicht, den Terminus zu konturieren. Spiritualität kann im Allgemeinen als Ausdruckgestalt der Religiosität eines Menschen definiert werden (s. o. Hinführung). Im Speziellen wird *christliche* Spiritualität vom Grundwort *spiritus* her gedeutet, das für den Heiligen Geist steht und eine von der Bibel inspirierte, reichhaltige Tradition im Christentum hat (Wohlmuth 2006). Christliche Spiritualität ist Ausdrucksweise einer kommunikativen Handlung innerhalb der Gottes- und Christusbeziehung (Altmeyer et al. 2006b), die sich in einem bestimmten Alltags- und Zeitrhythmus zeigt, in der Suche nach Gottesbegegnung, im Gebet und Bezug zur Heiligen Schrift, in einer Haltung der *metanoia* (Umkehrbereitschaft), in bestimmten Riten und Symbolen, in einer gelebten Einheit von Gottes-, Nächsten- und Selbstliebe, in gemeinschaftlicher Liturgie (Bitter 2007, S. 20). Für spirituelles Lernen gibt es inzwischen empirische, theoretische und praktische religionspädagogische Konzepte (Langer et al. 2007; Sautter 2007; Altmeyer et al. 2006a; Souza et al. 2006; Wright 2000). Um nicht in spirituellen Individualismus zu verfallen, ist ein Zusammenspiel aus individuellen und gemeinschaftlichen spirituellen Formen wichtig, ein Lernen von anderen, die geistlich erfahren sind, ein Lernen von Formen der spirituellen Tradition, eine Anleitung zur Achtsamkeit, Schulung der Wahrnehmung, Ermutigung zum ganzheitlichen (auch körperlichen) Ausdruck und eine Hilfe zur Suche der innersten Mitte aller christlichen Spiritualität: eine Beziehung zu dem lebendigen Gott, d. h. „eine Lebensgestalt aus der geglaubten Kraft des heiligen Geistes Gottes und Jesu Christi" (Bitter 2007, S. 20, s. a. Bitter 2004).

Spiritualität als Ausdruck

Religionspädagogik und Katechese. Die Religionspädagogik als wissenschaftliche und praxisorientierte Disziplin steht im deutschsprachigen Raum in der Gefahr, sich auf das Handlungsfeld des Religionsunterrichts in der Schule zu konzentrieren. Als Gegenbewegung dazu hat sich im evangelischen Raum bereits seit den 1960er und 1970er Jahren in Ost- und Westdeutschland der Begriff der „Gemeindepädagogik" etabliert, die an der Spezifik der christlichen Gemeinde als Lernort und Lernprozess interessiert ist und „sich dabei begrifflich von der traditionellen Schul- und Religionsunterricht-Zentriertheit der Religionspädagogik" absetzt (Degen 2007, S. 683; s. u. 10.2). An dieser Stelle stellt sich die Gemeindepädagogik bewusst gegen den Begriff der Katechese, der nach Meinung vieler evangelischer Religionspädagogen „ausgedient" hat (Meyer-Blanck 2007, S. 959). Zu sehr stehe er für eine bestimmte Epoche kirchlicher, vermittlungsorientierter Instruktion und Vereinnahmung der Glaubenden. Religionspädagogik als Überbegriff und Gemeindepädagogik als Terminus für die gemeindeorientierte Reflexion und Praxis religiösen Lernens sollen den Katechesebegriff vollständig ersetzen. – Ganz anders im katholischen Raum. Hier wird der Katechesebegriff weiterhin stark rezipiert, allerdings religionspädagogisch ausgeweitet. Wesentliche Anstöße kamen vom Zweiten Vatikanischen Konzil und von der Würzburger Synode, deren Impulspapier „Das katechetische Wirken der Kirche" Katechese als „Dienst am Glauben der Menschen" versteht, wobei als oberstes Ziel der Katechese gilt, Menschen zu helfen, dass ihr Leben gelingt (Arbeitspapier der Würzburger Synode „Das katechetische Wirken der Kirche" (1974), abgedruckt in: DBK 1998, S. 225–298). Damit ist die entscheidende Trendwende eingeleitet: Katechese ist keine Maßnahme zur Rekrutierung und Instruktion von Mitgliedern der Kirche, sondern eine Hilfe für Menschen, ihren eigenen Weg im Gauben zu finden. Katechese ist ein kommunikativer, dialogischer Prozess und wird in der Religionspädagogik heute ebenso wie die weiteren Felder religiöser Bildung subjektorientiert und bildungsorientiert verstanden (Bitter 2005, 1989; Scheuchenpflug 2003; Schmitt 2000; Bitter et al. 1998; Schmälzle 1998; Tebartz-van Elst 1998). Kirchliche Verlautbarungen wie die Enzykliken „Evangelii Nuntiandi" (Papst Paul VI., 1975, in: DBK 1998, S. 7–77), „Catechesi Tradendae" (Papst Johannes Paul II., 1979, in: DBK 1998, S. 79–143) und das „Allgemeine Direktorium für die Katechese" (Vatikanische Kleruskongregation, 1997, in: DBK 1997) setzen unterschiedliche Akzente bezüglich der Einbeziehung lebensweltlicher Aspekte der Adressaten, wobei das zuletzt genannte „Allgemeine Direktorium" religionspädagogisch gesehen eher einen Rückschritt darstellt. Die Erklärung der Deutschen Bischofskonferenz „Katechese in veränderter Zeit" aus dem Jahr 2004 definiert Katechese wie folgt:

Begriff Katechese

> „Die Bemühungen, Menschen in den Glauben einzuführen, ihnen darin Heimat anzubieten und so Kirche aufzubauen, werden in der kirchlichen Tradition seit jeher Katechese genannt. Mit ihrem katechetischen Wirken begleitet und unterstützt die Kirche den Glaubensweg der Menschen, die von Gott berufen sind und mit denen er seine je ganz persönliche Geschichte hat. Die Katechese setzt also etwas voraus, das sie selbst nicht bewirken kann.
> *So ist die Katechese der kirchliche Dienst am Glauben der Menschen, der sich dem Wirken des Heiligen Geistes verdankt. Dieser Dienst besteht in der notwendigen Einführung, Vertiefung und Vergewisserung im Glauben."*
> (DBK 2004, Abschnitt 1)

Auch hier ist – wie bei der Würzburger Synode – der Charakter des Dienstes an den Menschen für Katechese prägend; Katechese „begleitet und unterstützt" Menschen auf ihrem Glaubens- und Lebensweg. Die Akzentverschiebung erfolgt in Richtung „Einführung, Vertiefung und Vergewisserung im Glauben", d. h. man will mit der Katechese nicht im Unbestimmten bleiben. Religionspädagogisch kann Katechese als Beziehungsgeschehen mit Bildungscharakter verstanden werden:

> „Katechese ist die in persönlichem Kontakt erfolgende systematische Unterweisung über die elementaren Inhalte der christlichen Lehre und Lebensweise für Kinder, Jugendliche und Erwachsene. Sie wird im Auftrag der Kirche erteilt.
> Die Katechese hat das Ziel, „das Verständnis für das Geheimnis (Jesu) Christi … zu entfalten" (Catechesi Tradendae 18–20). Sie soll zur Begegnung mit Jesus Christus, zur Feier der christlichen Mysterien, zum Leben in der Nachfolge Christi und zur Mitgestaltung der Lebensvollzüge der Kirche in der Welt befähigen.

Katechese ist also der Lehr- und Lern-Prozess, in dem die Gläubigen im Gespräch der Generationen Gott durch seine Offenbarung je neu verstehen, von ihm geheiligt werden durch sein Wort (Joh 15,3) und Sakrament, seine Heilstaten feiern und nach seiner Weisung leben."
(Biemer 1999, S. 63)

In der katholischen Religionspädagogik werden derzeit v. a. Praxiskonzepte zu katechetischem Arbeiten mit Kindern, Jugendlichen oder Erwachsenen publiziert, zur Sakramentenkatechese (insbes. Tauf-, Kommunion-, Firm-, Ehekatechese), zur Familienkatechese und Gemeindekatechese (Kap. 10).

Religionspädagogik und Kirche. Wie bei der Besprechung der Ziele religionspädagogischen Handelns deutlich wurde (8.1), hat die Religionspädagogik (im deutschsprachigen Raum) einen deutlichen Kirchenbezug, in den Praxisfeldern gar einen explizit kirchlichen Auftrag. Doch wie stark bestimmt das Verhältnis zur Kirche religionspädagogische Theorie und Praxis? Während Karl Ernst Nipkow bereits Anfang der 1990er Jahre eine „unzusammenhängende und kirchenvergessene Religionspädagogik" beklagte (Nipkow 1992, S. 70), wird diese Frage neuerdings wieder verstärkt diskutiert (Schweitzer et al. 2004, S. 105 ff.). Je nach Lernort verstehen Religionspädagoginnen und Religionspädagogen an Hochschulen, Schulen, in religiöser Erwachsenenbildung und Gemeinden ihren Kirchenbezug unterschiedlich stark. Die Beantwortung der Frage nach Nähe und Distanz der Religionspädagogik zur Kirche hängt zudem stark am zugrunde liegenden Kirchenverständnis, das konfessionell und je nach theologischer Ausrichtung unterschiedlich ausfällt: Wer ist Kirche? Was ist Kirche? Ist sie sichtbare Institution oder unsichtbare Gemeinschaft aller Christgläubigen? etc. Hier sind tiefgreifende ekklesiologische Themen angesprochen, denen sich die Religionspädagogik stellen muss. Insgesamt kann die wissenschaftliche Disziplin der Religionspädagogik als „konstruktiv-kritisch auf Kirche bezogen" verstanden werden – und zwar in mehrfacher Hinsicht (Schröder 2004, S. 115 ff.): als Handlungswissenschaft, die kirchliche oder staatlich-kirchlich gemeinsam verantwortete Handlungsfelder reflektiert; als berufsbildende akademische Disziplin (Ausbildung von Pfarrern, Religionslehrern etc.); als theologische Disziplin; als religionsdidaktische Reflexion; als Advokat des Individuums in Kirche und Gesellschaft. Religionspädagogik wird in diesen Feldern ihren Weg in der Balance zwischen Eigenständigkeit und Kirchenbezug immer wieder neu finden müssen.

Kirchenbezug

Religionspädagogik und Öffentlichkeit. Mehrere Wellen im öffentlich-gesellschaftlichen Diskurs haben die Bedeutung einer intensiven Dialogkultur und Dialogkompetenz der Religionspädagogik aufgewiesen, insbesondere der Streit um die Einführung des Schulfaches Lebensgestaltung – Ethik – Religionskunde (LER) im Land Brandenburg als ordentliches Lehrfach für alle Schüler ohne gleichzeitiges und gleichberechtigtes Angebot eines konfessionellen Religionsunterrichts (Edelstein et al. 2001; Biesinger et al. 1998a); die immer wieder neu gestellte Frage nach dem Stellenwert und der Begründung von Religionsunterricht an staatlichen Schulen (Wermke 2002); die öffentliche Bildungsdiskussion im Gefolge der sog. PISA-Studie und die

Bedeutung religiöser Bildung für die Allgemeinbildung junger Menschen, eine Frage, die sowohl nationale als auch europäische Dimensionen hat; die Wichtigkeit religiöser Bildung auch über *andere* Religionen. In solchen Diskussionsfeldern ist Religionspädagogik viel deutlicher als bislang in den öffentlichen Diskurs eingetreten und gezwungen, nicht nur Binnenfragen zu stellen, nicht nur kirchlich-gemeindebezogen oder eng religionsdidaktisch zu argumentieren, sondern muss notwendig „über sich selbst hinausdenken" (Schweitzer 2004b).

Interreligiöses Lernen. Aus diesen Gründen und aufgrund der Pluralitätsanforderungen (7.3) ist Lernen über andere Religionen ein immenses religionspädagogisches Diskussionsfeld auf theoretischer und praktischer Ebene (u.a. Tautz 2007; Leimgruber 2007; Nipkow 2005; Schreiner et al. 2005; Kohler-Spiegel 2004a; Rickers 2002). In der katholischen Kirche wurde die Öffnung hin zu den Weltreligionen durch *Nostra Aetate,* die bahnbrechende Erklärung des Zweiten Vatikanischen Konzils (1962–1965) über das Verhältnis zu den nichtchristlichen Religionen, ermöglicht, was nicht nur zu einer intensiven Dialogpraxis auf institutioneller Ebene führte, sondern auch als Herausforderung für Lehren und Lernen begriffen wurde. Erstmals in der katholischen Kirche werden andere Religionen kirchenamtlich positiv gesehen, ihre Anstrengungen in der Begegnung mit Gott, ihre Gebetspraxis und ihre Bemühungen um eine sittliche Lebensführung gewürdigt. Auch in anderen Religionen, so die Konzilserklärung *Nostra Aetate* weiter, gibt es Momente der Wahrheit, des Heils und echter Gottesbegegnung. Achtung und Respekt werden gefordert, Diskriminierung Andersgläubiger und Gewalt verurteilt. Ähnliche Erklärungen mit analogen Konsequenzen erfolgten auf der Ebene des Ökumenischen Rats der Kirchen (ÖRK), der Evangelischen Kirche in Deutschland (z.B. EKD 2003) und zahlreicher Landeskirchen. Dabei besteht ein breiter Konsens zu folgenden Aufgaben und Zielen: Achtung und Respekt vor anderen religiösen Überzeugungen und Lebensweisen (insofern diese der Humanität verpflichtet sind); Anerkennung des Anderen in seiner Andersartigkeit (Emmanuel Lévinas; Johann Baptist Metz); Interesse für andere Religionen; Lernen nicht nur über, sondern von und mit fremden Religionen; Begegnung als „Königsweg interreligiösen Lernens" (Leimgruber 2007, S. 101); Unterschiede und Gemeinsamkeiten entdecken und respektieren.

Zweites Vatikanisches Konzil

Ökumenisches Lernen. Die Euphorie im Kontext der ökumenischen Verständigung und Begegnung ist in den vergangenen Jahren religionspädagogisch etwas ins Stocken geraten (zusammenfassend: Schwab 2002a; Koerrenz 1994). Dies hängt ohne Zweifel mit institutionellen Schwierigkeiten im ökumenischen Dialog zusammen, die nach wie vor bestehen und sich in manchen Bereichen sogar verstärkt haben (Fragen des unterschiedlichen Amts- und Kirchenverständnisses, der Interkommunion, des Sakramentenverständnisses, der Anerkennung als Kirche). Ökumene steht im deutschsprachigen Raum in erster Linie für die Verständigung zwischen katholischer und evangelischer Kirche, eingeschlossen werden natürlich auch weitere christliche Konfessionen und Kirchen bzw. christliche Gemeinschaften (insbesondere die östlichen orthodoxen Kirchen). Die Vorstellungen über die Ziele ökumenischen Lernens hängen im Wesentlichen an den (theologisch vorgeprägten) Zielvorstellungen über das Wesen der ökumenischen Einheit (Neuner

Welche Ökumene?

1997; Meyer 1996): Geht es um „Rückkehrökumene" (alle kehren zur katholischen oder orthodoxen Kirche zurück), um „konziliare Gemeinschaft" oder „organische Union" zwischen den Kirchen, um nur einige der Ökumenekonzepte zu nennen? Inzwischen hilft die Formel von der „Einheit in versöhnter Verschiedenheit" (Meyer 2000, 1998) weiter: Ökumene bedeutet nicht Vereinheitlichung der christlichen Kirchen, keine Gleichmacherei, wobei der Reichtum der jeweiligen konfessionellen Tradition verschwinden müsste, sondern Unterschiede werden als legitim betrachtet, die gleichberechtigt und versöhnt nebeneinander stehen können. Doch Versöhnung und Verständigung wollen gelernt werden. Deshalb gilt es, eine „ökumenische Hermeneutik der wechselseitigen Anerkennung in Wahrhaftigkeit" (Nipkow 1998, Bd. 2, S. 306) zu entwickeln, die für die Lehr-Lern-Prozesse leitend wird.

KONFESSIONELLE KOOPERATION. Im Kontext des Ökumenischen Lernens hat sich seit Mitte der 1990er Jahre die Formel der „konfessionellen Kooperation" etabliert (Boschki et al. 2006a; Frieling et al. 1999; DBK 1996; EKD 2000a), die genauer anzeigt, um was es in der ökumenischen Zusammenarbeit in Schule – aber analog auch in Gemeinde – geht: weder um Konfessionalismus auf der einen Seite, also dem Beharren auf der eigenen Position und dem Verschließen gegenüber anderen konfessionellen Wegen, noch um Auflösung und Zurücknahme konfessioneller Profile auf der anderen Seite. Konfessionelle Kooperation bedeutet: Die Konfession des Anderen wird wertschätzend angenommen; man will von ihr lernen und die Begegnung mit ihr als Impuls für eine Vertiefung des eigenen religiösen Lebens nehmen. Die deutsche Bischofskonferenz (DBK) und die Evangelische Kirche in Deutschland (EKD) haben 1998 eine gemeinsame Erklärung zur konfessionellen Kooperation im Religionsunterricht abgegeben (EKD/DBK 1998), die eine schulische Kooperationen auf verschiedenen Ebenen befürwortet, u.a. bei der Themenwahl, bei Projekten, Exkursionen, zeitweiligem gemeinsamen Unterrichten, z.B. im Team-Teaching, bei schulischen Veranstaltungen etc. Vieles davon ist in Schulen längst gängige Praxis, einiges, was in den Schulen vor Ort geschieht, liegt jedoch nach wie vor in der (kirchen-)rechtlichen ‚Grauzone', doch die konfessionelle Kooperation im Religionsunterricht kann – und muss – in den nächsten Jahren noch beträchtlich ausgeweitet werden (Schweitzer et al. 2006; Schlüter 2000). So kann sie als Impuls für die Diskussion um ökumenisches Lernen fungieren, wenn sie konsequent in der doppelten Perspektive von „Identität und Verständigung" (EKD 2000a) gedeutet wird. Die programmatische Formel „Gemeinsamkeiten stärken – Unterschieden gerecht werden" (Schweitzer et al. 2002a) zielt auf ein Lernen am Anderen (Verständigung) bei gleichzeitigem Lernen, das Eigene für sich neu oder wieder neu zu entdecken.

LERNPROZESS CHRISTEN – JUDEN. Aufgrund der Einzigartigkeit des Verhältnisses zwischen Christentum und Judentum (*Nostra Aetate* 4) ist der Lernprozess Christen – Juden ein besonderer Bereich innerhalb der Religionspädagogik. Der theologische Grundsatz der christlich-jüdischen Beziehung lautet: Der Bund, den Gott mit dem biblischen Volk Israel geschlossen hat, wurde nie gekündigt und umgreift die Juden aller Zeitepochen bis heute: „Gott hat sein Volk nicht verstoßen, das er einst erwählt hat." (Röm 11,2) Aus diesem Grunde ist das Verhältnis zwischen Christen und Juden ein ganz besonderes. Die

ungekündigter Bund mit den Juden

Trennung zwischen Kirche und Synagoge im frühen Christentum zog unzählige und unsägliche Gewalt- und Hassausbrüche von Seiten der Christen gegen die Juden nach sich. Umso dringender ist es heutzutage, eine grundlegende Erneuerung des christlich-jüdischen Verhältnisses voranzubringen. Dies bedarf eigener Fragestellungen und kann nicht einfach unter den interreligiösen Dialog insgesamt subsumiert werden. Schon die Konzilserklärung *Nostra Aetate* verweist auf das „besondere Band", das zwischen diesen zwei Religionen besteht (Text u. a. in Rahner et al. 2007; dazu: Henrix 2006; zusammenfassend zum christlich-jüdischen Dialog: Henrix 2004). Auch die evangelischen Kirchen haben das Verhältnis zum Judentum in bedeutenden Erklärungen grundlegend erneuert (z. B. EKD 2000b). All diese Entwicklungen erfordern einen immensen Lernprozess auf Seiten der Christinnen und Christen und immer neue Anstrengungen in Religionsunterricht, Katechese und Verkündigung. Dazu gehören Sensibilitäten für jüdische Geschichte und Gegenwart, Kenntnisse jüdischer Religion und Kultur, ein Gespür für einen angemessenen Umgang mit Juden heute, Ablehnung von Missionsversuchen, Bewusstsein der jüdischen Ursprünge des Christentums etc. Seit den 1980er Jahren wird der „Lernprozess Christen – Juden" in der Religionspädagogik intensiv erforscht und in Praxiskonzepte umgesetzt (Überblick: Leimgruber 2007, S. 115–170; Kohler-Spiegel 2006).

Erinnerungslernen, Religionspädagogik nach Auschwitz. Aufgrund der Schrecken von Auschwitz und dem Schock, der sich, wenn auch sehr spät, in der christlichen Theologie einstellte, kam es angeregt durch Theologinnen und Theologen wie Johann Baptist Metz, Jürgen Moltmann, Dorothee Sölle auch in der deutschsprachigen Theologie zu einer intensiven Auseinandersetzung mit den Opfern und Tätern des NS-Systems sowie der theologischen Frage, welche Rolle Gott in dem Ereignis menschengemachter Katastrophen zukommt (Metz 2006; Petersen 2004; Kellenbach et al. 2001; Görg et al. 1997), welche Bedeutung die Erinnerung für die Theologie hat (JBTh 22/2008; Petzel et al. 2003) bis hin zur Frage, inwieweit Auschwitz eine Herausforderung für die Christologie darstellt (Hoping et al. 2005; Peters 2005; Manemann et al. 2001). Inzwischen hat sich eine „Religionspädagogik nach Auschwitz" etabliert (Überblick: Boschki 2001), die sich das Erinnerungslernen als zentrale religionspädagogische Aufgabe gestellt hat, weshalb sie auch „anamnetische" bzw. „erinnerungsgeleitete Religionspädagogik" genannt wird (Leimgruber 2005; Fuchs et al. 2001; Langer 1997). Als Konsequenz zeigt sich, dass Erinnern mehr bedeutet als „Informiertsein" (Schwendemann et al. 2004), dass tiefer liegende, emotionale Zugänge zur Erinnerung geschaffen werden müssen und dass die Erneuerung im Verhältnis zu den Juden die Erinnerungsdimension umgreift.

erinnerungsgeleitete Religionspädagogik

Integratives religiöses Lernen. Ein vernachlässigtes und erst in Ansätzen bearbeitetes Gebiet der wissenschaftlichen Religionspädagogik ist das Verhältnis von Behinderung und religiösem Lernen. Obwohl es ein immenses Praxisfeld in Gemeinden, Verbänden, Einrichtungen, Förder- und Regelschulen gibt, mangelt es an theoretischer Aufarbeitung und wissenschaftlich fundierter Konzeptentwicklung. Eine Ausnahme von der Regel stellt das „Handbuch Integrative Religionspädagogik" dar (Pithan et al. 2002), das die vielfältigen Aspekte und Arbeitsfelder einer Integrativen Religionspädagogik zusammenfassend vorstellt. Hier werden wichtige Differenzierungen vorgenommen, denn Behinderung ist nicht gleich Behinderung. Jede Form der körperlichen und geistigen Beeinträchtigung von Menschen bedarf eigener Sensibilitäten, Reflexionen und Konzeptentwicklungen. Integration bedeutet nicht, die Aufnahme einer Minderheitenkultur von Menschen mit Behinderungen in die Mehrheitskultur der ‚Normalen', sondern wird als ein miteinander Leben und Lernen von Menschen mit und ohne Behinderung verstanden. Dazu gehören integrative Schulklassen in Regelschulen ebenso wie gemeinsamer Kommunion- oder Konfirmationsunterricht von Kindern bzw. Jugendlichen mit und ohne Behinderungen. Inzwischen liegen weitere Grundsatzarbeiten vor (Kollmann 2007), ebenso empirische Studien, beispielsweise zum Gottesbild von Menschen mit geistiger Behinderung (Anderssohn 2007). – Ein Aspekt dieses Themenfelds verweist auf den oben erwähnten Bereich erinnerungsgeleiteten Lernens: Neben einer „Theologie nach Auschwitz" muss eine „Theologie nach Hadamar" (Ulrich Bach) die Vernichtung von geistig Behinderten im NS-Regime aufarbeiten, v.a. die schuldhafte Beteiligung kirchlicher Einrichtungen einerseits und der Protest dagegen andererseits. Damit wird alle Reflexion zur Integrativen Religionspädagogik zu einer „Religionspädagogik nach Hadamar".

Begleitung von Menschen mit Behinderungen

9. Religiöse Bildung: inhalts-, subjekt- und beziehungsorientiert

Alle bisherigen Diskussionsfäden, die biblisch-, historisch- und systematisch-theologischen (Teil A), die anthropologisch-sozial- bzw. erziehungswissenschaftlichen (Teil B), sowie die genuin religionspädagogischen Entwicklungen und Themen (Kap. 7 und 8) münden nun in eine übergreifende inhalts-, subjekt- und beziehungsorientierte Theorie religiöser Bildung. Von hier aus können konkrete Handlungsperspektiven entwickelt werden (Teil D). Religionspädagogisches Handeln (in Schule, Gemeinde, Gesellschaft etc.) bleibt diffus und leer, wenn es nicht an eine religiöse Bildungstheorie rückgebunden wird – in diesem Fall eine spezifisch *christliche* Theorie religiöser Bildung.

9.1 Theorie religiöser Bildung im Horizont einer inhalts-, subjekt- und beziehungsorientierten Hermeneutik

Jede religionspädagogische Theorie und jeder Praxisvollzug hat eine explizite bzw. implizite Vorstellung davon, wie religiöses Lernen bzw. religiöse Bildung vonstatten gehen (zu den Begriffen s. 6.2–6.5). Wer in der Schule „Religion" unterrichtet, hat eine bestimmte Hypothese von dem, wie seine oder ihre Schülerinnen und Schüler religiös lernen. Diese Vorstellung wirkt somit auf die Art und Weise des Unterrichtens. Ähnlich ergeht es Mitarbeiterinnen und Mitarbeitern in Gemeindepädagogik und Gemeindekatechese: Sie denken sich, dass Kinder und Jugendliche oder Erwachsene am Besten über Gott und den christlichen Glauben etwas erfahren und lernen können, wenn bestimmte Voraussetzungen gegeben und Lernarrangements getroffen sind. Danach gestalten sie ihre Praxis, z.B. für religiöse Früherziehung im kirchlichen Kindergarten, in Katecheseeinheiten, im Konfirmationsunterricht, in der Erwachsenenbildung etc. Analog sind die theoretischen religionspädagogischen Konzepte unterlegt von mehr oder weniger konkreten Basisannahmen zum ‚Funktionieren' religiöser Bildung. Die Grundfragen der Religionspädagogik in Theorie und Praxis lauten demnach ganz elementar:

- Wie geschieht religiöses Lernen?
- Wie ereignet sich religiöse Bildung?

Voraussetzungen für religiöse Bildung

Aufgrund der bisherigen Arbeit an biblischen Lernvorstellungen, an der Geschichte der Katechese und religiösen Bildung, an sozialwissenschaftlichen Bedingungen von Lernprozessen und religionspädagogischen Theoriekonzepten bzw. Prinzipien können diese Fragen nun annäherungsweise beantwortet werden. Religiöses Lernen bzw. religiöse Bildung ereignen sich, wenn bestimmte Voraussetzungen auf (mindestens) drei Ebenen gegeben sind: auf der Ebene der Beschäftigung mit den Bildungsinhalten, auf der Ebene der lehrenden und lernenden Subjekte und auf der Ebene der kommunikativen Bedingungen des Lehr-Lern-Prozesses. Alle drei Ebenen wirken zusammen und aufeinander ein. Einige dieser Bedingungen sind durch das Arrangement des Lehr-Lern-Prozesses steuerbar, andere gehören zu den substanziellen Faktoren, die weder von den Lehrenden noch von anderen im Prozess Beteiligten beeinflusst werden können.

Die am Ende von 7.3 dargestellte religionspädagogische Hermeneutik ist der entscheidende Schlüssel zur Beantwortung der Frage, wie religiöses Lernen und religiöse Bildung vonstatten gehen (Boschki 2003; Becker et al. 1995). Denn genau im Schnittfeld zwischen Vermittlungs-, Aneignungs- und Beziehungshermeneutik werden religiöse Bildungsprozesse verstehbar. Wer einen Lehr-Lern-Prozess bewusst plant und durchführt (Religionsunterricht, Katechese, religiöse Erwachsenenbildung), muss das Zusammenspiel aller drei hermeneutischen Ebenen beachten:

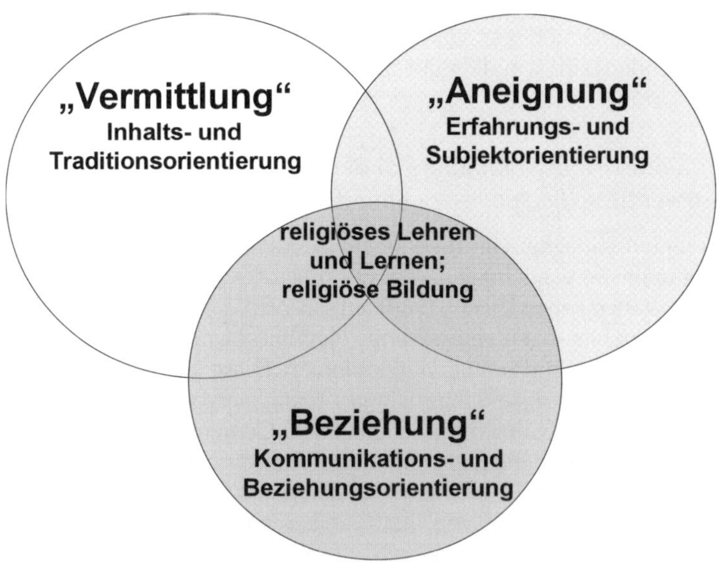

Religiöses Lernen und religiöse Bildung ereignen sich im Zusammenspiel der drei Kernfaktoren Vermittlung, Aneignung und Beziehung:

- *Vermittlung:* Hier werden die Inhalte, die Glaubenstradition, die religiöse Überlieferung reflektiert und auf ihren Kerngehalt befragt.
  Beispiele: biblische Erzählungen; theologische Inhalte; Glaubensformeln und Glaubensformen; überlieferte Gebete; Themen der Glaubensgeschichte; traditionelle Spiritualität.
- *Aneignung:* Hierbei wird nach den Bedingungen und Verstehensvoraussetzungen der Subjekte gefragt, nach den soziologischen Gegebenheiten und (entwicklungs-)psychologischen Standpunkten.
  Beispiele: Vorerfahrungen, Vorwissen; soziale Herkunft und ‚Milieu'; Zugänge zu religiösen Themen – oder Blockaden; religiöse Neugier, Suche, Sehnsucht; Offenheit für spirituelle Erfahrungen; Formen der Wahrnehmung.
- *Beziehung:* Hier werden die vielfältigen Kommunikations- und Beziehungsaspekte religiösen Lernens und Lebens reflektiert, die auf den religiösen Lehr-Lern- bzw. Bildungs-Prozess direkten und indirekten Einfluss haben.
  Beispiele: persönliche Gottesbeziehung; Beziehung zu sich selbst; Beziehung zu anderen Menschen; Beziehung zu Welt, Natur, Kultur; Beziehung zur Zeit; Beziehung der Lehrenden und Lernenden untereinander.

Auf der Ebene religionspädagogischer Theoriebildung müssen diese drei Faktoren als grundlegende Hermeneutiken in die Reflexion der Lern- und Bildungsprozesse einbezogen werden. Auf der Ebene der Praxis müssen die Lehr-Lern-Arrangements so gestaltet werden, dass alle drei Faktoren Berücksichtigung finden, die der Inhalts-, Subjekt- und Beziehungsorientierung.

entscheidender Punkt

Der entscheidende Punkt dieser Theorie religiöser Beziehung ist nun, dass sich die drei Hermeneutiken der Vermittlung, Aneignung und Beziehung von ihrer inneren Logik her nicht fremd sind, im Gegenteil, sie sind von ihrer Kernstruktur aufeinander bezogen. Vermittlungs-, Aneignungs- und Beziehungshermeneutik sind nicht drei verschiedene Verstehensweisen religiöser Bildung, die erst ‚künstlich' zusammengebracht werden müssten, sie sind im Grunde drei Seiten der einen (Bildungs-)Wirklichkeit.

Deutlich wird dies, wenn wir das Feld religiöser Bildung *in einem ersten Schritt* von der Seite der Aneignung her beleuchten. Hier ist das Prinzip der Subjekt- und Erfahrungsorientierung der Religionspädagogik maßgebend (7.3). Wenn die Religionspädagogik von Subjektorientierung spricht, hat sie die konkreten Menschen im Blick, denen sie im jeweiligen Praxisfeld begegnet oder begegnen will. Deren psychische, emotionale, kognitive Ausgangsbedingungen, deren soziale, familiale, institutionelle, gesellschaftliche Kontexte, deren entwicklungsbedingte Möglichkeiten und persönliche Verstehensvoraussetzungen bilden den ersten Ankerpunkt religiöser Bildung. Hieran schließt sich die Frage nach der Möglichkeit der Aneignung religiöser Themen und Lebensvollzüge an. Wer über Chancen der Aneignung nachdenkt, ist ganz nah bei den Subjekten. Doch es gilt: Aufgrund des im sozialwissenschaftlichen Teil B Erarbeiteten sind die lernenden Subjekte niemals als isolierte Einzelwesen, sondern nur in ihren Beziehungen zu verstehen.

Subjekte in ihren Beziehungen

Menschsein heißt in Beziehung sein. Lebenswelt ist stets Beziehungswelt. Wer religiöse Lehr-Lern-Prozesse initiiert und religiöse Bildung will, muss die lernenden Subjekte in ihren Beziehungen wahrnehmen – und dies in allen Dimensionen menschlicher Beziehung:

1. Der sozialwissenschaftliche und anthropologische Grundbegriff der Identität (5.2) verweist auf die *Beziehung des Menschen zu sich selbst,* die sich im Lebenslauf ‚bildet', genauer: die sich das lernende Subjekt ‚selbst bildet'. Die Beziehung zu sich selbst verändert sich durch innere und äußere Einflüsse: Identität ist ein dynamischer Prozess im Lebenslauf.
2. Die Grundtatsache der Sozialität (4.3) und dialogischen Verfasstheit (6.4) des Menschen stellt religiöse Bildung zudem in den Horizont der *Beziehung zu anderen Menschen.* Bildung, zumal religiöse, betrifft nie nur den Menschen für sich alleine, sondern immer in seinen zwischenmenschlichen Gegebenheiten.
3. Menschen stehen von Kindesbeinen an (Kap. 4 und 5) in einem je eigenen *Verhältnis zur Welt, in der sie leben.* Dies betrifft die Beziehung zur Natur ebenso wie zur menschengemachten Umwelt. Sie hat soziale, gesellschaftliche, kulturelle, historische, globale Aspekte. Damit sind die Beziehungen zur eigenen kulturellen (auch religiösen) Überlieferung und zu fremden Traditionen mitgemeint.
4. Menschliches Leben ist ‚zeitbedingt' (u.a. 5.3). Menschen haben eine bestimmte Beziehung zur Zeit, d.h. zum Zeitrhythmus des Alltags und Jahres, zur (begrenzten) Lebenszeit, zu Vergangenheit, Gegenwart und Zukunft. (Religiöse) Bildung macht dieses Zeitverhältnis bewusst und wirkt verändernd auf es ein.
5. Christliche Anthropologie (Kap. 3) versteht den Menschen qua Menschsein in einer grundlegenden und apriorischen, also allem vorgängigen *Beziehung zu Gott.* Ob sie anthropologisch, offenbarungstheologisch oder transzendentaltheologisch begründet wird, ist zweitrangig. Entscheidend ist die Konsequenz, nämlich dass der Mensch von diesem Verständnis her schon immer auf religiöse Bildung angewiesen ist, um die religiöse Tiefe seines Lebens entdecken zu können.

Subjektorientierte religiöse Bildung knüpft an diesen menschlichen Beziehungsdimensionen an, weil sie die Grundvoraussetzungen für den Menschen als lernendes ebenso wie als religionsfähiges Wesen darstellen. Sie sind das Bedingungsfeld der Lernprozesse, damit die religiösen Themen und Ausdrucksformen auch beim Menschen ankommen können, sprich: damit er sie sich aneignen kann. Ohne die Berücksichtigung dieser grundlegenden Verstehens- und Aneignungsvoraussetzungen auf Seiten der Subjekte verharrt der religiöse Bildungsprozess im „Belehrungsparadigma" (Nipkow) und wird allzu leicht auf Informationsweitergabe verkürzt. Bildung, die immer Selbstbildung in Beziehung ist (6.4), kann sich jedoch nur ereignen, wenn die ‚objektiven' Bedingungen (Vermittlung) und die ‚subjektiven' Bedingungen (Aneignung) in ein günstiges Verhältnis kommen. Wird z.B. nur religiös belehrt, kann es sein, dass das Eigentliche christlich religiöser Bildung, nämlich die Beziehung zu Gott, gar nicht in den Blick kommt und die Lernenden keine Chance erhalten, für die Gottesbeziehung sensibilisiert zu werden. Werden andererseits nur die subjektiven Bedingungen bearbeitet, können die religiösen Inhalte auf der Strecke bleiben und religiöse Bildung wiederum verfehlt werden. Denn Bildung ereignet sich stets (wie oben gesehen: 6.2) im Medium der Inhaltlichkeit – zumal religiöse Bildung. Vermittlung der Inhalte und Aneignung durch die Subjekte greifen im Bildungsprozess ineinander, und zwar so, dass die Beziehungsstruktur der Subjekte auf die Beziehungsstruktur der Inhalte bezogen ist. Denn auch die religiösen

Inhaltsbereiche können in der biblisch-christlichen Tradition beziehungstheoretisch und beziehungstheologisch durchbuchstabiert werden. Sie sind damit von Grund auf anschlussfähig an die eben aufgezeigten Grundbedingungen der Subjekte. Deshalb werden nun *im zweiten Schritt* die zentralen Inhaltsbereiche beziehungstheoretisch expliziert.

9.2 Zentrale Inhaltsbereiche religionspädagogischen Denkens und Handelns

Das Verhältnis religionspädagogischer Arbeitsweisen zu ihren Inhalten ist nicht einfach zu klären und war in der Geschichte der Religionspädagogik und Katechese immer wieder Gegenstand der Reflexion und Diskussion. Wie oben gesehen (Kap. 2), wurde schon in der Alten Kirche, im Mittelalter, in der Reformations- und der Neuzeit darum gerungen, welche Inhalte jemand erwerben müsse, der ins Christentum eingeführt werden sollte oder der seinen Glauben vertiefen wollte. Ist jemand schon allein dadurch Christ, dass er auf den Namen des Vaters, des Sohnes und des Heiligen Geistes getauft wird? Muss er oder sie nicht wenigstens wissen, wer Jesus Christus ist, was das Evangelium beinhaltet, müssen Christen nicht wenigstens das Glaubensbekenntnis und das Vaterunser aufsagen, mehr noch: verstehen können? Die vielfältigen Katechismen der Christentumsgeschichte (wohl einige Tausend) bis in neueste Zeit stehen Pate für die immer wieder neuen Versuche, das Glaubenswissen zusammenzufassen, um es für die religiös Lernenden zugänglich zu machen.

Im Zeitalter der Pluralisierung kommen neue Fragen hinzu: Muss jemand, der religiös gebildet ist, sich allein in seiner eigenen oder nicht doch auch in anderen Religionen auskennen? Gehört zum religiösen Wissen in aktueller Zeit nicht notwendiger Weise eine Grundkenntnis der Glaubenssysteme, die in der heutigen Welt vorfindbar sind? Und müssen Glaubende sich nicht eine Basiskompetenz im Umgang mit anderen Glaubensweisen erwerben, die die Fähigkeit umfasst, Gemeinsamkeiten zwischen den Religionen zu verstehen und Unterschiede zu respektieren? (vgl. 8.2)

theologische und pädagogische Fundierung

Die Frage nach den Inhalten religiöser Bildung kann letztlich nur mithilfe theologischer *und* gleichzeitig sozialwissenschaftlich, also pädagogisch fundierter Kriterien erfolgen. Nicht allein Dogmatik, ein Katechismus oder kirchliche Entscheidungsträger, aber auch nicht allein Religionspädagogik oder allgemeine Erziehungswissenschaft könnten über die Inhalte religiöser Lehr-Lern-Prozesse (in Schule oder Gemeinde) befinden. Nur im interdisziplinären Verbund der betroffenen Wissenschaften und im Dialog ihrer Vertreterinnen und Vertreter kann eine Kriteriologie für die Frage nach den zentralen Inhalten entwickelt werden. Von den grundlegenden Einsichten ausgehend, dass Glauben bzw. Religion immer ein Beziehungsereignis darstellt, dass die Gottesbeziehung alle Beziehungsdimensionen des Menschen umgreift, dass die Bibel ein Beziehungsbuch ist, dass christlicher Glaube in den Beziehungen der Glaubenden relevant wird, dass auch andere Religionen nur von ihren geglaubten und gelebten Beziehungen her verstehbar sind, können – so wird hier vorgeschlagen – die religiös relevanten Themenfelder fünf übergreifenden Beziehungsdimensionen zugeordnet werden, die den anthropologisch-sozialwissenschaftlich begründeten Dimensionen ent-

fünf Beziehungsdimensionen

sprechen (Boschki 2003). Die Strukturierung der Inhalte religiösen Lehrens und Lernens erfolgt demnach in fünf Beziehungsdimensionen:

1. Beziehung zu Gott
2. Beziehung zur Welt, in der wir leben
3. Beziehung zu anderen Menschen
4. Beziehung zu sich selbst
5. Beziehung zur Zeit

Alle Beziehungsdimensionen greifen ineinander, dürfen nicht voneinander isoliert gesehen werden und sind nur in ihrem engen Zusammenhang verstehbar. Sie sind sowohl theologische wie zutiefst anthropologische Kategorien. Somit stehen sie für eine religionspädagogische Theorie der Inhalte religiöser Bildung offen.

Beziehung zu Gott

Gottesbeziehung: Religiöses Lernen ist mit der Frage nach der Beziehung zu Gott untrennbar verbunden. Aus christlicher Position kann man sogar sagen: Wer nicht sein Verhältnis zu Gott in irgendeiner Weise ernsthaft ‚bearbeitet', klärt, verändert und erneuert, mag zwar in anderer Weise religiöses Wissen gesammelt haben, aber im eigentlichen Sinne nicht religiös gebildet sein. Gleichwohl gilt: Die Beziehung zu Gott kann man nicht einfach lernen oder durch einen Lernprozess erwerben. Sie ist unverfügbar, nicht machbar, ist – christlich-theologisch gesehen – immer Geschenk und Gnade (Kap. 3). Auf Seiten des Menschen ist dennoch ‚Beziehungsarbeit' erforderlich, um die Gottesbeziehung zu ‚realisieren', also für sein eigenes Leben Wirklichkeit werden zu lassen. Die Beziehung Gottes zu den Menschen ist schon immer gegeben und von Gott her gestiftet; religionspädagogisch gesehen, muss das Bewusstsein der Gottesbeziehung beim Menschen jedoch erst reifen, ins Bewusstsein treten, in seinem Leben ‚ankommen'. Menschen müssen lernen, wer Gott ist, was von Gott in Bibel und Tradition erzählt und verkündet wird. Wichtig ist, dass die Inhalte immer an die Beziehungsdimensionen zurückgebunden sind: Nicht allein Informationen ‚über' Gott oder Jesus führen weiter, sondern die eigene Entdeckung der Beziehungsqualität Gottes und Jesu Christi in den biblischen Geschichten.

Gottesfrage: Christliche Anthropologie geht davon aus, dass die Frage nach Gott in jedem Menschen verankert ist (Kap. 3). Deshalb ist in einem religiösen Lehr- und Lernprozess darauf zu achten, dass die Gottesfrage an dominanter und mehrfach wiederkehrender Stelle angegangen wird. Dies gilt gleichermaßen für religionsunterrichtliche Unternehmungen in der Schule wie bei katechetischen Prozessen in christlichen Gemeinden. Die Frage nach Gott ist zentraler Inhaltsbereich religiösen Lernens. Sie kann auf methodisch vielfältige Weise ins Gespräch gebracht werden, ob mithilfe biblischer Erzählungen, Zeugnissen aus der Geschichte der Christenheit, literarischen, philosophischen, existentiellen Texten etc. (vgl. Kap. 12). Sie muss in offener Weise gestellt werden und sollte Impulse für weiteres, eigenes Nachdenken bieten. Wichtig ist wiederum, dass die Gottesfrage im religiösen Lernprozess immer in Verbindung mit der Frage nach der Gottes*beziehung* gesehen wird: Wer ist Gott für mich? Hat seine Existenz für mich eine Bedeutung? Kann ich in einen persönlichen Kontakt mit ihm treten? Wie

Wer ist Gott für mich?

kann ich mir Gott vorstellen, welches ‚Bild' habe ich von ihm, in welchen ‚Bildern' (Metaphern) wird von ihm in der Überlieferung gesprochen?

Gottesliebe: In jüdischer und christlicher Tradition wird nicht in erster Linie philosophisch über die Existenz Gottes und sein Wesen spekuliert, sondern geht es um die Liebe Gottes zu den Menschen und der Menschen zu Gott. Biblisch wird der Mensch aufgefordert, Gott zu lieben, „mit ganzem Herzen, mit ganzer Seele und mit ganzer Kraft" (Dtn 6,5), was mit der Nächstenliebe in enger Verbindung steht (Lev 18,18; Lk 10,27 u.ö.). Gott kann in seinem Wesen als Liebe bezeichnet werden: „Gott ist die Liebe" (1Joh 4,8). Für religiöses Lernen ist ein Lernen von dieser Gottesliebe unverzichtbar (z.B. in Auseinandersetzung mit biblischen Erzählungen, mit Biografien). – Auf anthropologischer Ebene korrespondiert die Gottesliebe mit der tiefen menschlichen Sehnsucht nach verlässlichen, tragenden Beziehungen, die dem Leben Grund, Sinn und Halt geben.

Gottesklage: Essentiell für die Gottesbeziehung ist ebenso, dass von Gott nicht nur in harmonisierenden Kategorien gesprochen wird. Analog zu menschlichen Beziehungen ist auch die Gottesbeziehung bereits seit biblischer Zeit eine Beziehung, in der gerungen, geklagt, gar angeklagt wird (Abraham, Ijob, Psalmen, Propheten etc.; vgl. JBTh 16/2001; Steins 2000), weshalb auch die Gottesklage im Lernprozess ihren Platz finden muss. Sie kann als Theodizeefrage (Frage nach dem gerechten Gott angesichts des Leidens), als persönlich-existentielle Frage, als Frage nach Gott angesichts von Auschwitz oder anderer ‚himmelschreiender' Leidenssituationen der Menschheit aufgeworfen werden.

Bedeutung der Klage

Existentielle Dimension des Gottesverhältnisses: Lernen in religiöser Hinsicht schließt die eigene, existentielle Auseinandersetzung mit ein, auch wenn sie keinesfalls in jeder Lerneinheit (z.B. jeder Unterrichtseinheit oder Katechesestunde) explizit gemacht werden kann und sollte. Doch die urmenschlichen Fragen nach dem Sinn der eigenen Existenz, dem Sinn von Welt und Geschichte, d.h. die persönliche, existentielle Betroffenheit müssen Bestandteil des Lernprozesses sein. Je nach Lernort (vgl. Kap. 10) können sie mit verschiedener Intensität bearbeitet werden.

Indes, christliche Lehr-Lern-Wege können nicht von Gott im Allgemeinen sprechen, sondern müssen an zentralen Stellen die Gotteswirklichkeit in ihrer trinitarischen Gestalt zum Gegenstand haben. Christlich kann von Gott nur als Gott-Vater, Jesus Christus und Heiligem Geist gesprochen werden:

Beziehung zu Jesus Christus: Jesus Christus als endgültige Selbstoffenbarung Gottes in der Geschichte ist zentraler Inhaltsbereich christlicher Bildung, wozu biblische Erzählungen, die Inhalte des Credo an Jesus als dem Christus, Zeugnisse der christlichen Lebens- und Kunstgeschichte und vieles mehr gehören. Jesus Christus selbst ist das Beziehungsangebot Gottes. Als Mensch ist er ein Gegenüber, zu dem Menschen eine Beziehung auf Augenhöhe haben können: als Bruder, der uns vom gemeinsamen Vater – Gott – erzählt; als Lehrer, der einen Weg des Lebens mit Gott weist; als Mitleidender, der in Lebensangst und Gotteszweifel uns ganz nahe sein kann; als der hilfesuchende Blick, der uns aus den Augen von Bettlern und Kindersoldaten, Arbeitslosen und Junkies entgegenkommt. Interessanter Weise zeigen empirische Untersuchungen, dass das Interesse von jungen Menschen an der Frage, wer Jesus Christus für sie heute sein kann, also die beziehungsorientierte Frage, nach wie vor relevant ist (Ziegler 2007; Büttner 2002; Büttner et al. 2001).

Beziehung zum Heiligen Geist: Gottes Geist weht überall dort, wo die Wirklichkeit Gottes in Geschichte und Gegenwart mächtig wird und Zukunft ermöglicht. Als göttliche Person ist er zugleich am schwierigsten zu fassen: Er lässt sich nicht domestizieren – weder durch Gebete noch durch kirchliche Gesetze – und ist leicht zu verwechseln. Die Gabe der Unterscheidung der Geister ist deshalb eine der wichtigen christlichen Charismen, der von Gott geschenkten Begabungen. Und dennoch: Gottes Geist kann in jedem und allem sein. Eine Beziehung zum Heiligen Geist meint deshalb, den göttlichen Funken in ganz alltäglichen Zusammenhängen wahrnehmen zu lernen. In dem seltenen Erlebnis nicht kalkulierender zwischenmenschlicher Beziehungen, in der Sehnsucht nach etwas wirklich Wichtigem und Tragendem inmitten alltäglicher Funktionalismen, in dem Erlebnis absoluter Stille etc. kann Gottes Geist erfahren werden, was Karl Rahner „Erfahrung des Geistes mitten im gelebten Leben" nennt (Rahner 1981). Es ist bemerkenswert, wie gerade solche geistigen und geistlichen Suchbewegungen in der scheinbar säkularisierten Gesellschaft überdauern und neu zum Ausdruck kommen (5.1).

Erfahrung des Geistes

Bibel als Buch der Gottesbeziehung: Die Bibel spricht von der ersten bis zur letzten Zeile von nichts anderem als von der Beziehung Gottes zu den Menschen, der Menschen zu Gott und der Menschen untereinander. Die Schöpfungserzählungen sind keine naturwissenschaftlichen Berichte über die Entstehung des Universums, der Erde und des Lebens, sondern Glaubensaussagen, dass Gott alles, was ist, wollte, geschaffen hat und in seinen Händen hält, das heißt, dass er in Beziehung mit Schöpfung, Welt und Mensch steht. Deshalb sollte die Schöpfungstheologie, insbesondere im Gespräch mit den Naturwissenschaften, Gegenstand religiösen Lernens sein (z.B. Hunze 2007). Doch auch in allen weiteren biblischen Großerzählungen ist die Gottesbeziehung zentral: biblische Urgestalten, Psalmen, Propheten, um nur einige Brennpunkte zu nennen. Diejenigen biblischen Erzählungen und Gebetstexte sollten Gegenstand des Lernprozesses sein, in denen das Ineinander der vielfältigen Beziehungsdimensionen besonders prägnant zum Ausdruck kommen.

Reich Gottes: Das von Jesus angekündigte und verkündigte Reich Gottes ist ein „Beziehungsreich" (vgl. Jüngel 2002). Alle menschlichen Beziehungen, auch besonders die Zeit von Welt und Mensch, sind vom schon angebrochenen aber gleichzeitig noch ausstehenden Reich Gottes erfasst – so die Botschaft neutestamentlicher präsentischer Eschatologie. Deshalb ist auch das Reich Gottes unverzichtbarer Inhaltsbereich christlich religiösen Lehrens und Lernens. Johann Baptist Hirscher hatte bereits im 19. Jahrhundert alle katechetischen Lerninhalte von der Reich-Gottes-Idee her strukturiert (2.2).

Liturgie als Lernort

Gebet und Liturgie: Die Gottesbeziehung wird virulent in Gebet und Liturgie. Gebet und Liturgie sind Realisationspunkte und Ausdrucksmöglichkeit der Beziehung zu Gott und damit ‚Lernorte'. Lernprozesse sollten – je nach Lernort unterschiedlich – immer auch eine ‚Gebetsschule' und eine Hinführung zu Liturgie darstellen, zumindest (beispielsweise am Lernort Schule) Impulse bieten, damit eigenes Beten der Lernenden oder Teilnahme an liturgischen Vollzügen initiiert, performativ erfahren oder stimuliert werden kann.

Beziehung zur Welt

Die Dimension der Beziehung zur Welt hat grundsätzlich eine andere Beziehungsqualität als die personale Beziehung (Gottesbeziehung, Beziehung zu anderen Menschen). Es geht eher um ein Weltverhältnis, eine bestimmte Weise, sich in der Welt zu situieren und mit der Welt (Wirklichkeit, Gesellschaft, Kultur etc.) auseinanderzusetzen. Dennoch kann man auch hier von ‚Beziehung' sprechen, da in und ‚hinter' den Realitäten der Mitwelt personale Beziehungen möglich sind: Beziehung zur Natur als Beziehung zum Schöpfer, Beziehung zur Gesellschaft als Beziehung zu den Menschen, die diese Gesellschaft in Geschichte und Gegenwart ausmachen etc.

Beziehung zur Natur: Natur ist christlich gesehen nicht ‚natürliche Natur', sondern Schöpfung Gottes. Von daher ist die Beziehung zur Natur wesentlicher Gegenstand religiösen Lernens. Aufmerksamkeit und Achtsamkeit, Staunen und Respekt können eingeübt werden; sie können hinführen zu einer vertieften Wahrnehmung von Gottes Wirken in allen Dingen und zum Aufbau menschlicher Verantwortung im Umgang mit der Natur.

Gottes Wirken in allen Dingen

Kultur: Religion und Glauben erfolgen nicht im Vakuum, sondern finden Ausdruck in der jeweiligen Kultur, in der sie verortet sind. Somit ist die Beziehung zur Kultur, also zu all dem, was der Mensch in der Welt geschaffen hat, zu kultureller Geschichte und Gegenwart, ein Teil religiösen Lernens, indem die Lernenden auf ihre Beziehung zu den kulturschaffenden Menschen vor dem Hintergrund der Gottesbeziehung aufmerksam werden. Hier sind die vielen Ausdrucksgestalten des Glaubens in den diversen Epochen der Kultur- und Kunstgeschichte von besonderem Interesse: Was lässt sich darin an Deutung der Gottesbeziehung entdecken?

Verhältnis zur Gesellschaft: Religiöses Leben ereignet sich *in* der Welt, nicht neben der Welt oder gegen die Welt. Religion und Gottesglauben sind Teil der Gesellschaft und deshalb immer ‚politisch' bedeutsam (Metz 1992 [1977]). Gesellschaftlich relevante, politische und soziale Themen haben einen festen Platz im religiösen Bildungskanon, wobei sie natürlich nicht umfassend, sondern immer nur exemplarisch gelehrt und gelernt werden können.

Beziehung zur Kirche: Auch Kirche ist Teil der Welt, Teil der Gesellschaft. Für christlichen Glauben ist sie essentiell, weshalb auch die Beziehung zur Kirche ‚gelernt' werden muss, da sie in heutigen religiösen Lernvorgängen nicht mehr als gegeben vorausgesetzt werden kann. Hierbei geht es weniger um Strukturfragen als um die Frage des Verhältnisses zur *ekklesía* der Glaubenden, d. h. die Lernenden sollten Anstöße erhalten, ihr eigenes Verhältnis zur Kirche zum Gegenstand zu machen und sollten es mit anderen diskutieren lernen. Wie in allen Inhaltsfeldern hängt die Intensität dieser Standortbestimmung vom Lernort ab.

Beziehung zu anderen Religionen: Schon mehrfach wurde darauf hingewiesen, wie wichtig heutzutage interreligiöses Lernen für allgemeine religiöse Bildung ist (8.2). Selbstverständlich müssen dabei Informationsbestandteile *über* andere Religionen gelehrt und gelernt werden. Was aber oft vernachlässigt wird, ist, die Beziehung *zu* den anderen Religionen selbst zum Gegenstand des Nachdenkens und miteinander Lernens zu machen. Erst in dieser Verhältnisbestimmung gewinnt interreligiöses Lernen an Tiefe

Lernen mit und von anderen Religionen

und Orientierungskraft. Es geht also nicht nur um Lernen *über* andere Religionen, sondern um Lernen *mit* und *von* anderen religiösen Wegen.

BEZIEHUNG ZU ANDEREN MENSCHEN

Nächstenliebe; ethische, soziale Dimension der Religion: Jüdischer und christlicher Glaube sind gekennzeichnet durch eine tiefe Einheit von Gottes- und Nächstenliebe. Auch in anderen Religionen (vgl. Küng 1993) sind reichlich ethische Elemente zu finden, auch wenn sich die Religionen im Gottesverständnis stark unterscheiden und die geschichtliche Realisation den ethischen Grundlagen oft widerspricht. Religiöses Lernen bedeutet immer ein Lernen in Sachen Nächstenliebe, Caritas und Diakonie. Christliche Bildung wird dabei besonders auf die Bedeutung der Option für die Armen, Schwachen und Unterprivilegierten aufmerksam machen (vgl. Gaudium et Spes 1).

Option für die Armen

Gerechtigkeit: Religion ist unlösbar verbunden mit der Hoffnung auf Gerechtigkeit, die in der menschlichen Gesellschaft allenfalls annährend erreicht werden kann bzw. als Vision vor Augen steht. Religion und Glauben erhoffen eine größere, göttliche Gerechtigkeit am Ende der Zeiten. Die Menschen werden auf gerechtes Handeln verpflichtet, ungerechte Strukturen werden abgelehnt (so die Botschaft vieler Propheten des Alten Testaments). So ist das Gerechtigkeitslernen Bestandteil religiöser Bildung. Es geht um die Einübung individuellen gerechten Verhaltens („Compassion"), aber auch um die Schaffung gerechter Strukturen. Religion und Theologie – und so auch religiöse Bildung – müssen „leidensempfindlich" bleiben (Johann Baptist Metz).

BEZIEHUNG ZU SICH SELBST

Identität: Religiöse Identität kann ein wesentlicher Bestandteil der menschlichen Identität im Ganzen darstellen (5.2). Im Idealfall ist sie durch eine positive Beziehung zu sich selbst innerhalb der Gottesbeziehung charakterisiert. Wer religiös lernt, macht sich die religiöse Sicht auf Welt und Wirklichkeit und damit auch auf sich selbst zu eigen, er verändert seine Haltung zu anderen und zu sich selbst. Damit führt religiöse Bildung zur Identitätsbildung und zur Persönlichkeitsbildung des Menschen. Gottesliebe, Nächstenliebe und Selbstliebe bilden eine Einheit (nochmals sei erwähnt: Lk 10,27). Wer sich von Gott akzeptiert weiß, beginnt sich selbst zu akzeptieren (Sandherr-Klemp et al. 2006).

Selbstbewusstsein, Selbstvertrauen: Identitätslernen als Erwerb von Selbststand und positiver Selbstidentifikation führt zu Selbstbewusstsein und Selbstvertrauen. Religiöse Lernprozesse wollen den Menschen nicht als schwache, abhängige Marionette von Gottes Gnaden abbilden, sondern die Ebenbildlichkeit des Menschen zu Gott bewusst machen. Wer mit Gott auf ‚Augenhöhe' kommunizieren lernt, beginnt eine Ahnung von dem Vertrauen zu erwerben, das Gott in ihn oder sie setzt. Dadurch kann der und die Lernende Vertrauen in sich selbst gewinnen. In der christlichen Tradition wird betont, dass der trinitarische Gott zu jedem Menschen seine je eigene Beziehung eingeht: Der Mensch kann sich als Beziehungspartner Gottes bzw. Christi begreifen lernen. Hier wird virulent, was Karl Rahner als „existentielle Christologie" (Rahner 1968, S. 49ff.) bezeichnet, eine persönliche Beziehung und Freundschaft mit Jesus Christus.

existentielle Christologie

Metanoia: Eine positive Selbstbeziehung setzt Fähigkeit zur Selbstreflexion und Selbstkritik voraus. Biblisch gesprochen geht es um *metanoia,* Umkehr, einer zentralen Forderung der ‚Evangelisierung' Jesu (Mk 1,15). Dorothee Sölle bezeichnet die „Fähigkeit zur Umkehr" als Zentralpunkt christlicher Anthropologie (Boschki et al. 1999): Jeder Mensch ist jederzeit potentiell dazu in der Lage, sein bisheriges Leben neu zu ordnen, Fehler einzusehen, sich neu zu orientieren. Doch kann die Fähigkeit zur Neuwerdung nicht einfach vorausgesetzt, sondern muss wiederum erlernt werden, was mit Einübung in Selbstreflexion beginnen und in die Kompetenz zu Umkehr und Buße münden kann.

Innewerden durch Gebet und Meditation: Selbstbeziehung kann letztlich nur in Stille, allein mit sich selbst und allein mit Gott erlernt werden. Das Gebet ist, wie oben gesehen, ein wesentlicher Lernort für die der Gottesbeziehung und damit auch für die Beziehung zu sich selbst. Die Zugänge zum Gebet sind bei den Menschen heute, gerade bei jungen Menschen, keineswegs verschlossen. Neuere Untersuchungen zeigen eine erstaunliche Offenheit für das Gebet (4.1). Viele, die nach außen als ‚nichtreligiös' erscheinen, beten im Stillen oder in schwierigen Lebenssituationen. Lernprozesse müssen darauf abzielen, Menschen in ihrer Gebetskompetenz zu ermutigen. Aus der inneren Ruhe heraus erwächst schließlich die Kraft zum Handeln. Hier schließt sich der Kreis hin zur Beziehung zu anderen Menschen, da alle ernsthaften mystischen und spirituellen Wege die Einheit von „Kampf und Kontemplation", „ora et labora", „Gebet und Aktion", „Mystik und Politik" bewusst machen.

ora et labora

Beziehung zur Zeit

Tages- und Jahreszeit: Religion macht unser Verhältnis zur Zeit bewusst, strukturiert es und gibt der verrinnenden Zeit sowie der Zeitlichkeit des Menschen und der Welt einen Sinn. Die besondere Beziehung zur Zeit drückt sich in der Strukturierung der Tageszeit durch regelmäßiges Gebet und wiederkehrende Liturgie aus (Stundengebet im Christentum; feste Tagesgebetszeiten in Judentum und Islam) sowie in der Strukturierung des Jahresverlaufs (Kirchenjahr, Feste, Feiertage, Fastzeiten, Gedenktage etc.). Mit Gebet und Liturgie wird der Alltag unterbrochen und wird der Mensch auf seine eigentliche Bestimmung hin orientiert. „Unterbrechung" ist eine mögliche Definition von Religion (Metz 1992 [1977], S. 150), die den Zeitbezug und gleichzeitig die Zeitdistanz von Religion und Glauben zum Ausdruck bringt.

Unterbrechung

Weltzeit und Zukunft: Die Botschaft der Bibel ist in weiten Teilen eine Zeitbotschaft, insbesondere in ihren messianischen, prophetischen und apokalyptischen Strömungen: Angekündigt wird die Zeit Gottes, die als Heilszeit oder als Zeit des Gerichts Wirklichkeit werden wird. Auch das Christentum ist in seinen Ursprüngen zeitlich hoch sensibel. Die präsentische Eschatologie des Neuen Testaments sieht in Jesus die Zeit als „erfüllt" (Mk 1,15), richtet aber dennoch den Blick konsequent nach vorne, auf die offene, noch ausstehende Zukunft. Die Wiederkunft Christi, Inbegriff aller christlichen Hoffnung, wird sehnsüchtig erwartet. Hier hat eine „Theologie der Hoffnung" (Moltmann 2005 [1964]) ihren Ausgangspunkt. Angesichts der immensen Bedeutung der Zeitdimension in Bezug auf den Gottesglauben, liegt auf der Hand, dass Zeit als ein Schlüsselthema religiöser Bildung gesehen werden muss (Haep 2007; Schweitzer 1994).

Geschichte und Erinnerung: Was für die Orientierung in die Zukunft gilt, gilt mindestens ebenso sehr in Bezug auf die Vergangenheit. Erinnerung ist ein Brennpunkt religiöser Existenz. Die *memoria passionis* (Erinnerung der Leidensgeschichte) wird in christlicher Tradition mit dem Gedächtnis des Leidens Christi in Beziehung gebracht („Tut dies zu meinem Gedächtnis"). Gleichzeitig wird die *memoria salutis* (Gedächtnis des Heils) in überlieferten Texten, im Gottesdienst und im Gebet gefeiert. Religiöses Lernen schließt von daher stets Erinnerungslernen mit ein (8.2).

chronos und kairos

Bedeutung des Augenblick: Biblisches Zeitverständnis kennt die fortlaufende, verrinnende Zeit (griech. *chronos*) und die in besonderer Weise qualifizierte Zeit, den spezifischen, herausgehobenen Augenblick (griech. *kairos*). Der *kairos* kann den Eintritt Gottes in Geschichte und Leben der Menschen markieren, ein besonders günstiger, ausgezeichneter Zeitpunkt in der Biografie oder im Alltag. Letztlich kann jeder Augenblick im Leben eines Menschen oder der Gemeinschaft einen besonderen Moment darstellen, in dem Gott im Leben Realität gewinnt und in dem sich der Mensch dieser Realität Gottes bewusst wird. In der messianischen Terminologie des jüdischen Philosophen Walter Benjamin gesprochen ist „jede Sekunde die kleine Pforte, durch die der Messias treten" kann (Benjamin 1991, Bd. I/2, S. 704). Aufmerksamkeit und Wahrnehmungsfähigkeit für den Augenblick müssen geschult und gelernt werden, damit menschliches Leben an Tiefe gewinnt.

Biografie und Lebenszeit: Religion und Glauben gestalten die Biografie des Menschen. Die zentralen Lebensereignisse wie Geburt, Eintritt ins Jugendalter, Heirat, Krankheit, Leidensituationen, biografische Brüche, Sterben und Tod werden – im Idealfall – auf besonders intensive Weise religiös begleitet und in die Gottesbeziehung eingeschrieben. Von daher ist religiöses Lernen immer auch biografisches bzw. biografieorientiertes Lernen.

ars moriendi

Tod: Menschliche Lebenszeit ist begrenzt. Das im späteren Kindesalter erwachende Bewusstsein von der Endgültigkeit und Unumkehrbarkeit des Todes und die Frage nach dem Umgang mit der eigenen Sterblichkeit und der Sterblichkeit anderer Menschen begleiten uns ein Leben lang – bisweilen eher verborgen, manchmal offen und akut. Beim Tod nahestehender Menschen, am Grab oder in eigener Leidenssituation und Todesgefahr brechen die verdrängten Fragen auf und können zu einem religiösen Lernprozess führen. Die *ars moriendi,* die Lehre von der ‚Kunst des Sterbens', galt in bestimmten Zeitabschnitten und Strömungen der Christentumsgeschichte (Mittelalter; christliche Mystik) als wesentlicher Inhaltbereich religiöser Existenz, da im christlichen Glauben der Tod des Menschen auf den Tod Jesu Christi bezogen bleibt. Religiöse Bildung, die nicht das ‚Thema' Tod in existentieller Weise bearbeiten würde, ist nicht vorstellbar oder bliebe an der Oberfläche.

Entscheidend bei der hier vorgeschlagenen Strukturierung der Inhalte religiösen Lehrens und Lernens in fünf Beziehungsdimensionen ist der enge Zusammenhang der verschiedenen Bereiche. Die Einzelthemen dürfen und können nicht isoliert und additiv nebeneinander stehen. Im Prozess religiöser Bildung muss bei jedem Einzelthema stets der Bezug aufs Ganze und auf die Zentralität der Gottesbeziehung gegeben sein. Beispielsweise können soziale Themen stets auf die Christusbeziehung bezogen werden, das Thema Erinnerung an historische Ereignisse (Auschwitz) auf die solidarische Beziehung zu anderen Menschen und die Beziehung zur Zeit. Dadurch besteht die Chance, dass sich Lernende im Laufe eines längeren Lernprozesses der Grundstruktur religiöser Inhalte bewusst werden und sie sich in ihrer inhaltlichen Vernetzung und in ihren elementaren Bezugspunkten (Gottesbeziehung, Beziehung zur Welt, zu anderen, zu sich, zur Zeit) zueigen machen. Nur so können sich Menschen religiös bilden.

9.3 Religiöse Bildung als Fragment

Trotz allem bisher Gesagten: Aus theologischen und anthropologischen Gründen kann es keine religionspädagogische Theorie und Praxis geben, die alle Fragen religiöser Bildung insgesamt ‚abdecken' oder gar beantworten könnte. Allgemeine ebenso wie religiöse Lehr-Lern-Prozesse bleiben stets fragmentarisch: Wir planen Religionsunterricht für *alle* Schülerinnen und Schüler – und erreichen günstigstenfalls die Köpfe und die Herzen einer Hand voll. Wir unterrichten eine Lerneinheit zu wichtigen religiösen Themen – und können nur einen Bruchteil dessen weitergeben, was noch alles gesagt werden könnte. Kaum etwas ist so fragmentarisch wie eine katechetische Einheit in irgendeinem Feld der Sakramenten- oder Gemeindekatechese; oder wie eine schulische Unterrichtsstunde in Sachen Religion; wie eine Veranstaltung der kirchlichen Erwachsenenbildung; ein Bibelabend; ein Gruppenabend für junge Eltern; eine Kindergartenrunde zur religiösen Früherziehung. In all diesen – sowie den nicht genannten – Feldern religiöser Bildung wirkt eine Einzelunternehmung immer fragmentarisch. Menschliches Leben hat eine grundsätzliche Charakteristik, der sich niemand entziehen kann: es bleibt fragmentarisch. Henning Luther schreibt: „Blickt man jedoch auf menschliches Leben insgesamt, d.h. sowohl in seiner zeitlichen Erstreckung als auch in seiner inhaltlichen Breite, so scheint mir einzig der Begriff des Fragments als angemessene Beschreibung legitim." (Luther 1992, S. 168). Das Fragmentarische ist eine phänomenologisch ebenso fundierte Deskription wie eine theologische und vor allem biblisch notwendige Charakterisierung des Menschen als Geschöpf Gottes.

Leben als Fragment

Das Fragmentarische ist dem Leben immanent, so auch der allgemeinen Bildung und der *religiösen* Bildung. Religiöse Bildung ist ein grundsätzlich unabgeschlossener Prozess (ebd., S. 150ff.). Doch diese Feststellung führt gerade nicht zu Fatalismus oder Minimalismus. Im Gegenteil: Jede auch noch so fragmentarische Unternehmung in Sachen religiöser Bildung verweist auf das Ganze, auf das Geheimnis der Gottesbeziehung, auf den Kern des Evangeliums und bedarf von daher aller möglichen Anstrengungen und Bemühungen. Religiöse Bildung geschieht in der Spannung zwischen Fragmentarität des Einzelnen und Verheißung des Ganzen.

Ertrag: Religionspädagogische Grundoptionen (III)

Religiöse Bildung ist ein ganzheitliches, vieldimensionales Geschehen, das sich nicht auf Einzelaspekte reduzieren lässt. Theologische und sozialwissenschaftliche Argumente kommen in den gegenwärtigen Diskussionsfeldern der Religionspädagogik zusammen und lassen sich in religionspädagogischen Prinzipien bündeln, woraus folgende Grundoptionen ableitbar sind:

(11) Religiöse Bildung braucht Subjekt- und Erfahrungsorientierung.
Die lernenden Subjekte bilden Ausgangs- und Zielperspektive religionspädagogischen Denkens und Handelns. Ihre Zugänge zu religiösen Themen und Glaubensvollzügen, ihre Erfahrungen und Verstehensvoraussetzungen sind Ankerpunkte für den religiösen Lehr-Lernprozess.

(12) Religionspädagogik muss sich als pluralitätsfähig erweisen.
Religiöses Lehren und Lernen geschieht heute im Kontext der pluralen Gesellschaft, weshalb religiöse Bildung gleichermaßen zur Identität wie zur Verständigung beiträgt. Dazu bedarf es einer Hermeneutik der Differenz, die den Gemeinsamkeiten und den Unterschieden gerecht wird, sowie einer Hermeneutik der Anerkennung der Anderen in ihrer Andersartigkeit.

(13) Religionspädagogik braucht eine umfassende Theorie religiöser Bildung.
Um die vielfältigen religionspädagogischen Konzepte und Konzeptionen, die Theorieelemente und Praxisvollzüge zusammen zu binden, bedarf es einer religiösen Bildungstheorie, die gleichermaßen die Inhalte, die lehrenden und lernenden Subjekte und den Kommunikationsprozess im Blick hat.

(14) Religiöse Bildung ereignet sich im Schnittfeld von Vermittlung, Aneignung und Beziehung.
Religionspädagogisches Denken und Handeln sind angewiesen auf ein Zusammenspiel der religionspädagogischen Hermeneutik der Vermittlung, der Hermeneutik der Aneignung und der Hermeneutik der Beziehung.

(15) Die Inhalte christlich religiöser Bildung sind in ihren Beziehungsdimensionen zu strukturieren.
Auf die Beziehungsstrukturen der Lehrenden und Lernenden treffen die Beziehungsstrukturen der Inhalte christlich-religiöser Bildung. Sie umfassen die Gottesbeziehung, die Beziehung zu Welt und Wirklichkeit, zu anderen Menschen, zu sich selbst und zur Zeit.

D. Religionsdidaktische Realisierungen

10. Lernorte

Lernen ist nicht gleich Lernen, wenn es an unterschiedlichen Orten stattfindet. Der Kontext und das ‚Bedingungsfeld' des Lehrens und Lernens prägen auf besondere Weise deren Realisierungsformen. Ein religiöser Lernprozess in der Kirchengemeinde verläuft anders als eine Unterrichtseinheit im Klassenzimmer, auch wenn es sich um das gleiche Thema handelt. Die „Lernumgebung" (Maria Montessori) ist ein bestimmender Einflussfaktor, der auf die lehrenden und lernenden Subjekte wirkt und der die Art und Weise des Lernens, die Intensität bis hin zur Effektivität des Lernens steuert. Religiöses Lernen innerhalb der christlichen Gemeinschaft war von Anfang an durch unterschiedliche Lernorte geprägt: Jesus, der *Didaskalos* (Kap. 1), lehrte in den Synagogen, aber auch im Freien, in den Häusern, in kleinen Gruppen oder im ‚Einzelgespräch' mit Menschen, die seine Nähe suchten. In frühchristlicher Zeit wurde die beginnende liturgische Praxis mehr und mehr zum Lernort des christlichen Weges durch Erinnerung, Erzählung und Vergegenwärtigung des Lebens und Leidens Christi. Schriftlesung und Predigt traten hinzu. Schließlich wurde in den christlich gewordenen Familien gelebt und gelehrt, was „Leben in Christus" bedeutet; im altkirchlichen Katechumenat (2.1) wurden die Taufbewerber mit biblischen Erzählungen, religiöser Überlieferung und christlicher Lebens-, Gebets- und Gottesdienstpraxis vertraut gemacht.

Räume religiösen Lernens

Bis heute sind die „Orte religiösen, christlichen und kirchlichen Lernens" (Grethlein 1998, S. 307 ff.) bzw. die „Räume religiösen Lernens" (Bitter et al. 2006a, S. 293 ff.) entscheidend, auch wenn sie sich in der pluralen Gesellschaft grundlegend gewandelt haben. Aus diesem Grunde gilt es für religionspädagogische Grundlagenreflexion, die wichtigsten Orte genau zu analysieren und deren Bedingungen, Chancen und Grenzen auszuloten. Die Analyse erfolgt nach einem einheitlichen, methodischen Muster, das sich in der wissenschaftstheoretischen und methodologischen Grundlegung bewährt hat (7.1), nämlich der Vier-Schritte-Methode von Orientieren – Sehen – Urteilen – Handeln. Dieses Analyseschema eignet sich auch für die konkrete Praxis vor Ort: Wer an einem bestimmten Lernort religiöse Lernprozesse planen und durchführen will, kann (am besten im Team) die vier Schritte für die Menschen und Bedingungen vor Ort durchbuchstabieren.

Im Folgenden werden die drei wichtigsten religiösen Lernorte (Familie, Gemeinde, Schule) etwas ausführlicher dargestellt, die kirchlichen (Erwachsenen-)Bildungsinstitutionen und die Bedeutung der Medien kurz erwähnt.

10.1 Familie

Orientieren: Standortbestimmung und Blickrichtung

Für eine religionspädagogische Theorie der Familie gehört die Vergewisserung über den Standort und die Ausgangspunkte der Rede von Familie an den Beginn der Reflexion – sowohl in gesellschaftlicher wie in theologischer und kirchlicher Hinsicht. Denn kaum ein Bereich unserer Lebenswelt ist so sehr von Vormeinungen und Vorurteilen, von Ideal- und Zerrbildern, von Erwartungsdruck und Schuldzuweisung, von Idealisierung und Ideologisierung geprägt wie der Bereich der Familie. Familie ist ein privates und gleichzeitig ein öffentliches Thema mit größtmöglicher Vielschichtigkeit: Alltagswelt, Politik, Öffentlichkeit, Literatur, Film und Fernsehen (z. B. Familienserien) – sie alle (re-)präsentieren äußerst divergente Familienbilder, teils harmonisierend und romantisierend, teils ‚realistisch'. Der Begriff der Familie ist relativ jung und löste erst im 17. Jahrhundert den älteren Begriff „Haus" ab. Im 19. Jahrhundert verengte sich das Bedeutungsspektrum auf die sogenannte „Kernfamilie" als spezieller Hausgemeinschaft von Eltern und Kindern (Nave-Herz 2007; Domsgen 2004, S. 19).

An der öffentlichen Rede über Familie haben auch Religion und Kirche einen beträchtlichen Anteil. Die kirchlich-theologische Rede von Familie ist stark geprägt von bestimmten Normbildern. Im Katechismus der Katholischen Kirche wird Familie folgendermaßen definiert: „Ein Mann und eine Frau, die miteinander verheiratet sind, bilden mit ihren Kindern eine Familie." (Abschnitt 2201) Zahlreiche kirchliche Verlautbarungen zum Thema Familie auf nationaler und internationaler Ebene bezeichnen Familie als Urzelle des gesellschaftlichen Zusammenlebens und Keimzelle des Glaubens. Dabei wird Familie theologisch vielfach in ihrer Zuordnung auf Kirche hin gedeutet, insbesondere im katholischen Raum (Mette 2007, 1995).

Familie in der Bibel

Die Bibel selbst kennt keine genuine Theologie der Familie (Domsgen 2004, S. 263 ff.). Im Hebräischen wird die Familie als *‚bajit'*, „Haus", bezeichnet, womit keine feste Familienform impliziert wird, sondern vielmehr ein generationsübergreifender Familienverband, eine Sippe, ein ‚Clan', in dem Großeltern, deren erwachsenen Söhne mit Frauen und kleinen Kindern, unverheiratete erwachsene Kinder, verwitwete oder geschiedene erwachsene Töchter usw. lebten (Perdue et al. 1997). Auch neutestamentlich stehen die Begriffe *oikos* und *oikia* für „Haus" und „Hausgenossenschaft", womit ein Netzwerk aus Verwandten und engen Sozialpartnern (z. B. auch Bediensteten) gemeint ist. Menschen, die von Christus hörten, ließen sich mit „allen, die zu ihrem Haus gehörten" taufen (Apg 16,15.33). Der Bibel geht es weniger um bestimmte Strukturen oder festgelegte Familienformen. „Das Modell der heutigen Zwei-Eltern-Kind(er)-Familie steht dabei also nicht als verbindliches Muster im Raum. […] Unser heutiger Familienbegriff ist biblischem Denken fremd." (Domsgen 2004, S. 264 f.) Vielmehr geht es der Bibel um die *Beziehungen* der Familienmitglieder untereinander, die als „Anknüpfungspunkte zur Verdeutlichung der Beziehung zwischen Gott und Mensch" dienen (ebd., S. 276): Vater, Mutter, Bruder, Schwester, Sohn, Tochter, Kind – all diese Begriffe haben biblisch-theologisch höchste Bedeutung. Kinder gelten in der Bibel als Geschenk Gottes, weshalb ihnen größte Wertschätzung entgegen gebracht wird. Die Beziehung zu Kindern wird sogar als Metapher für unsere Beziehung zu Gott, der Gotteskindschaft, verwendet.

Wichtig für eine theologische Standortbestimmung ist zudem, dass „Familie" als Form des Zusammenlebens durch die Botschaft Jesu in gewisser Weise relativiert wird: Die *Basileia tou theou* steht über der Familie; es ist wichtiger, den Willen Gottes zu tun (Mk 3,35par) und sich für das Reich Gottes zu entscheiden als für den ‚Familienfrieden' (Mt 12,34). Nicht einmal die verstorbenen Eltern zu begraben – eine ‚hochheilige' Pflicht der Kinder im altorientalischen Raum –, ist wichtiger als die Nachfolge Jesu (Mt 10,22). – Kirchliche Verlautbarungen zu Familie müssen vor dem Hintergrund dieser biblischen Vergewisserungen interpretiert werden. Ein starres naturrechtliches Familienmodell wird heutzutage durch eine partnerschaftlich-beziehungsorientierte Sicht ergänzt, so z. B. in *Gaudium et Spes* 48 (Vaticanum II), im Beschluss „Ehe und Familie" der Würzburger Synode, in der Enzyklika *Familiaris Consortio* (1981), insbes. Nr. 18 und 43, sowie in zahlreichen weiteren Verlautbarungen der DBK und der EKD zum Thema Familie.

Sehen: Situationsanalyse
Familie steht in unserer Gesellschaft hoch im Kurs. Empirischen Untersuchungen zufolge sagen weit die Mehrheit der Menschen heutzutage, dass man eine Familie brauche, um wirklich glücklich zu sein – Tendenz steigend. Dies gilt nicht nur für die Älteren. In der Shell-Jugendstudie (2006, S. 177) hat bei der jüngeren Generation die Familie den fast höchsten Stellenwert, überrundet nur durch Freundschaft und durch Partnerschaft, wobei es kaum Unterschiede zwischen Jungen und Mädchen gibt, Werte, die auch in weiteren Jugendstudien bestätigt werden. Zu dieser starken „Familienorientierung" gehört auch die Ehe. Sie ist weit höher im Kurs als man landläufig denkt. 75 % aller Jugendlichen können sich vorstellen, später einmal zu heiraten und Kinder zu bekommen.

Doch das Familienleben ist in der heutigen Gesellschaft durch grundlegende Veränderungen gekennzeichnet, was insbesondere die Familienformen betrifft. Zwar wird nach wie vor die Ehe mit Kindern als Normalfamilie angesehen, doch besteht eine Vielzahl weiterer Formen.

Vielfalt der Familienformen

„Es gibt unverheiratete, getrennt lebende, wiederverheiratete und auch gleichgeschlechtliche Paare mit Kindern, allein erziehende Mütter und Väter so wie Familien mit adoptierten Kindern, Pflegekindern und Stiefkindern, wodurch sich eine Vielzahl an Mutter- und Vater- sowie Großeltern- und Geschwisterbeziehungen ergibt. Hinzu kommt, dass viele Familien phasenweise getrennt leben und nur die Wochenenden oder Urlaubszeiten zusammen verbringen oder dass sich die Kinder zeitweise bei verschiedenen Familienmitgliedern (Vater, Mutter, Großeltern) aufhalten." (Klein 2006, S. 295; vgl. Nave-Herz 2007)

Aufgrund der gesellschaftlichen Veränderungen muss die Familie auch in sozialwissenschaftlicher Hinsicht in neuer Weise beschrieben werden (Hill et al. 2006; Schneewind 1999). Eine mögliche Definition, die die Pluralität von Familienformen möglichst umfassend erfassen will, legt die Familienforscherin Rosemarie Nave-Herz vor:

„Die konstitutiven Merkmale von Familie sind, und zwar gleichgültig, welche spezifische, historische oder regionale Ausprägungsform sie besitzen:
1. die biologisch-soziale Doppelnatur aufgrund der Übernahme der Reproduktions- und zumindest der Sozialisationsfunktion neben anderen, die kulturell variabel sind,
2. ein besonderes Kooperations- und Solidaritätsverhältnis: denn über die üblichen Gruppenmerkmale hinaus (wie z. B. gemeinsames Ziel, begrenzte Zahl, Struktur, Wir-Gefühl) wird in allen Gesellschaften der Familie eine ganz spezifi-

sche Rollenstruktur mit nur für sie geltenden Rollendefinitionen und Bezeichnungen (z. B. Vater/Mutter/Tochter/Sohn/Schwester usw.) zugewiesen; (die Anzahl der Rollen und die Definition der Rollenerwartungen sind kulturabhängig).
3. die Generationsdifferenzierung. Es darf insofern hier nur die Generationsdifferenzierung (also das Eltern- bzw. Mutter- oder Vater-Kind-Verhältnis) und nicht auch die Geschlechtsdifferenzierung, also nicht das Ehesubsystem als essenzielles Kriterium gewählt werden, weil es zu allen Zeiten und in allen Kulturen auch Familien gab (und gibt), die nie auf einem Ehesubsystem beruht haben oder deren Ehesubsystem im Laufe der Familienbiografie durch Rollenausfall, infolge von Tod, Trennung oder Scheidung, entfallen ist. Damit bilden alleinerziehende Mütter und Väter sowie Nichteheliche Lebensgemeinschaften mit Kindern auch Familiensysteme."

(Nave-Herz 2007, S. 15)

Die Definition folgt einer dreifachen beziehungsorientierten Sichtweise, wobei das Mann-Frau-Verhältnis („biologisch-soziale Doppelnatur"), die innerfamilialen Beziehungen („besonderes Kooperations- und Solidaritätsverhältnis") und die Generationsbeziehungen Berücksichtigung finden. Zwischen der von vielen erwünschten Idealform (heiraten, Kinder bekommen) und der Wirklichkeit gelebter Formen zeigt die Definition bedeutende Unterschiede. Auch zwischen Kinderwunsch und tatsächlicher Kinderzahl tut sich eine gravierende Diskrepanz auf: Die Geburtenzahlen fallen hierzulande noch stärker ab als in ganz Europa. Deutschland gehört europa- und weltweit zu den pro Kopf kinderärmsten Ländern. Eine weitere Veränderung betrifft die Eltern-Kind-Beziehungen, die heutzutage weniger hierarchisch-autoritär, sondern partnerschaftlich angelegt sind.

Für eine religionspädagogische Analyse der Familie ist darüber hinaus ihr *Verhältnis zu Religion und Kirche* wichtig. Dabei ist zu diagnostizieren, dass die klassische Koalition zwischen Kirche und Familie in den vergangenen Jahrzehnten auseinandergebrochen ist, sich junge Familien immer weniger mit Kirche identifizieren, dass religiöser Wandschmuck in den Wohnungen kaum mehr zu finden ist, dass gemeinsame Gebetsriten (z. B. Tischgebete) und religiöses mündliches Erzählgut sowie konfessionsspezifische Familien- und Erziehungspraktiken, insbesondere der Gottesdienstbesuch, erheblich zurückgegangen sind (u. a. Ebertz 2000). Allerdings gibt es auch gegenläufige Tendenzen in Form von religiösen Suchbewegungen, die bei nicht wenigen jungen Familien heute erkennbar sind, sodass man von neuen Formen von „Familienreligiosität" (Schwab 1995) sprechen kann, die zwar stark privatisiert und individualisiert sind, aber oft nicht gänzlich ohne Kontakt zu Kirche bleiben. Einige Stichworte zur Familienreligiosität heute (vgl. Domsgen 2004):

Familienreligiosität

- Beliebtheit von Familiengottesdiensten
- emotionale Bedeutung der Advents- und Weihnachtszeit
- hohe Bedeutung der Taufe
- Beliebtheit von Schulanfangsgottesdiensten
- Boom der religiösen Kinderliteratur
- Frage nach der religiösen Erziehung wird zum Anlass, über Religion nachzudenken
- neue Beliebtheit von Abendritualen (Morgenthaler 2007)
- Kinder fordern die Religiosität ihrer Eltern heraus

Insgesamt kann die Familie, gerade unter den gegenwärtigen gesellschaftlichen Bedingungen (Belastungen), als „im hohen Maße religionsproduktiv" (Mette 2007, S. 545) bezeichnet werden.

Urteilen: religionspädagogische Reflexion

Angesichts der neueren Entwicklungen, ist es religionspädagogisch von besonderer Dringlichkeit, Familien in ihren religiösen Bedürfnissen und Suchbewegungen zu begleiten und zu unterstützen (Klein 2006; Blasberg-Kuhnke 2004; Domsgen 2004; Biesinger et al. 2000). Eine subjektorientierte Religionspädagogik denkt die konkrete Situation der Subjekte zusammen mit dem theologischen Orientierungsrahmen, wobei sich beide Pole wechselseitig kritisch ergänzen und korrigieren. Sie presst Familien nicht in vorgegebene Schablonen und qualifiziert Familienformen, die nicht bestimmten Idealbildern entsprechen, nicht als defizitäre Modelle ab. Auch die DBK schreibt in ihrer Verlautbarung „Ehe und Familie – in guter Gesellschaft" (1999) in Abschnitt 3.3 mit dem Titel „Die Pfarrgemeinde soll ein Raum für Ehepaare und Familien sein": „Auch die Familien, die den kirchlichen Vorstellungen und Erwartungen nicht voll entsprechen, gehören zur Gemeinde und dürfen Offenheit und einladendes Entgegenkommen erwarten." Eine partnerschaftlich-beziehungsorientierte Sicht stärkt die Familienmitglieder gleich welcher Familienform in ihren Ressourcen und Kompetenzen, in ihren Beziehungen untereinander und in ihrer Suche nach Beziehung zu Gott, was v. a. für die religiöse Erziehung gilt. Viele Eltern sind zwar offen für religiöse Erziehung, halten sich aber diesbezüglich für inkompetent. Sie neigen dazu, die religiöse Erziehung an Kindergarten, Gemeinde und den Religionsunterricht zu delegieren. Deshalb geht es darum, die religiöse Elternkompetenz zu stärken und Eltern zu ermutigen, zusammen mit ihren Kindern zu Subjekten der religiösen Erziehung in der Familie zu werden.

Handeln: Impulse für die Praxis

Alle Angebote, die Kirchengemeinden oder kirchliche Bildungsinstitutionen für Familien bereitstellen, müssen familienstützend sein. In diesem Bereich gibt es eine Vielzahl konkreter Aktivitäten, die sich in der Praxis bewährt haben:

familienstützende Angebote

- Der Kindergarten wird von der Kirchengemeinde als religionspädagogisches Handlungsfeld gesehen.
- Erzieher und Erzieherinnen in Kindertageseinrichtungen werden in ihrer Arbeit religionspädagogisch begleitet und durch Fortbildungen unterstützt.
- Elterabende zur religiösen Erziehung werden von den Kindergärten über die Kindergruppen ausgeschrieben.
- Familien- und Kindergottesdienste.
- Elternseminare der Familienbildungsstätten unterstützen die Angebote der Gemeinden.
- Stärkung religiöser Kompetenz durch Ermutigung zu Abendritualen, religiösen Familienriten, Bereitstellung religiöser Materialien und Bücher.
- Stärkung religiöser Familienkommunikation durch Familienkreise, Elternschule, Elternbildung, Familienbildung, Taufkatechese und Familienkatechese.

Exemplarisch soll das Stichwort „Familienkatechese" kurz erläutert werden: Hierzu gibt es inzwischen eine Fülle von Anregungen und positiven Erfahrungen (Biesinger et al. 2004; Hauf 2004). In diesem religionspädagogischen Modell wird vorgeschlagen, die Erstkommunionvorbereitung als familienorientierte Unternehmung durchzuführen. Der wichtigste Grundsatz lautet: „Nicht das Kind geht zu Erstkommunion, sondern die Familie." Die Kommunionkatechese wird durch eine Vernetzung verschiedener Gruppen und Kreise gestaltet:

Familienkatechese

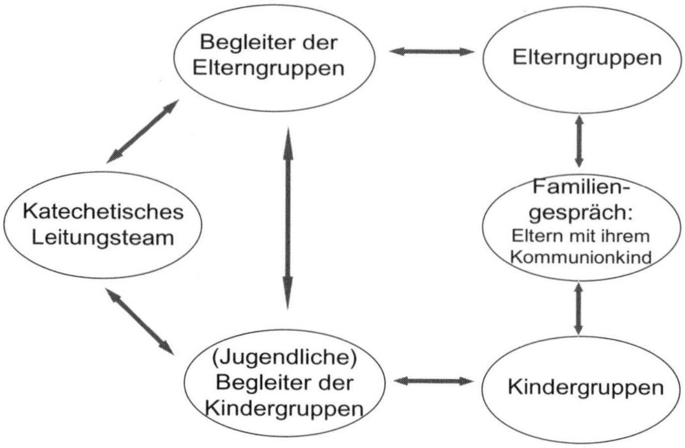

Die Eltern werden zur Kommunionvorbereitung ebenso eingeladen wie die Kinder. Jede Familie entscheidet jedoch selbst, wie viel sie einbringen kann und will. Alle Gruppen sind miteinander vernetzt. Gemeinsames Vorbereiten, Feiern und Leben kennzeichnen einen Weg, der die Kinder für ihre Beziehung zu Jesus Christus ermutigt und die Eltern für ihre Gottesbeziehung (neu) sensibilisiert.

10.2 Gemeinde

Orientieren: Standortbestimmung und Blickrichtung

Wer sich dem weitläufigen Feld der christlichen Gemeinde religionspädagogisch stellt, sollte zuerst klären, was er oder sie unter Gemeinde versteht. Eine Gemeinde kann bspw. in einem Prozess der Leitbild-Vergewisserung sich darüber verständigen, was sie unter sich selbst versteht. Denn das Verständnis von Gemeinde ist von Utopien und Idealisierungen umrankt, teilweise von Romantisierungen oder Dogmatisierungen, andererseits sind Ernüchterungsäußerungen und Abgesänge zu hören. Eine theologische Vergewisserung führt zuallererst in die Zeit neutestamentlicher Gemeinschaftsbildung zunächst um Jesus selbst, dann um den Auferstandenen.

Gemeinde im Neuen Testament

Das Zeugnis des Neuen Testaments zeigt, wie stark der Gemeinschaftscharakter der christlichen Botschaft von Anfang an ist, ging es Jesus doch um eine Sammlungsbewegung (u. a. Zwölferkreis). Die drängende Zeit (Apokalyptik) erfordert rasche Entscheidung für die Nachfolge, die in Gemeinschaft erfolgt (Aussendung zu zweit). In der Zeit der Sammlung der Jüngerinnen und Jünger nach Tod und Auferstehung Christi ist die Bedeutung der Gemeinschaft umso größer. Christliche Gemeinden entstehen dadurch, dass

Menschen „hinter Jesus hergehen", also nachfolgen, „in ihm bleiben" und „leben wie er" (1Joh 2,6).

„Ein Durchgang durch die Entwicklungsschritte von Gemeinde im Neuen Testament zeigt eine Vielfalt von Konzepten, Bildern, Strukturen und Diensten, mit denen die einzelnen Gemeinden ... versuchten, die Botschaft Jesu mit den konkreten Lebenswirklichkeiten zu verbinden." (Pock 2006, S. 192; zu Gemeinde im Neuen Testament s. ebd., S. 67–270).

Grundfunktionen der Gemeinde

Sprachliche Bilder wie Haus, Familie (Gottes), Volk Gottes, Leib etc. umschreiben dynamische Konzepte, die sich erst im Laufe der Jahrzehnte strukturell verfestigen. Konstitutiva der Gemeinde im Neuen Testament sind die Autorität der apostolischen Lehre *(martyria),* der Dienst an den Mitmenschen *(diakonia),* Taufe und Herrenmahl *(liturgia),* Gemeinschaft *(koinonia)* und missionarische Offenheit nach außen. Wichtig ist zu sehen, dass Gemeinde im Neuen Testament nicht isoliert als Einzelgemeinde sondern im größeren Netzwerk der Gemeinden verstanden wird.

Während die Reformation die Gemeinde (unter Rückgriff auf neutestamentliche Gemeindevorstellungen) bereits im 16. Jahrhundert ‚wiederentdeckte', wurde in der katholischen Theologie und Kirche im Zusammenhang mit dem Zweiten Vatikanum grundlegende Entscheidungen getroffen, die für die nachfolgende Entwicklung der Gemeindetheologie und der Gemeindepastoral wesentlich geworden sind (zusammenfassend: Mette 2005, S. 100ff.; Zulehner 1991). Die zentralen Texte dazu finden sich in der dogmatischen Konstitution über die Kirche *(Lumen Gentium)* sowie in der pastoralen Konstitution über die Kirche in der Welt von heute *(Gaudium et Spes),* u.a.:

- die Betonung des Gemeinschaftscharakters der Kirche in der sogenannten Theologie der „Communio";
- die Sicht der Kirche als „Volk Gottes unterwegs";
- das Verständnis von der Teilhabe aller Getauften am Sendungsauftrag der Kirche, dem sog. Laienapostolat.

Entscheidend bei der Vergewisserung über theologische Optionen ist es nun, die heute vorfindbaren Gemeinden nicht anhand idealisierter Vorstellungen zu überfordern, sondern Gemeindeleitbilder immer auch kritisch zu hinterfragen und sie im Blick auf das vor Ort und mit den beteiligten Menschen Machbare zu werten. Gemeinden sind so vielfältig wie die Lebenswirklichkeit ihrer Mitglieder und dürfen nicht über einen Kamm geschoren werden (z.B. durch ein bestimmtes, normatives Gemeindebild). Deshalb ist eine exakte Situationsanalyse der je konkreten Bedingungen erforderlich.

Sehen: Situationsanalyse

Christliche Gemeinde kann in verschiedener Hinsicht analysiert werden, nämlich im Blick auf ihre Mitglieder, auf die Grundfunktionen und auf die Stellung im gesellschaftlichen Kontext. Um Hinweise für mögliche Lehr-Lern-Prozesse zu erhalten, sind *in einem ersten Schritt* die Menschen, die Subjekte in den Blick zu bekommen, die in der Gemeinde oder in deren Umfeld leben. Gemeinden müssen sich fragen, wie viele und welche Kinder, Jugendlichen, junge Familien, alleinstehende erwachsene Frauen und Männer, Menschen im mittleren Lebensalter und Senioren bei ihnen leben, insbesondere welchen Sozial- und Bildungsschichten sie angehören. Bei dieser Art von ‚Bestandsaufnahme' sollen möglichst konkrete Daten gesammelt werden und möglichst viele Gemeindemitglieder an den Beratungen beteiligt werden (Leitungsteam, Erzieherinnen, Religionslehrerinnen und -lehrer, Ehrenamtliche). Die Lebensräume und Lebenssituationen der einzelnen Gruppen können auf diese Weise ermittelt werden. Danach *(zweiter Schritt)* kann sich die Gemeinde bei der Analyse auf die einzelnen Grundfunktionen konzentrieren und fragen, ob und wie darin Lehr-Lern-Prozesse bislang erfolgen: Wo und wie lernen die Beteiligten etwas in Liturgie, Verkündigung, Diakonie und in Gemeinschaften. Am Beispiel der Liturgie kann dies näher aufgezeigt werden: Ohne Zweifel wird im Gottesdienst etwas gelernt. Kinder, die am Gottesdienst teilnehmen, lernen, wie Gottesdienst ‚funktioniert'. Sie lernen, wie man Eucharistie feiert, wie man betet, wie man singt, wie man Gott Ehr- und Lobpreis darbietet, kurzum, wie man sich verhält, wenn man zur Kirchengemeinde gehört und einen Gottesdienst zusammen feiert. In und an der Liturgie wird also gelernt, aber dennoch ist deutlich zu sehen: Gottesdienst wird nicht gefeiert, um zu lernen. Das unterscheidet Liturgie von einem genuin katechetischen oder gemeindepädagogischen Prozess. Dennoch ist die katechetische Dimension, die implizit in liturgischen Vollzügen präsent ist, zu bedenken und zu intensivieren. In einem *dritten Schritt* sollte Gemeinde in ihrem Kontext (Stadtteil, konfessions- und religionsverschiedene Nachbargemeinden, Schulen, weitere Institutionen, soziale Brennpunkte) analysiert werden.

Liturgie und Katechese

Alle Informationen zusammen können dem Leitungsteam und verantwortlichen Ehrenamtlichen Hinweise auf Lehr-Lern-Möglichkeiten geben. Denn: Gemeinden heute sind in ihrer Dynamik äußerst verschieden (Mette 2005, S. 102 ff.). Neben Abbrüchen (sinkende Zahlen von Gläubigen) gibt es auch reformerische Um- und Aufbrüche.

Urteilen: religionspädagogische Reflexion

Christliches Leben ist stets verbunden mit christlichem Lernen: „Die Gemeinde lebt von der Bereitschaft und Fähigkeit der Beteiligten, sich auf einen andauernden Lernprozess einzulassen." (Mette 2001, S. 128) Eine solche Feststellung impliziert, dass die gesamte Gemeinde als religionspädagogisches bzw. katechetisches Handlungsfeld gesehen wird. In der evangelischen Religionspädagogik haben sich in den vergangenen Jahrzehnten verschiedene Konzepte der sog. „Gemeindepädagogik" (zusammenfassend: Degen 2007), in der katholischen das der sog. „Gemeindekatechese" (Emeis 2001) entwickelt. Gemeinsames Anliegen ist beiden Ansätzen, die Gemeinde als Subjekt des Lernens und das Lernen als kommunikativ-personenorientierten Prozess zu verstehen, der alle Lebensbereiche der Mitglieder im Blick hat. Christliches Lernen lässt sich nicht an andere Institutionen (z. B. allein an den Religionsunterricht in der Schule) delegieren, sondern muss (und kann!) von der Gemeinde in einem umfassenden Prozess selbst geleistet werden. Exemplarisch wird Gemeindekatechese wie folgt definiert:

Gemeinde als Subjekt des Lernens

> „Sie wird verstanden als Katechese der Gemeinde (nicht nur: in der Gemeinde oder für die Gemeinde) und meint speziell jene Lernprozesse im christlichen Glauben, die bewusst initiiert, partnerschaftlich strukturiert, biografieorientiert und zeitlich begrenzt sind und die in gemeindlicher Trägerschaft unter Einbezug ehrenamtlicher

Katechetinnen und Katecheten organisiert werden. Überwiegend erfolgt sie in Gruppen." (Lutz 2006, S. 305)

Zentrale Punkte des christlichen Lernens in Gemeinde sind:

- Bildung eines katechetischen bzw. gemeindepädagogischen Steuerungsteams für die jeweilige Gemeinde.
- Gemeinde als Subjekt des Lernens heißt, sie selbst als mündig zu sehen und den Menschen in allen Lernbereichen etwas zutrauen.
- Christliches Lernen darf nicht auf Sakramentenkatechese oder auf Konfirmationsunterricht reduziert werden.
- Ehrenamtliche werden als verantwortliche Mitarbeitende partnerschaftlich einbezogen.
- Punktuelle Kontakte sind wertzuschätzen.

Handeln: Impulse für die Praxis
Entsprechend der analysierten Alters- und Sozialgruppen, der Funktionen in der Gemeinde und ihrer Kontexte kann ein katechetisches oder gemeindepädagogisches Steuerungsteam Schwerpunktsetzungen für die eigene Gemeinde vornehmen. Mögliche Felder und Ideen sind:

- Kindergruppen und Kindergärten; religionspädagogische Begleitung von Erzieherinnen und Erziehern in den Kindergärten; Elternarbeit im Kontext des Kindergartens;
- Jugendarbeit als Lernfeld; Jugendarbeit nicht nur als Unterhaltung, sondern als Chance für religiöses und spirituelles Lernen; dazu gehört im katholischen Bereich z. B. eine sinnvolle Ministrantenarbeit;
- religiöse Familienbildung; Unterstützung und Ermutigung junger Familien bei der religiösen Erziehung (s. o. Lernfeld Familie);
- Sakramentenkatechese als Teil umfassender Gemeindekatechese, z. B. in Form von Familienkatechese;
- Liturgiekatechese durch Aufmerksamkeit für Lehr-Lern-Möglichkeiten im regulären Gottesdienst, in Kinder- und Jugendgottesdiensten oder durch liturgische Elemente für Kinder-, Jugend- und Erwachsenenkreise;
- Lernchancen für junge Erwachsene (oft in gemeindepädagogischen oder gemeindekatechetischen Konzepten eine ‚vergessene' Gruppe);
- Erwachsenenkatechese (stärker kirchlich orientiert) und Erwachsenenbildung (eher offen als religiöse Bildung in der Gesellschaft).
- Arbeit mit den unterschiedlichen Gruppen von Senioren (nicht nur ‚Kaffee und Kuchen'; s. Blasberg-Kuhnke/Wittrahm 2007).

Gemeinde ist ein schier unerschöpfliches Lernfeld. Jedoch ist klar: Keine Gemeinde kann alles leisten, jede Gemeinde muss sich aufgrund ihrer je eigenen Bedingungen bestimmte, gut ausgewählte Schwerpunkte setzen. Deshalb ist ein gemeindekatechetisches bzw. gemeindepädagogisches Gesamtkonzept der jeweiligen Gemeinde, das sie sich selbst entwickelt, unbedingt vonnöten: Es schützt vor Selbstüberforderung, ist bedarfs- und mitgliederorientiert und bündelt die vorhandenen Kräfte.

10.3 Schule

Orientieren: Standortbestimmung und Blickrichtung
Ein Lernort mit völlig anderer Dynamik und Strukturen als Familie und Gemeinde stellt die Schule dar, in der (größtenteils) in deutschsprachigen

Begründungen des Religionsunterrichts

Ländern sowie in zahlreichen Ländern Europas Religionsunterricht stattfindet – jeweils in sehr disparater rechtlicher Verortung (in Deutschland: Artikel 7,3 Grundgesetz). Dass Religionsunterricht im Fächerkanon der Schule verankert ist, kann unterschiedlich begründet werden. Kirchliche Dokumente und religionspädagogische Reflexionen kennen theologische, anthropologische, existentielle, kulturgeschichtliche, ebenso pädagogische, schulpädagogische und bildungstheoretische Argumentationen (DBK 2005; Battke et al. 2002; Wermke 2002; EKD 2000a; Würzburger Synode: Beschluss zum Religionsunterricht 1974, in: DBK 1998, S. 145–179). Wesentliches Argument für den Religionsunterricht in der pluralistischen Gesellschaft ist *einerseits* die weltanschauliche und religiöse Orientierung im Blick auf die Biografie des Einzelnen. Damit Menschen im Laufe ihres Aufwachsens sich mit existentiellen und religiösen Grundfragen auseinandersetzen können, ist es entscheidend, dass im bekenntnisgebundenen Religionsunterricht Vertreterinnen und Vertretern einer bestimmten Konfession (oder Religion) zusammen mit den Schülerinnen und Schülern über Jahre hinweg arbeiten. Denn nur so, durch konkrete Menschen, die für einen bestimmten religiösen Weg stehen, nicht durch scheinbar neutrale Information *über* Religion, kann der Unterricht Orientierungskraft aufweisen und können die Lernenden in echte Entscheidungsprozesse geführt werden. Denn das Ziel des katholischen und evangelischen Religionsunterrichts ist die religiöse persönliche Entscheidungsfähigkeit der jungen Menschen, die erst dann wirklich gegeben ist, wenn grundlegende religiöse Kompetenzen erworben wurden (8.1). Zu diesen Kompetenzen gehören auch solide Wertorientierungen. *Andererseits,* so wird vielfach religionspädagogisch argumentiert, ist es in einer pluralen und religiös vielfältigen Welt, in der sich die Religionen auf der gesellschaftlichen und politischen Bühne massiv zurückmelden, in interreligiöser Hinsicht wichtig, dass sich junge Menschen in Sachen Religion auskennen. Religiöse Bildung am Lernort Schule ist also in zwei Richtungen orientiert: auf die Biografie des Einzelnen und auf die Gesellschaft.

Jede Religionslehrerin und jeder Religionslehrer sollte sich immer wieder über seine grundlegenden Optionen und Ziele für den Lernort Schule vergewissern. Dies geht wiederum Hand in Hand mit einer soliden Analyse der konkreten Situation schulischer (religiöser) Bildung.

Sehen: Situationsanalyse

Zur Situationsanalyse des Lernorts Schule gehören einerseits individuelle, jugend- bzw. religionssoziologische Faktoren, andererseits die Unterrichtenden, der Unterricht sowie institutionelle, die Schule insgesamt betreffende Aspekte. Zur schülerorientierten Analyse sind entwicklungsypsychologische Daten unabdingbar. Forscher sowie Lehrkräfte müssen sich den allgemeinen wie den religiösen Entwicklungsaufgaben und Entwicklungsstufen bewusst sein, um die Subjekte des Lernens, die Schülerinnen und Schüler, in ihren Verstehensvoraussetzungen wahrnehmen zu können (Kap. 5). Ebenso sind die Lernenden und das System Schule Teil der Gesamtgesellschaft, die allgemein soziologisch und religionssoziologisch beschreibbar ist (Säkularisierung oder postsäkulare Gesellschaft?, 4.2). Alle diese Faktoren ragen in den Lehr-Lernprozess hinein und müssen berücksichtigt werden, will man das

Lernfeld Schule verstehen. Darüber hinaus ist es notwendig, die Institution Schule als Institution zu analysieren. Im Gegensatz zu den oben erwähnten Lernfeldern ist sie Teil der leistungsorientierten Ausbildungssysteme unserer Gesellschaft mit den ihnen eigenen Logiken: sequenzieller Unterricht (meist 45-Minuten-Takt), Benotung, selektive Mechanismen, Disziplinierung, spezielle Formen des Lehrer-Schüler-Verhältnisses etc. (zusammenfassend: Fend 2006). Die „Wirkung des schulischen Kontextes auf die psychische Disposition der Schülerschaft" (ebd., S. 97ff.) darf nämlich keineswegs unterschätzt werden. Bildungssysteme haben stets eine Doppelfunktion: gesellschaftliche Reproduktion einerseits, individuelle Befähigung zu Identitätsbildung, Sozial- und Handlungskompetenz, Orientierung, Lebensplanung andererseits.

Schließlich müssen Faktoren des Religionsunterrichts selbst analysiert werden – sowohl durch empirische Unterrichtsforschung als auch durch Selbst- und Fremdevaluation der Religionslehrkräfte. Die Beliebtheit des Religionsunterrichts als Schulfach ist relativ hoch (Bucher 2001), am höchsten in der Grundschule, etwas weniger in weiterführenden Schulen. Insgesamt ist die Abmeldebereitschaft gering. Viele Schülerinnen und Schüler sehen den Religionsunterricht als Fach, in dem sie etwas lernen, was in anderen Fächern nicht thematisiert wird. Anton Bucher hat in Schülerbefragungen versucht herauszufinden, was Schüler unter gutem Religionsunterricht verstehen (ebd., S. 26ff.): Guter Religionsunterricht …

guter Religionsunterricht

- … bereitet den Lernenden Freude,
- … ermöglicht Selbsttätigkeit der Lernenden,
- … wird von den Schülerinnen und Schülern als lebensrelevant empfunden,
- … bringt explizit religiöse Themen und Gott zur Sprache,
- … peilt die ihm vorgegebenen Ziele an und erreicht sie zumindest partiell.

Diese von Schülerseite erwähnten Gütekriterien müssen freilich durch die Sichtweisen der religionspädagogischen Reflexionen ergänzt werden (s. u. „Urteilen"). Die religionspädagogische empirische Lehrerforschung (u. a. Feige et al. 2005; Feige et al. 2000; Englert et al. 1999) hat in den vergangenen Jahren eine wesentlich höhere Bindung der Religionslehrerinnen und -lehrer an Vollzüge der Kirche festgestellt als dies vor einigen Jahrzehnten der Fall war (nach Schularten unterschiedlich, in der Grundschule am höchsten). Die Berufszufriedenheit ist relativ hoch, viele würden sogar gerne noch mehr Religion statt andere Fächer unterrichten. Sie sehen die Schülerinnen und Schüler als durchaus lern-, ja bisweilen sogar begeisterungsfähig für zahlreiche Themen des Religionsunterrichts. Das alles darf nicht darüber hinweg täuschen, dass es im Religionsunterricht auch gravierende Schwierigkeiten gibt: die Heterogenität der Lerngruppen (in sozialer und religiöser Hinsicht); Desinteresse aufgrund entwicklungsbedingter Faktoren; Disziplinschwierigkeiten; wenig Anknüpfungsmöglichkeiten an religiöse bzw. kirchliche Vorerfahrungen; Vorurteile und Schubladendenken in religiöser Hinsicht; geringe Akzeptanz im Kollegium und bei (manchen) Eltern etc.

Das Bild des Religionsunterrichts kann also weder einseitig positiv, noch einseitig negativ gezeichnet werden. Eine konkrete Analyse vor Ort (am besten im Team) hilft den Unterrichtenden, eine realistische Einschätzung ihres Fachs für die jeweilige Schule zu gewinnen.

Urteilen: religionspädagogische Reflexion

Religionsunterricht an öffentlichen oder kirchlichen Schulen hat religionspädagogisch gesehen enorm wichtige Aufgaben. Da die Lernorte Familie und Gemeinde in gewissen Fällen wenig oder gar nicht in der religiösen Biografie der Menschen auftauchen, ist der Religionsunterricht bisweilen die einzige Instanz der konkreten Orientierung zu religiösen Themen und existentiellen Fragen, für die die jungen Menschen dringend Gesprächspartner brauchen. Doch wie kann dies gelingen? Die Frage „Was ist guter Religionsunterricht?“, also nach Gütekriterien für religionsunterrichtliches Handeln, wird in der neueren religionspädagogischen Diskussion verstärkt diskutiert (JRP 22/2006). Im Anschluss an eine Theorie religiöser Bildung, wie sie oben zusammenfassend entwickelt wurde (Kap. 9), ist auch Religionsunterricht im Zusammenspiel von Vermittlung, Aneignung und Beziehung zu verstehen. Religionsunterricht darf nicht nur die Summe von vielen, nebeneinander stehenden, scheinbar unzusammenhängenden Einzelaspekten sein. Die Themen des Unterrichts sollten miteinander vernetzt, Hauptgedanken herausgestellt, rote Fäden erkennbar werden, kurz: Religionsunterricht sollte innerhalb einer Stunde, über eine Unterrichtseinheit und über die Jahre hinweg eine Struktur erkennen lassen, sollte insgesamt gestaltet, eine innere Stimmigkeit aufweisen. Hierzu ist es erforderlich, dass sich religiöses Lehren und Lernen in der Schule an Grundoptionen und an einer soliden Theorie religiöser Bildung orientiert, mit deren Hilfe die Lehrenden in der Lage sind, die einzelnen Facetten zusammenzufügen.

rote Fäden

Handeln: Impulse für die Praxis

Die Handlungsreflexionen und -impulse für den Religionsunterricht in der Schule werden allgemein unter den Begriffen „Religionsdidaktik“ und „Methodik“ subsumiert (Kap. 11 und 12). Ein Aspekt jedoch, der nicht unter den engeren Bereich der Didaktik fällt, aber mit Religionsunterricht in der Schule verbunden ist, soll noch erwähnt werden: die Schulpastoral oder Schulseelsorge. „Schulseelsorge ist eine neue Form kirchlicher Präsenz in der Schule. Sie beinhaltet Lebensbegleitung von Schülerinnen, Schülern und Lehrerkollegium und Angebote von erlebbaren Formen christlicher Religiosität. Schulseelsorge hat sich aus Religionspädagogik, Jugendarbeit und aus der Seelsorge entwickelt.“ (Dam 2006, S. 358; vgl. Koerrenz et al. 2008; Lames 2000) Versteht man die Schulpastoral konsequent vor diesen drei Seiten her, können Engführungen, die in manchen Schulpastoralkonzepten auffällig sind, vermieden werden (z.B. wenn Schulpastoral fast nur auf liturgische Veranstaltungen bezogen ist). Demgegenüber bietet ein offenes Konzept Begleitungs- und Beratungsgespräche für Schülerinnen, Schüler, Lehrkräfte und Eltern, Bildungs- und Freizeitveranstaltungen, Tage der Orientierung (außerhalb der Schule), Gestaltungsimpulse für die Schule als Lebensraum (Schulgottesdienste, Andachten, aber auch weitere Beiträge zur Humanisierung von Schule) sowie Vernetzungsmöglichkeiten mit dem Umfeld der Schule (kirchliche und nichtkirchliche Einrichtungen im Stadt-

Schulseelsorge

teil). Die schulpastoralen Initiativen sind nicht identisch mit Religionsunterricht, sollten aber über die Lehrkräfte mit dem Religionsunterricht eng vernetzt sein.

10.4 Weitere Lernorte

Neben den beschriebenen ‚klassischen' religiösen Lernorten gibt es weitere Felder, an denen religiös gelernt werden kann: Erwachsenenbildung, Medien, Hochschule, religiöse Bewegungen, Initiativen, Netzwerke, Fortbildungen etc. (Bitter et al. 2006a, S. 405 ff.). Die zwei erstgenannten sollen exemplarisch kurz erwähnt werden.

Religiöse Erwachsenenbildung

Kirchliches Engagement in der Erwachsenenbildung (u.a. Englert et al. 2005; Lück et al. 1999) lässt sich von drei Seiten her begründen: von den einzelnen Menschen her (Biografie; lebensbegleitende, transformatorische Impulse), von der Gesellschaft her (Bildungsverantwortung der Kirchen) und kirchlich (Tradierung der christlichen Botschaft). Sie kann in unterschiedlichen Settings organisiert werden: in den Kirchengemeinden, in Erwachsenenbildungswerken, Familienbildungsstätten, Akademien.

Bildung Erwachsener in der Gemeinde

Schlüssel für ein sinnvolles Konzept gemeindlicher Erwachsenenbildung sind u.a.:

- Etablierung eines ‚Arbeitskreises Erwachsenenbildung' (bzw. Erwachsenenkatechese), z.B. als Ausschuss des Kirchengemeinderats, in dem haupt- und ehrenamtliche Personen zusammen arbeiten. Wichtig sind auch junge Erwachsene als Teilnehmer dieses Kreises.
- Durchführung der Schritte „Orientieren – Sehen – Urteilen – Handeln" für den Bereich der jungen, mittleren und älteren Erwachsenen in der konkreten Gemeinde vor Ort.
- Entwicklung eines ansprechenden, inhaltlich und methodisch gut aufbereiteten, lebenswelt- und subjektorientierten Konzepts (nicht nur Vorträge, sondern teilnehmeraktivierende Verfahren; Förderung von selbstentdeckendem Lernen; meditative und kreative Elemente; Diskussionsforen; existentielle-biografieorientierte Themen; Grundfragen der Gottesbeziehung; spirituelle Bildung Erwachsener etc.).
- Enge Zusammenarbeit mit den Kirchlichen Bildungswerken, die für die Gemeinde zuständig sind, insbes. auch Familienbildungsstätten, um Know-How und Expertenkontakte abzurufen.
- Bestehende Arbeitskreise und Projektgruppen miteinbeziehen und als Lernchancen verstehen (Arbeitskreis Frieden – Gerechtigkeit – Bewahrung der Schöpfung; Arbeitslosentreff; Bibelarbeitskreis; Ökumene-Gruppe etc.)

Auch Erwachsenenbildung muss heute pluralitätsfähig sein bzw. werden. Statt rein vermittlungsorientierter Didaktik sollten subjektorientierte, ganzheitliche und dialogische Lernformen treten (Englert et al. 2005, S. 225 ff.): So kann man mit der Bibel auf dialogische Weise arbeiten, mit literarischen Texten, Spielfilmen und weiteren ästhetischen Medien, mit spontan gemalten Bildern, im Austausch mit anderen Konfessionen, Kulturen und Religionen.

Elektronische Medien als Lernorte?

Der evangelische Religionspädagoge Christian Grethlein benennt bereits im Jahre 1998 die elektronischen Medien als einen der „Orte religiösen, christlichen und kirchlichen Lernens“ (Grethlein 1998, S. 347 ff.). Er begründet dies mit den zahlreichen religiösen Bezügen, die in den Medien, insbesondere im Fernsehen gegeben sind, z. B. in direkt religionsbezogenen Sendungen (Bibelverfilmungen, Dokumentarbereichte mit religiösen Inhalten, Talkshows über Religion, Gott, Kirche, Ethik). Inzwischen sind der Computer und das Internet mindestens ebenso bedeutend geworden. Auch dort finden sich zuhauf religiöse Elemente. Ob aufgrund dieser Entwicklungen Medien als „religiöse Lernorte“ bezeichnet werden können, bleibt fraglich, sicher nicht im klassischen Sinne. Doch gibt es mittlerweile zahlreiche Angebote religiöser Bildung, die medial vermittelt oder gestützt sind (Lernprogramme, CD-ROMs etc.). Und zweifellos bleiben die elektronischen Medien Orte indirekter religiöser Sozialisation und sollten deshalb auch in der Religionspädagogik Beachtung finden. Eine medienweltorientierte Religionspädagogik und Religionsdidaktik versucht sich diesen Herausforderungen zu stellen (11.3).

religiöse Elemente in den Medien

Zusammenfassend ist festzuhalten, dass für ein umfassendes Konzept religiöser Bildung eine Vernetzung der Lernorte wesentlich ist. Sie dürfen keineswegs isoliert gesehen werden. Religionsunterricht in der Schule muss einen inneren und gelegentlich direkten Bezug zum Lernort Gemeinde und Kirche haben. Ebenso braucht Familienreligiosität, will sie nicht völlig isoliert bleiben, einen Gemeindebezug. Umgekehrt ist Gemeinde auf Familie und Schule als komplementäre Lernorte verwiesen. Bildungsprozesse sind so anzulegen, dass die einzelnen Räume religiösen Lernens miteinander verzahnt werden, dass Querverbindungen und Synergien möglich werden.

11. Lernarten: Religionsdidaktische Realisierungen

11.1 Begriffsklärungen und Zusammenhänge

Im üblichen Sprachgebrauch werden die Begriffe Religionspädagogik, Religionsdidaktik, Fachdidaktik meist unklar verwendet. Zwar gibt es Überschneidungen in der Bedeutung der Termini, sie jedoch zu unterscheiden, ist hilfreich für Reflexion und Praxis im Feld religiöser Bildung. Während Religionspädagogik (7.2) als *übergreifende* Theorie religiöser Lehr-Lern-Prozesse bzw. religiöser Bildung bezeichnet werden kann, die auf bestimmten theologischen und pädagogischen Vorannahmen, Grundsatzentscheidungen und Optionen basiert, ist die Definition von Religionsdidaktik spezifischer. Didaktik kann allgemein als „Wissenschaft vom Lehren und Lernen“ (Kron 2004, S. 43) bezeichnet werden, doch wird die Definition häufig noch enger gefasst: Didaktik als „Theorie oder Wissenschaft von Unterricht“, als „Theorie der Bildungsinhalte“ oder als „Theorie der Steuerung von Lernprozessen“ (ebd., S. 43 ff.). Didaktische Überlegungen zielen auf konkrete Lehr-Lern-Prozesse in Schule oder anderen Bildungsfeldern. Didaktik ist an den Zielen des Bildungsvorgangs und an den Inhalten interessiert, stellt also keine Methodenlehre dar, wie es oft fälschlicherweise gesehen wird. Die Begriffe Religionspädagogik, Religionsdidaktik, Fachdidaktik und Methodik können etwas vergröbernd wie folgt ins Verhältnis gesetzt werden:

Definition Didaktik

Leitfragen

- *Warum?* Religionspädagogik als übergreifende Theorie fragt nach den theologischen und pädagogischen Begründungen für religiöse Bildung und macht grundlegende Optionen transparent. Hier sind alle Lernfelder im Blick. Beispiele: Religionspädagogik als Wahrnehmungslehre; Subjektorientierung oder Erfahrungsorientierung der Religionspädagogik.
- *Wohin? Was? Wer?* Religionsdidaktik reflektiert die Struktur und die Ziele religiöser Bildung für konkrete Lernorte. Sie entwickelt Konzepte, die als Steuerungsinstrumente für religionspädagogisches Handeln fungieren. Hier wird zwischen Didaktik des Religionsunterrichts und Didaktik der Sakramentenkatechese oder des Konfirmationsunterrichts etc. deutlich unterschieden. Beispiele: Bibeldidaktische Ansätze; Symboldidaktik; Elementarisierung.
- *Bedingungen Schule?* ,Fachdidaktik Religion' ist an der Ausbildung von religiös Lehrenden interessiert und reflektiert den konkreten Unterricht im Lernfeld Schule. Sie fragt insbesondere nach den konkreten Inhalten (z. B. durch Curricula, Lehr- und Bildungspläne) und nach den konkret handelnden Personen (z. B. Schulklasse, Lehrperson). Beispiele: Lehrerhandbücher; Unterrichtsmaterialien, Schulbücher.
- *Wie?* Erst im letzten Schritt untersucht die Religionsmethodik die Lernwege bzw. Methoden für die angestrebten Ziele. Dabei hat sie die zu behandelnden Inhalte ebenso im Blick wie die konkreten Lernenden. Beispiele: ganzheitliche Methodenlehre für den Religionsunterricht; Freiarbeit; Methoden der Bibelarbeit.

Wie alle Begriffe in (Religions-)Pädagogik und Bildungstheorie sind auch diese Termini nicht streng unterschieden. Selbstverständlich fragt auch die Religionspädagogik (und nicht erst die Religionsdidaktik) nach den Inhalten (z. B. deren Grundstrukturen) und den Subjekten (z. B. deren entwicklungspsychologischen Bedingungen). Auch das ,Wie' ist nicht von dem ,Was' und ,Wer', und schon gar nicht von dem ,Wohin', also den Zielen, zu trennen. Die vielfältigen Überlappungen dürfen aber die klaren Unterscheidungen nicht überspielen. Lehrende müssen sich auf allen dargestellten Ebenen bewegen: Sie müssen ihre grundlegenden Optionen klären, ihre Ziele, die jeweiligen fachlichen Inhalte, die Bedingungen der Lernenden und die Methoden bedenken. Wer sich beispielsweise zu oft auf der ,unteren' Ebene bewegt (,Welche Methoden wende ich in welcher Unterrichtsstunde an?'), verliert leicht den größeren Kontext aus dem Blick.

Für diesen größeren Kontext ist es hilfreich, sich immer wieder neu mit den Grundstrukturen religiöser Bildung zu beschäftigen, insbesondere mit dem Zusammenspiel von Vermittlung, Aneignung und Beziehung, das für religiöse Lehr-Lern-Prozesse maßgeblich ist (9.1). Diese Hermeneutik (Verstehensweise) religiöser Bildung kann wie ein Kompass in der schier unüberschaubaren Landschaft religionsdidaktischer Ansätze gesehen und verwendet werden, denn die meisten gängigen religionsdidaktischen Konzepte enthalten einzelne oder mehrere Elemente aus den drei Hermeneutikebenen – je nach Ausrichtung in unterschiedlicher Gewichtung. Deshalb ist die Einsicht zu betonen, dass Religionsdidaktik im Verbund der Einzelentwürfe verstanden werden muss. Ein einzelner religionsdidaktischer Entwurf kann niemals das Gesamtfeld religiöser Bildung beschreiben oder ‚beackern'. Oft wird zu Recht die Segmentierung und die Fülle unterschiedlicher Konzeptionen beklagt, was vor allem dann der Fall ist, wenn die einzelnen Entwürfe wie unsortierte Mosaikteilchen nebeneinander stehen oder ‚liegen' bleiben. Werden sie indes im Kontext einer Theorie religiöser Bildung und religionspädagogischer Hermeneutik interpretiert, könnten aus den divergierenden und unzusammenhängend scheinenden religionsdidaktischen Teilkonzepten Konturen eines Mosaikbildes entstehen, das die verschiedenen Lernorte, die unterschiedlichen Lernsubjekte sowie die höchst pluralen Lernzusammenhänge abbildet. In diesem Sinne werden 11.3 einige Grundkonzepte der Religionsdidaktik vorgestellt.

Religionsdidaktik im Verbund

11.2 Die Lehrenden

Religionsdidaktik steht und fällt mit denen, die sie anwenden. Jedes noch so kluge und ausgefeilte religionsdidaktische Konzept ist wenig wert, wenn es nicht von kompetenten Lehrpersonen in konkrete Unterrichtspraxis oder katechetische Einheiten umgesetzt wird. Wie bei den Lernenden (als Ziel) ist auch bei den Lehrenden das Stichwort Kompetenz (als Voraussetzung und Weg) entscheidend: Lehrende in Religion müssen sich immer wieder neu bemühen, folgende Kompetenzen zu erwerben bzw. zu vertiefen (ergänzt nach Ziebertz 2005a):

Kompetenzen der Lehrenden

- Sach- bzw. Fachkompetenz, theologische Kompetenz
- religiöse Kompetenz
- spirituelle Kompetenz
- personale Kompetenz
- soziale und kommunikative Kompetenz
- (religions-)didaktische Kompetenz, Methodenkompetenz

Je nach Lernort sind diese Kompetenzen unterschiedlich gewichtet, doch für alle religiös Lehrenden in Schule und Gemeinde gilt: Sie müssen sich als Fachmänner und Fachfrauen erweisen, die in der Lage sind, sich theologisch zu positionieren, mit biblischen, historischen und systematisch-theologischen Themen souverän umzugehen und im Dialog Rede und Antwort stehen zu können (*theologische Kompetenz*). Das bedeutet nicht, dass man auf alle Fragen eine Antwort haben muss, aber es sollte erkennbar sein, dass man sich mit theologischen Themen, mit der Bibel, mit der Gottesfrage, mit dem Evangelium, mit Fragen der Gottesbeziehung heute, mit ethischen Themen etc. intensiv beschäftigt hat und dass man diese Themen auch von den

Lernenden und deren Lebenswelt her entwickeln kann (letzteres ist identisch mit didaktischer Kompetenz).

Unter dem Stichwort *religiöse Kompetenz* ist all das zu subsumieren, was bei den Lernenden geweckt und hervorgelockt werden soll (8.1): Fähigkeit zum Umgang mit religiösen Traditionen, mit ethischen Konfliktsituationen, mit existentiellen Krisensituationen und mit religiöser Pluralität. Vertiefend dazu ist heutzutage mehr denn je eine spirituelle Kompetenz der Unterrichtenden im Fach Religion oder der Lehrenden im Lernfeld Gemeinde gefordert. Die *spirituelle Kompetenz* umfasst ein ganzes Bündel von Komponenten: ein innerer Bezug zu Fragen des Glaubens, zu Gott und zu Jesus Christus; eine Auseinandersetzung mit dem eigenen Verhältnis zur Kirche und zu kirchlicher Spiritualität; Bezug zum persönlichen Gebet; Teilnahme an liturgischen Vollzügen, Gottesdiensten der Kirche; Frage nach der eigenen Konfessionalität; Reflexion und ‚Pflege' der eigenen Gottesbeziehung; Fähigkeit, andere für deren Gottesbeziehung zu sensibilisieren; mögliche Teilnahme an geistlichen Übungen, Exerzitien; Offenheit für meditative Formen etc. Lehrende in Sachen Religion können nur dann als glaubwürdig gelten, wenn sie mit religiösen und spirituellen Formen nicht nur objektiv-informierend umgehen können, sondern auch eine innere Beteiligung erkennen lassen. Die Forderung nach spiritueller Kompetenz schließt an die Diskussion um den „Religionslehrer als Zeugen" (Adolf Exeler; Beschluss zum Religionsunterricht der Würzburger Synode) an, die seit einigen Jahrzehnten in der Religionspädagogik geführt wird (dazu weiterführend: Schmälzle 2007; Bitter et al. 2006b, S. 153 ff.), bleibt aber mit den Erwartungen an die Religionslehrerinnen und Religionslehrer realistisch. Entscheidend sind Authentizität und Ernsthaftigkeit in Glaubensfragen bzw. zu religiösen und spirituellen Themen, damit die Lehrenden den Lernenden kompetente Dialogpartnerschaft und Orientierung bei deren religiöser und spiritueller Suche anbieten können.

Personale Kompetenz (einen eigenen Standpunkt haben, eine gewisse Selbstsicherheit und Ruhe ausstrahlen) geht oft Hand in Hand mit *sozialer und kommunikativer Kompetenz*, die einen aufmerksamen, wertschätzenden Umgang mit den Lernenden einschließt, eine Beziehungskompetenz, ein freundliches aber klares Durchsetzungsvermögen, ein gutes Maß an Konfliktlösekompetenz. Schließlich zielt *Methodenkompetenz* auf die Beherrschung möglichst unterschiedlicher Methoden zur Durchführung von Lehr-Lern-Prozessen, die den Inhalten, den Lernenden und den Zielen angemessen sind.

Nicht alle Kompetenzen können von den Lehrenden gleichermaßen und stets ‚in Höchstform' repräsentiert werden. Kompetenzen sind Zielbeschreibungen, um sie muss immer neu gerungen werden und sie gehen einher mit Erfahrung. *(Religions-)didaktische Kompetenz* ist ein Zusammenspiel aus den diversen o.g. Kompetenzbereichen, wozu allerdings eine solide Kenntnis der religionsdidaktischen Grundkonzepte gehört.

11.3 Zwischen Vermittlung, Aneignung und Beziehung: Exemplarische religionsdidaktische Grundkonzepte

Heutige religionsdidaktische Konzepte (Überblick: Biehl 2006; Mette et al. 2002; Handbücher: Noormann et al. 2007; Bitter et al. 2006a, Teil V; Grethlein 2005; JRP 18/2002; Hilger et al. 2005; speziell Grundschule: Grethlein et al. 2006; Hilger et al. 2006; Berufsschule: BRU-Handbuch 2006) sind stets ,Zwischen-Modelle'. Sie stehen zwischen den Leitbegriffen Vermittlung, Aneignung und Beziehung. Es gibt kaum noch Modelle, die nur einem dieser Aspekte zuzurechnen sind. Deshalb werden die Konzepte im Folgenden in ihren wichtigsten ,Zwischenräumen' dargestellt. Die Einordnung in den Gesamtkontext religionspädagogischer Hermeneutik von Vermittlung, Aneignung und Beziehung soll helfen, die einzelnen Entwürfe einzuschätzen, damit sie nicht einfach additiv nebeneinander stehen bleiben.

Zwischen-Modelle

ELEMENTARISIERUNG: ZWISCHEN INHALT UND SUBJEKT. Das Elementarisierungskonzept ist eines der Grundkonzepte evangelischer und inzwischen auch katholischer Religionsdidaktik (Schnitzler 2007; Schweitzer 2007; Nipkow 2006a, 1996). Es geht auf Karl Ernst Nipkow zurück, der das Modell in einer umfassenden Theorie religiöser Bildung verortet (6.2). Elementarisierung zielt nicht allein auf Elementartheologie, also die möglichst dichte und kondensierte Darstellung theologischer, dogmatischer oder biblischer Inhalte wie etwa in Kurzformeln des Glaubens, sondern vielmehr auf ein Wechselspiel zwischen lernenden Subjekten und elementaren Inhalten. Elementarisieren kann man nicht abstrakt, sondern immer nur mit Blick auf die Lernenden: Für wen soll ein Thema elementar werden? Auf die bildungstheoretische und kritisch-konstruktive Didaktik Wolfgang Klafkis zurückgehend (u.a. Klafki 2007, 1964), ist eine Doppelbewegung zwischen Lernenden und Inhalten intendiert, die, wie Klafki formuliert, als „wechselseitige Erschließung" von Person und Sache fungiert: die Erschließung der Sache für die Person bei gleichzeitiger Erschließung der Person für die Sache. Insgesamt gilt es im religionsdidaktischen Prozess fünf Pole zu beachten:

elementar für wen?

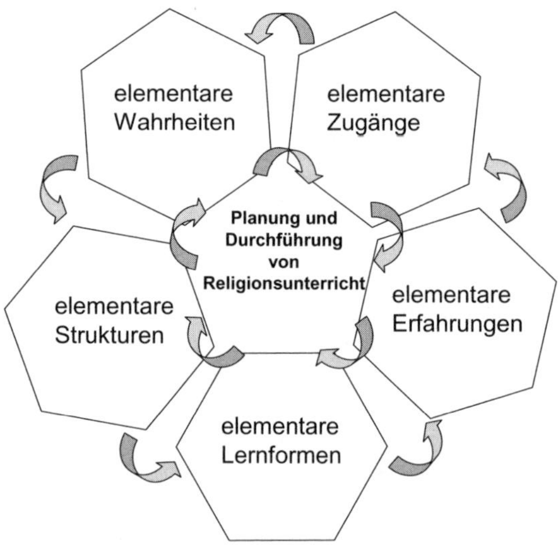

fünf Pole

- *Elementare Strukturen* sind „das grundlegend Einfache" eines Themas, in diesem Fall aus der religiösen Überlieferung und Theologie. Hiermit sind nicht Simplifizierungen intendiert, sondern sach- und textgemäße Konzentrationen auf das Wesentliche.

- *Elementare Wahrheiten* stellen die Reflexion auf „das gewissmachend Wahre“ dar, das ‚hinter‘ den inhaltlichen Strukturen liegt. Hiermit ist nicht eine Aneinanderreihung von Einzelinformationen, sondern die Tiefendimension der religiösen Themen in ihrem Bedeutungsgehalt für die Lernenden gemeint: Welche existentielle Wahrheit kann sich durch das Thema für die Lernenden eröffnen?
- *Elementare Zugänge* bringen die Verstehensvoraussetzungen der Lernenden in den Fokus, d. h. ihre entwicklungsbedingten, altersgemäßen, herkunfts- und kontextabhängigen Ausgangsbedingungen. Gefragt wird nach den Möglichkeiten der Lernenden, sich die Themen, Strukturen und Wahrheiten zu eigen machen zu können bzw. sich damit auseinanderzusetzen.
- *Elementare Erfahrungen* sind die Vorerfahrungen der Lernenden in religiöser oder existentieller Hinsicht. Im Sinne einer lebensbedeutsamen Erschließung der Inhalte sollen die Glaubens- und Lebenserfahrungen der Subjekte in Dialog, in „Korrelation“ (s. u.) mit den Glaubens- und Lebenserfahrungen treten, die in den Themen repräsentiert sind.
- *Elementare Lernformen* sind die den elementaren Strukturen, Wahrheiten, Zugängen und Erfahrungen angemessenen Lernwege und Methoden, die ja nicht zufällig gewählt, sondern zum Lernprozess ‚elementar‘ passend sein sollen.

Elementarisierung bedeutet nicht Simplifizierung. Im Gegenteil! Es geht um die hohe Kunst, das wissenschaftliche und theologische Niveau zu halten bzw. zu erreichen und trotzdem verständlich und entsprechend der Vorraussetzungen der Lernenden zu unterrichten. Elementarisierung steht demnach zwischen Inhalten und Subjekten, zwischen Vermittlung und Aneignung, hat allerdings eine Schwäche im Blick auf die Beziehungsdimension religiösen Lernens.

KORRELATION: ZWISCHEN ERFAHRUNG UND GLAUBEN. Korrelation ist ein theologisches, hermeneutisches und didaktisches Prinzip (Hilger 1993), das eine „kritische Interrelation“ von Glaubens- und Lebenserfahrungen ermöglichen und anregen will. Namen wie Paul Tillich, Karl Rahner und Edward Schillebeeckx stehen für das theologische Vordenken einer später, im Anschluss an theologische Denkmuster entwickelten Didaktik, wie sie auch im Beschluss zum Religionsunterricht der Würzburger Synode (1974) impliziert ist. Die sog. Korrelationsdidaktik ist ein Konvergenzmodell, das die Lebenserfahrungen der Menschen in Korrelation mit den Glaubenserfahrungen aus Bibel und Tradition bringen will (Baudler 2006, 1984):

Lebenserfahrung und Glaubenserfahrung

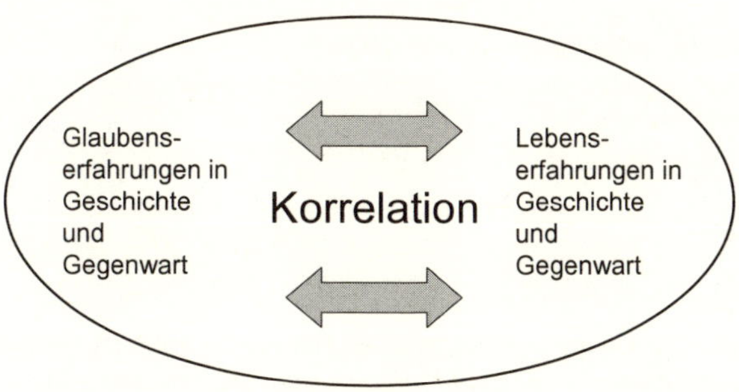

Die Korrelationsdidaktik ist nicht ohne Schwierigkeiten und kritische Punkte, die seit den 1990er Jahren diskutiert werden (zusammenfassend: Englert 2007, S. 122–158). Vielfach wurde die theologisch und hermeneutisch anspruchsvolle Korrelation durch ein simples Schema methodisch derart realisiert, dass die Lebenserfahrung der Lernenden mit der Glaubenserfahrung aus Bibel und Tradition einfachhin ‚beantwortet' wird, was jedoch weder in Bezug auf die Würde der menschlichen Erfahrungen noch im Blick auf deren Heterogenität in einer pluralen Gesellschaft fruchtbringend sein kann. Inzwischen wird Korrelation als ein religionspädagogisches Grundprinzip verstanden (Altmeyer 2006b, S. 121–127; Bitter 1996), das durch eine Vielzahl möglicher Didaktiken verwirklicht werden kann (und muss!). Als weiterführend können deshalb Vorschläge gelten, die Korrelation und Elementarisierung miteinander verbinden: Elementarisierung ist eine mögliche religionsdidaktische Realisierung von Korrelation.

Themenzentrierte Interaktion (TZI): zwischen Thema und Beziehung. Die Themenzentrierte Interaktion (TZI) wurde von Ruth C. Cohn als allgemeindidaktisches Konzept entwickelt, um insbesondere das Lernen in Gruppen zu einem ‚lebendigen', also lebensrelevanten Lernen zu machen (Löhmer et al. 2006; Langmaack 2004; Cohn et al. 2001). Es beruht auf anthropologischen und ethischen Grundlagen (zusammenfassend: Scharer 2006). ‚Lebendiges Lernen' ist dann möglich, wenn die Beziehung der Lernenden und (!) der Lehrenden zu sich selbst (ICH), zur Lerngruppe (WIR) und zum Thema (ES) reflektiert, thematisiert und im Lernprozess bearbeitet werden. Der Lernprozess findet stets in einem bestimmten Kontext (GLOBE) statt, der die Gruppe und das Lernen beeinflusst. Erreicht werden soll eine ‚dynamische Balance', ein Gleichgewicht zwischen den einzelnen Polen.

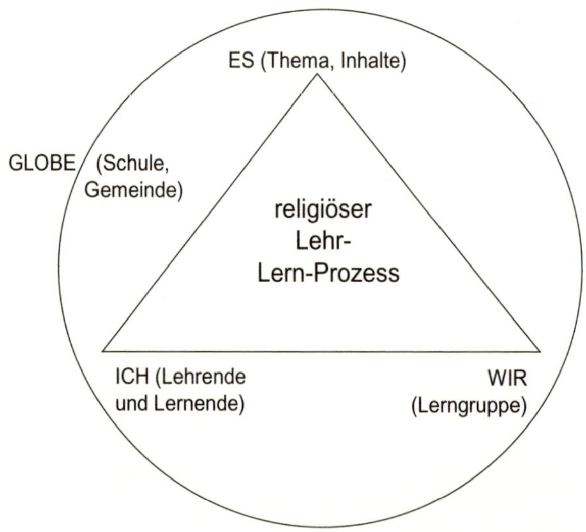

Im Gegensatz zur Gruppendynamik, bei der die Gruppe sich selbst zum Thema macht, steht in der TZI die Auseinandersetzung mit elementaren und relevanten Themen im Mittelpunkt, weshalb TZI für religiöse Lehr-Lern-Prozesse prädestiniert ist (Scharer et al. 2003; Ludwig 1997; Scharer 1995) und auch für den Religionsunterricht in der Schule wesentliche Impulse geben kann (Lott 2001). Das Modell ist stark auf die Beziehungen konzentriert, hat aber auch das Thema (Vermittlung) und die Subjekte (Aneignung) im Blick.

Symboldidaktik: zwischen Immanenz und Transzendenz. Wie weitere hier vorgestellte didaktische Modelle, hat auch die Symboldidaktik humanwissenschaftliche, (zeichen- und symbol-)theoretische, anthropologische und theologische Grundlagen. Symboldidaktik ist – ähnlich wie Bibeldidaktik, interreligiöse Didaktik etc. – durch eine Vielzahl von unterschiedlichen Richtungen gekennzeichnet (u.a. Hubertus Halbfas; Peter Biehl). Zusammenfassend kann man sagen:

> „Die verschiedenen Ansätze der Symboldidaktik haben ein gemeinsames Anliegen: Sie wollen nicht nur den Verstand, sondern auch die ästhetische und emotionale Wahrnehmung ansprechen. Symbole werden als Sinnbilder verstanden, die auf einen tieferliegenden Sinn weisen und für den die Kinder und Jugendlichen sensibilisiert werden sollen." (Edelbrock 2002, S. 74)

Symbole werden in ihrer Verweisstruktur von immanenter Wirklichkeit auf transzendente Wirklichkeit gedeutet. Mithilfe symbolischer Sprache gelingt es, „Gestalt und Idee, Erscheinung und Verborgenes, Vordergründiges und Hintergründiges, Weltliches und Göttliches miteinander zu verbinden" (Halbfas 2006, S. 457; vgl. ders. 1997). Symboldidaktik sieht jeden Menschen, auch die nicht religiös sozialisierten Schülerinnen und Schüler in einer pluralen Gesellschaft, als symbol*fähig,* da jeder Mensch ein ursprüngliches psychisches Vermögen hat, den Symbolgehalt von Handlungen und Bedeutungsträgern zu erfassen und sich zu eigen zu machen. Das ursprüngliche Vermögen des Symbolerfassens ist heutzutage jedoch oft verstellt und verdeckt durch ausschließliche Konzentration auf die empirisch beschreibbare Realität. Symboldidaktik will beim Lernenden eine Sensibilität für Symbole und symbolische Sprache wecken, was nicht einfach dadurch geschieht, dass man Symbole erklärt oder auf ihre ‚Bedeutung' reduziert. Christlich gesehen stehen die einzelnen Symbole nicht isoliert, sondern in Beziehung zu dem Mittelpunkt aller Symbole: *„Christus* ist das Zentrum der christlichen Symbolwelt, er ist *das Symbol schlechthin."* (Biehl 1999, S. 97) Jeder und jede Lernende soll nicht nur etwas *über* Symbole erfahren, sondern sie tiefer erleben, meditieren, sich erfahrbar machen, aber auch kritisch untersuchen und denkend hinterfragen. Damit soll die religiöse Sprachfähigkeit der Lernenden gefördert werden, denn schließlich ist religiöse Sprache ohne Symbolsprache nicht denkbar. Symboldidaktik ist eine ausgesprochen kommunikative, beziehungsorientierte Didaktik (ebd., S. 79ff.) und legt den Schwerpunkt auf Aneignungsprozesse, die die Lernenden selbst vollziehen.

Mensch symbolfähig

Bibeldidaktik: zwischen biblischen Erfahrungen und Lebenswelt. In Geschichte und Gegenwart der Religionsdidaktik gibt es höchst unterschiedliche Formen von didaktischen Ansätzen zur Erschließung biblischer Themen. Die Bandbreite reicht von stark vermittlungsorientierten Konzepten bis hin zu eher dialogisch-kommunikativen Ansätzen. Heute herrschen letztere vor (Überblick: Adam et al. 2007; JRP 23/2007). Das übergreifende Ziel der dialogisch-kommunikativen Bibeldidaktiken ist es, ein Gespräch, einen Austausch, einen Dialog bis hin zu einer Interaktion zwischen biblischem Text und Lernenden in Gang zu bringen. Der springende Punkt in zahlreichen Ansätzen ist es, die Bibel als Buch der Erfahrungen und Beziehungen (neu) zu verstehen, und nicht, wie bei Schülerinnen und Schülern, aber auch zahlreichen Erwachsenen oft üblich, als Sammlung überkommener (und damit veralteter) Schriften. Biblische Texte erzählen von Menschen, die Erfahrungen machen von Gefangenschaft und Befreiung, Krankheit und Heilung, Tod und Neugeburt, Verfolgung und Rettung, Angst und Freude, Verzweiflung und Glück, Beziehungsabbruch und Neubeginn und vielem mehr. Sie deuten all diese Erfahrung vor dem Hintergrund der Beziehung zu Gott. Aus diesem Grunde kann man an den Texten grundlegende Erfahrungs- und Beziehungsstrukturen ‚ablesen', die sich auch heute in zwischenmenschlichen und in religiösen Handlungen wiederfinden lassen. Genau hier ist die ‚Schnittstelle' zwischen Lesenden und Text: Die Lesenden identifizieren oder distanzieren sich von den Erfahrungen und Beziehungen in den biblischen Erzählungen, je nach ihren eigenen Erfahrungen und ihren gelebten Beziehungsweisen. Im Idealfall findet in der Auseinandersetzung mit den biblischen Erfahrungen eine ‚indirekte Korrelation' mit den eigenen Erfahrungen statt. „Denn indem von der Gottesbeziehung vergangener Menschen erzählt wird, wird auch die Gottesbeziehung der Gegenwärtigen aufgerufen und umgekehrt." (Fuchs 2000a, S. 428; vgl. ders. 2005, S. 66ff.).

Dialog mit dem Text

Verbindet man Bibeldidaktik mit dem Konzept der Elementarisierung, sind durch die Lehrenden zunächst die „elementaren Strukturen" des biblischen Textes zu analysieren (mittels der gängigen exegetischen, historisch-kritischen Verfahren und bibelwissenschaftlichen Kommentaren zu den biblischen Büchern), die „elementaren Wahrheiten" zu ermitteln (Erfahrungen und Beziehungsdimensionen der Texte erkunden; Relevanz für Lebensfragen; Bedeutung des Textes für die Lehrperson), schließlich die „elementaren Zugänge" und „elementaren Erfahrungen" der Lernenden (Vorerfahrungen ins Spiel bringen; erfahrungsbezogene Aneignung der Texte; vgl. Baldermann 2007; Berg 2006, 2003; Theis 2005a). Konsequenzen eines solchen Verständnisses sind ganzheitliche „elementare Lernformen", die nicht nur den Kopf, sondern den Menschen in seinen Emotionen, seinem sozialen Gefüge und seinen Handlungen auf kreative Weise ansprechen. Denn auch in der Bibeldidaktik sollten alle drei religionspädagogischen Hermeneutiken im Blick bleiben: Vermittlung (biblisches Basiswissen), Aneignung (subjektive Zugänge) und Beziehung (Begegnung mit dem Text; Beziehungen der biblischen Personen; Gottesbeziehung). Beispielsweise kann eine beziehungsorientierte Gleichnisdidaktik den Beziehungsstrukturen der Gleichnisse Jesu und den Beziehungen der Lesenden gerecht werden, gleichzeitig strukturiertes Wissen über den biblischen Inhalt vermitteln und kreative Aneignung ermöglichen (Altmeyer et al. 2008).

Interreligiöse, interkulturelle, ökumenische, konfessionell-kooperative Didaktik: zwischen Identität und Verständigung. Die religionspädagogischen Grundlagen dieser Didaktiken wurden bereits in 8.2 dargelegt. Zusammenfassend können sie alle in das Spannungsfeld von Identität (das Eigene neu oder überhaupt erst entdecken und verstehen lernen) und Verständigung (den anderen in seinem Anderssein verstehen und respektieren lernen) eingereiht werden.

„Als Leitziel kann genannt werden, dass Schülerinnen und Schüler für eine Situation der Begegnung ausgerüstet werden, die nicht von Vorurteilsbarrieren belastet ist, in der vielmehr ein Hören aufeinander und ein Lernen voneinander möglich wird, das zur Entgrenzung und Bereicherung der Horizonte auf beiden Seiten führt. Dabei soll nicht nur ein besseres Verständnis der religiösen und kulturellen Wurzeln des anderen, sondern auch gerade des eigenen Glaubens gewonnen werden." (Lähnemann 2006, S. 285)

Allgemein wird heutzutage in interreligiösen und ökumenischen Zusammenhängen „ein personales, direktes und dialogisches Begegnungslernen" angestrebt, „gegenüber dem lange Zeit monopolisierten instruktivistischen und vertexteten Lernen" (Leimgruber 2007, S. 24). Es geht zwar nach wie vor um eine solide inhaltliche Einführung in andere Religionen oder Konfessionen (Vermittlung grundlegenden Wissens), doch sollten didaktische Prozesse Anknüpfungspunkte bei den Lernenden herausschälen (Möglichkeiten der Aneignung; Berücksichtigung elementarer Erfahrungen mit der eigenen und mit anderen Religionen bzw. Konfessionen; elementare Zugänge und Blockaden, z.B. Vorurteilsstrukturen). Als didaktische Prinzipien für interreligiöses (analog: interkonfessionelles) Lernen können fünf Schritte ausgemacht werden (ebd., S. 108f.; vgl. Tautz 2007):

- fremde Personen und fremde Zeugnisse wahrnehmen lernen
- religiöse (konfessionelle) Phänomene deuten
- durch Begegnung lernen
- die bleibende Fremdheit respektieren
- in eine existentielle Auseinandersetzung verwickeln

Neben der Stimulierung und Förderung von Wahrnehmungskompetenz, Deutungskompetenz und Handlungskompetenz soll insbesondere eine ‚Differenzkompetenz' entwickelt werden, die eine prinzipielle „Bejahung der Möglichkeit der Differenz" (Ziebertz 2002a, S. 133) umfasst und Lernende befähigt, mit Unterschieden in religiöser, konfessioneller und kultureller Hinsicht (besser) klar zu kommen. Wichtig bei begegnungsorientierten didaktischen Versuchen ist zu sehen, das sich nicht Religionen oder Konfessionen begegnen, sondern Menschen (Kohler-Spiegel 2004a, S. 175). Menschen leben in bestimmten sozialen und kulturellen Bezügen, weshalb interreligiöses und interkonfessionelles Lernen immer mit sozialem und interkulturellem Lernen verbunden ist (Schreijäck 2003).

Menschen begegnen sich

Kinder- und Jugendtheologie: zwischen Kreativität und Gespräch. Seit den 1990er Jahren, verstärkt im neuen Jahrhundert, hat sich als Konsequenz eines subjektorientierten religionspädagogischen Verständnisses (7.3) ein neuer didaktischer Ansatz herausgebildet, der anfangs als Kindertheologie, inzwischen als „Kinder- und Jugendtheologie" bezeichnet wird (Freudenberger-Lötz 2007; Boschki et al. 2006b; Nipkow 2006b; Büttner et al. 2002). Sie will die Kinder und Jugendlichen zum eigenen Theologisieren anregen, analog zur schon älteren ‚Schwester', der Kinderphilosophie. Durch impulsgebende Geschichten (z. B. Dilemmageschichten: Büttner et al. 2002, S. 21ff.), substanzielle Fragen von Kindern zu ‚Gott und Welt' (z. B. Oberthür 2006b), durch qualitative Interviews (z. B. Ritter 2006) oder durch bildliche Darstellungen (z. B. Fischer et al. 2000) werden junge Menschen angeregt, selbst und in eigenen Formulierungen zu religiösen Themen Stellung zu nehmen. Der didaktische Ausgangspunkt liegt zwar ganz auf der Seite der Subjekte (Aneignung), doch soll durch das Lernarrangement die Vermittlung z. B. biblischer Inhalte initiiert werden: Die Lernenden machen sich eigene Gedanken, bilden eigene Theorien und Argumentationszusammenhänge und setzen sich dadurch mit den großen Themen der Glaubenstradition auseinander. Im „Jahrbuch für Kindertheologie" (JaBuKi 2002ff.) finden sich neben Grundsatzbeiträgen eine Fülle von didaktischen Vorschlägen, wie Religionsunterricht in Primar- und Sekundarstufe kinder- bzw. jugendtheologisch realisiert werden kann: Kinder und Jugendliche werden zu Exegeten biblischer Texte; sie fragen nach Gott, Leid und Tod; sie entwickeln eigene Vorstellungen von Gott, zeichnen Gottesbilder und geben darüber Auskunft; sie setzen sich in Beziehung zu Jesus Christus und ‚streiten' über die Bedeutung, die Jesus für sie heute haben kann (Büttner 2002); sie erfahren und gestalten Spiritualität; sie erkunden sakrale Räume und machen sich eigene Gedanken dazu. – Auch hier, bei der Kinder- und Jugendtheologie, ist es wichtig, die verschiedenen Hermeneutikebenen religiösen Lernens zusammenzuhalten. Würde nur noch auf der Aneignungsebene gearbeitet, blieben die jungen Menschen letztlich Schöpfer ihrer eigenen Religion. In Kombination mit einer vermittlungs- und beziehungsorientierten Didaktik jedoch können die Kinder und Jugendlichen in die religiöse Welt der Überlieferung kritisch-konstruktiv und kreativ eintauchen.

Kinder reflektieren den Glauben

KIRCHENRAUMPÄDAGOGIK: ZWISCHEN RAUM UND MENSCH. Der didaktische Ansatz der Kirchenraumpädagogik (oft verkürzend „Kirchenpädagogik" genannt; Überblick: Rupp 2008) nimmt die Suchbewegung vieler Menschen unserer Zeit nach besonderen Orten und Räumen auf, an denen sie gegenüber der Hektik des Alltags und der reizüberflutenden, allgegenwärtigen Medienlandschaft Stille, Einkehr und Besinnung erfahren (können). Viele Zeitgenossen fühlen sich gerade wieder zu den traditionellen Orten des Gebets und der Liturgie in neuer Weise hingezogen. Sie suchen nach „Sinn und Sinnlichkeit in sakralen Räumen" (Steinmetz 2005). Kirchenraumpädagogik will aber auch gegen Defizite arbeiten (Rupp 2008, S. 10ff.): das Fremdwerden der eigenen kulturellen und religiösen Tradition; die Unfähigkeit, christliche Bilder und Symbole ‚lesen' und verstehen zu können; das Unbehagen an einer Engführung von Verkündigung und Katechese auf Worte und Belehrungen; die rein kunst- oder architekturhistorische Betrachtung sakraler Räume (z. B. bei ‚klassischen' Kirchenführungen). Demgegenüber will Kirchenraumpädagogik Raum und Mensch, Mensch und Raum in Beziehung bringen, wobei es nicht um eine Kirchenführung im engeren Sinne geht, sondern um eine persönliche Begegnung der Teilnehmer mit dem Ort, dessen Geschichte (Ausdruck der Glaubensgeschichte), Funktion (Liturgie, Gebet) und Ausstattung (Dimension des Raums, Bilder, Statuen, Symbole, liturgisch relevante Gegenstände etc.). Didaktische Prinzipien dabei sind:

Begegnung mit dem Ort

- Verlangsamung
- Versinnlichung
- vertiefte Wahrnehmung
- entdeckendes Lernen
- Fokussierung der Aufmerksamkeit
- Besinnung

Damit Kirchenraumpädagogik nicht zu einer rein erlebnis-(unterhaltungs-?) orientierten Unternehmung ohne Tiefgang wird, braucht sie eine solide symbol- bzw. zeichentheoretische Fundierung (u. a. Meyer-Blanck 2002; s. auch oben: Symboldidaktik), eine vertiefte Reflexion des Verhältnisses von Kunst und Kirche, einen Sinn für die Theologie der Architektur („Stein gewordenen Theologie"), eine Theologie der Kunst im Kirchenraum und vor allem ein Bewusstsein für die liturgische Dimension sakraler Räume (Gerhards 2006, S. 153): Kirchen wurden und werden als Orte der Gottesverehrung, der gottesdienstlichen Versammlung und des Gebets erbaut, weshalb kirchenraumpädagogische Unternehmungen zumindest ein Stück weit Sensibilität für Liturgie wecken sollte. Dazu hat sich ein didaktisches Schema bewährt, das durch seine Anlage und Durchführung liturgische Vollzüge widerspiegelt: Ankommen (Türritual), Eintreten (in Stille), Entdecken (jede und jeder für sich), Zusammenkommen (Austausch über das Gesehene und Erlebte), Erschließen (wechselseitige Erschließung von Person und Symbol), Besinnen (abschließend: Stille, Gebet, Bibeltext und/oder Lied). Solche Veranstaltungen können unterschiedlich akzentuiert sein: als Kirchenerkundung; als geistliche, spirituelle Hinführung; als Erschließung biblischer Motive in Kunst und Raum; als meditative Betrachtung; als Impuls für die Vertiefung der eigenen Gottesbeziehung.

Medienorientierte Religionsdidaktik: zwischen digitaler und realer Erfahrung. Da die Lebenswelt der Menschen immer mehr zur Medienwelt geworden ist und weiter wird, reflektieren religionspädagogische und -didaktische Diskussionen verstärkt den Einfluss der Massenmedien auf das religiöse Selbstverständnis und die religiöse Entwicklung (s. o. 10.5; Dinter 2007; Pirner et al. 2004; Pirner 2004, 2001). Meist ist der Einfluss der Medien, insbesondere der elektronischen Medien, nicht über direkte Lehr-Lern-Prozesse gesteuert (Informationssendungen; informative Internet-Seiten), sondern erfolgt indirekt über religiöse bzw. pseudoreligiöse Themen, mit denen Mediennutzer *en passant* konfrontiert werden. Teile davon bauen sie – auch wiederum oft unbewusst – in ihr religiöses Bewusstsein, Selbst- und Weltverständnis ein. Dadurch erfolgt „religiöse Mediensozialisation" (Manfred L. Pirner), die einen nicht zu vernachlässigenden Beitrag zu religiöser Identitätskonstruktion heute leistet. Denn die ohnehin spärlichen religiösen Primärerfahrungen (Familienreligiosität, Gemeindeerfahrungen, eigene Gottesdiensterfahrungen) werden überlagert und ‚angereichert' mit sekundären Erfahrungen aus Printmedien (z. B. Bücher mit religiösen oder pseudoreligiösen Themen, Broschüren, Ratgeber), aus Radio und v. a. Fernsehen (religiöse Motive in Songs, Videoclips, Serien und auch in qualitativ guten Filmen) sowie aus den unzähligen religiösen, kirchlichen, halbreligiösen, esoterischen, pseudospirituellen etc. Angeboten im Internet. Oft sind in den Medien Zerrbilder von Religion und Glauben präsent. Bewusst oder unbewusst werden Versatzstücke dieser Inhalte in die eigenen religiösen Vorstellungen eingebaut, sodass am Ende beim Individuum ein Konglomerat aus religiösen Elementen verschiedenster Anbieter entstehen kann. Eine medienorientierte Religionsdidaktik will derlei Prozesse bewusst machen und (junge) Menschen zu einem ‚vernünftigen' – also an Vernunft und Verstand orientierten – Gebrauch von Medien anleiten. Ziel didaktischer Arrangements ist eine (religiöse) Medienkompetenz, die insbesondere folgende Einzelkompetenzen umfasst: Die Fähigkeit …

religiöse Medienkompetenz

- (religiöse) Medienprodukte bewusst zu wählen und Alternativen zu kennen,
- eigene Medienbeiträge produzieren zu können (z. B. in Schule, Hochschule),
- (religiöse) Medieninhalte zu verstehen und nach vernünftigen Kriterien bewerten zu können,
- sich über den Einfluss von Medien auf die Nutzer bewusst zu sein (auch in religiöser Hinsicht),
- die Bedingungen von Medienproduktion zu kennen und einschätzen zu können (z. B. kommerzielle Interessen).

Inzwischen gibt es medienorientierte religionsdidaktische Konzepte, die die religiösen Elemente der Medienlandschaft integrieren und zum Gegenstand des Unterrichtens machen, z. B. die Arbeit mit Videoclips mit religiösen Inhalten (Mertin 1999), Songtexten (Flink 2006; Böhm et al. 2006), Filmen (Karsch et al. 2007; Kirsner et al. 2005), Internet (Mertin 2007) etc. Das Ziel ist stets eine erhöhte Sensibilität für religiöse oder religionsähnliche Motive in den Medien, eine Deutekompetenz im Blick auf religiöse Motive, ein Bewusstsein für die sozialisatorischen Wirkungen religiöser Elemente auf die Mediennutzer und v. a. ein Bewusstsein der Tatsache, dass direkte religiöse Erfahrungen (Begegnungen, gottesdienstliche Gemeinschaft, eigenes Gebet etc.) den Medienerfahrungen stets überlegen sind.

Performative Religionsdidaktik: zwischen Inszenierung und Deutung. Nur angedeutet werden soll ein relativ junger Gedanke in der Religionsdidaktik, der sich in besonderer Weise dem Verlust von religiösen Erfahrungen heutzutage stellt und die Möglichkeit der tätigen Aneignung religiöser Traditionen erweitert (Domsgen 2005; Klie et al. 2006). Aufgrund zunehmender Ahnungslosigkeit der Schülerinnen und Schüler gegenüber gelebter Religion soll im Religionsunterricht nicht nur *über* Religion gesprochen werden und Inhalte mitgeteilt werden (Vermittlung), sondern religiöse Formen in Szene gesetzt und dargestellt werden, was auf eine zunächst probeweise Aneignung durch die Lernenden zielt. Dabei geht es um eine szenische Erweiterung des Religionsunterrichts, der den gestalterischen und inszenierenden Elementen durch Aufführungen, Rituale und bewegliche Darstellungen Raum gibt. Darin können sich Schülerinnen und Schüler ‚ausprobieren', was die Lerngruppe im Anschluss reflektiert und deutet. Durch die bestimmte Form (lat. *per formam*) soll die ästhetische Dimension des Religiösen hervorgehoben, Wahrnehmung und Ausdruck geschult und der Weg zu eigenen religiösen Erlebnissen eröffnet werden. Wichtig ist das Nach-Denken des Inszenierten und Erlebten, womit nach der szenischen die intellektuelle Aneignung ermöglicht wird. Es bleibt abzuwarten, inwieweit der performative Ansatz in religionsunterrichtlicher Praxis rezipiert werden wird.

per formam

Zusammenfassung: dialogisch-kreative Religionsdidaktik

Religionsdidaktik heutzutage ist mehr denn je eine Unternehmung mit vielfältigen, nebeneinander stehenden Facetten. Längst hat man erkannt, dass die Geschichte der Religionsdidaktik nicht eine Abfolge von sich einander ablösenden Konzepten ist, sondern dass diverse, unterschiedlich akzentuierte Ansätze gleichzeitig bestehen und sich beim Unterrichten (z. B. über die Dauer eines Schuljahres) – selbst bei der gleichen Lehrkraft – abwechseln. „Geschichte ist Gegenwart!" schrieb schon vor Jahrzehnten die katholische Religionspädagogin Gabriele Miller, um die religionsdidaktische Landschaft zu charakterisieren (Miller 1977). Neue Entwürfe ersetzen die alten nicht einfachhin, sondern stärken einen bestimmten Gesichtspunkt, der bis dahin womöglich unterbelichtet war. Auch in der Gegenwart ist die Pluralität religionsdidaktischer Entwürfe nicht ein Zeichen für deren mangelnde Effektivität oder gar für religionsdidaktische Ratlosigkeit, sondern bedeutet notwendige Komplementarität.

Über die Einzelkonzeptionen hinweg gibt es indes deutliche Entwicklungslinien. Religionsdidaktische und katechetische Konzepte sind heute keine ‚Einbahnstraßen' mehr, wobei der zu behandelnde ‚Stoff' einfach übermittelt würde und die Aufgabe der Lernenden allein darin bestünde, ihn rezeptiv aufzunehmen (Vermittlungshermeneutik). Die meisten Modelle setzen auf kreative Eigenaktivität der Lernenden im Umgang mit den angebotenen Themen, was in Einklang mit Wahrnehmungs- und Lernkonzepten der neueren Kindheitsforschung und Sozialisationstheorie steht: Der Mensch ist nicht Objekt reiner Inhaltsvermittlung, sondern ein „produktiv Realität verarbeitendes Subjekt" (Hurrelmann). Im Lehr-Lern-Prozess kommt es wesentlich auf die kreative Aneignungsleistung der Lernenden an, die die behandelten Themen nicht einfach passiv übernehmen, sondern in einem schöpferischen, also produktiv-konstruktiv verändernden Prozess für sich bearbeiten (Aneignungshermeneutik). Aus diesem Grunde setzen neuere religionsdidaktische Konzeptionen stets Impulse, die auf Kreativität der Lernenden zielen. Hinzu kommt, dass Bildung im Allgemeinen, umso mehr religiöse Bildung als „Selbstbildung in Beziehung" verstanden wird (6.4), womit die kommunikative, dialogische Seite des Bildungsprozesses gemeint ist (Beziehungshermeneutik). Eine beziehungsorientierte, dialogisch-kreative Religionsdidaktik kann auch als eigener, übergreifender Entwurf konturiert werden, der die diversen Entwürfe aufnimmt und dabei v. a. die verschiedenen Beziehungsdimensionen des Lehr-Lernprozesses in den Mittelpunkt stellt (s. Kap 9; Boschki 2003). Eine zeitgemäße Religionsdidaktik wird – je nach Ansatz mehr oder weniger ausgeprägt – immer beide Pole repräsentieren: den dialogischen und den kreativen. Darin findet sie einen Ausgleich zwischen den gleichberechtigten Verstehensweisen von Religionsdidaktik: Vermittlung, Aneignung und Beziehung.

schöpferisch-konstruktiver Prozess

12. Lernwege

PERSONALES ANGEBOT IN SCHULE UND GEMEINDE. Die wichtigste ‚Methode' im religiösen Lehren und Lernen ist das personale Angebot. Das wichtigste ‚Medium' sind die Lehrenden selbst. Wie in 11.2 erwähnt, steht und fällt der Lehr-Lern-Prozess in Religion und Glauben mit den Personen, die daran beteiligt sind. Die Lehrenden sind nicht einfach austauschbare Variablen, ebenso wenig die Lernenden. Jede und jeder hat seinen und ihren spezifischen Beitrag im Setting religiösen Lehrens und Lernens. Bei den Lehrenden ist ihre personale Kompetenz die bedeutsamste Voraussetzung für ein mögliches Gelingen des Kommunikationsprozesses über Religion und Glauben, wobei das Gelingen aufgrund der differenzierten Zielbestimmung nicht bedeutet oder bedeuten muss, dass die Lernenden alles für sich übernehmen, was zur Sprache kommt. Gelingen bedeutet, dass Lernende Impulse zum Nachdenken und zum weiteren Fragen erhalten, dass sie in der Lage sind, ihre Gottesbeziehung zu bedenken und vor allem eine solide Grundlage (Kenntnisse, Erfahrungen, emotionale Zugänge) erhalten, damit sie sich ‚in Sachen' Religion und Glauben selbst entscheiden können. Dies kann dann gelingen, wenn die Lehrenden ihre personale und damit verbundene kommunikative Kompetenz in die Waagschale legen, zudem ihre fachliche, religiöse, spirituelle, religionsdidaktische und nicht zuletzt ihre methodische Kompetenz einbringen.

Glaubenskommunikation

In Familie und Gemeinde geht es dabei in erster Linie um Glaubenskommunikation: Menschen kommen über ihren Glauben, ihre Gottsuche, Zweifel, Hoffnungen, Ängste in Austausch miteinander. Auch in der Schule kann es zu Situationen gelingender Glaubenskommunikation kommen, doch aufgrund der Unterscheidung (nicht Trennung! s. 8.2) von Religionsunterricht und Katechese und aufgrund der Leistungsorientierung von Schule (Notengebung etc.) wird im schulischen Unterricht stärker zwischen *forum internum* (innere Auseinandersetzung mit Fragen des Glaubens) und *forum externum* (religiöse Kompetenz, s. 8.1) unterschieden, wobei die innere Auseinandersetzung angestoßen werden soll aber nicht abgeprüft wird. In jedem Fall brauchen die Lernenden ‚kompetente Personen', ‚signifikant Andere', mit denen sie Religion und Glaubensthemen entdecken und mit denen sie sich konstruktiv auseinandersetzen können.

Die Rede vom ‚personalen Angebot' muss allerdings vor zweierlei Missverständnissen geschützt werden: Es geht nicht um Subjektivismus, d. h. um eine ‚Methode', bei der sich die Lehrenden ständig mit ihrer Person und ihren subjektiven Erfahrungen in den Mittelpunkt des Lernprozesses stellen. Auch muss sich die Beziehung zwischen Lehrenden und Lernen von weiteren personalen Beziehungen (Freundschaft, Liebesbeziehung, Kumpelverhältnis) unterscheiden. Das personale Angebot im religiösen Lehren und Lernen ist gekennzeichnet durch zeitliche Begrenztheit und durch einen ‚gesunden' Ausgleich zwischen Nähe und Distanz. Es darf keine (auch nicht sublime) Vereinnahmung bedeuten, kein Abhängigkeitsverhältnis, keine Symbiose, sondern muss in Respekt und Achtung (vgl. Janusz Korczak, 6.3) vor den Lernenden erfolgen.

ZUERST DIE ZIELE, DANN DIE METHODEN. Die Methoden des Lehrens und Lernens sind den Zielen nachgeordnet (vgl. 8.1.; Klafki 2007, S. 259). Erst wenn die grundlegenden Optionen festgelegt sind, das Bedingungsfeld des Lernens geklärt ist, die elementaren Inhalte bestimmt (Kap. 9), die Verstehensvoraussetzungen der Lernenden eruiert (Teil B) und die didaktischen Entscheidungen (11.3) getroffen sind, können die konkreten Methoden festgelegt werden. Zuerst muss man die Ziele und Richtungen kennen, dann kann man die Lernwege bestimmen, die zu diesen Zielen führen (können). Gleichwohl sind die Methoden zwar nachgeordnet, stehen aber nicht an untergeordneter Stelle, denn sie sind wesentliche Komponenten im Gesamtprozess des Lehrens und Lernens. Eine solide methodische Kompetenz ist für religiös Lehrende unabdingbar. Dazu bieten die diversen Kompendien zu Methoden im Religionsunterricht eine gute Einführung (Rendle 2007; Meyer 2007, 2006; Grethlein 2007; Bitter et al. 2006a, Teil 5.2.; Adam et al. 2006, 2002; Niehl et al. 2006; Bosold et al. 2003; Kliemann 2003). Durch Ausprobieren und Erfahrung gewinnen Lehrende Kompetenz in der Auswahl und Sicherheit in der Anwendung der für das jeweilige Ziel geeigneten Methoden.

methodische Kompetenz

Ganzheitliche Methoden: kognitiv, emotional, sozial, handlungsorientiert. Das Geheimnis des Unterrichtens heißt Abwechslung. Nichts langweiliger als immer die gleichen Methoden! Innerhalb einer Unterrichtsstunde oder Katecheseeinheit sollte ein Methodenwechsel erfolgen, umso mehr innerhalb einer Unterrichtsreihe und über ein ganzes Schuljahr bzw. einen katechetischen Prozess hinweg. Entscheidend in der Religionsmethodik ist es, auf alle Sinne zu achten. Ein Lernen mit „Kopf, Herz und Hand" (Pestalozzi) spricht die Lernenden in ihren kognitiven Kompetenzen an, schult ihre Wahrnehmungsfähigkeit, bezieht die affektive und körperliche Dimension mit ein. In der Religionsdidaktik spricht man von den verschiedenen Lernzieldimensionen (8.1.; Biesinger 1999), die sich in diversen methodischen Arrangements niederschlagen: kognitiv, emotional, sozial, handlungsorientiert. Je nach vorherrschendem Lernziel ändern sich die Arbeitsweisen. Eine Unterrichtsreihe kann von verschiedenen Perspektiven angegangen und methodisch vielfältig bearbeitet werden. Es sollte dabei gleichermaßen die Hermeneutik der Vermittlung, Aneignung und Beziehung berücksichtigt werden.

Wichtige Stichworte für ganzheitliche Methoden in Religionsunterricht und Katechese sind (Literatur s. o.):

- kreative, interaktionale Bibelarbeit
- dialogisch-kreativer Umgang mit Texten
- erzählen
- Impulsreferate (durch Lehrkraft und/oder durch Lernende)
- Diskussionen; Pro und Contra; Schreibgespräch
- Expertengruppen zu verschiedenen Themen
- verschiedene Sozialformen (Einzel-, Partner-, Gruppenarbeit, Gruppenpuzzle etc.)
- kreatives Arbeiten mit Bildern (Kunstgeschichte; moderne Kunst; eigene Bilder)
- kreatives Arbeiten mit Musik (kirchliche Musik; klassische Musik; Popmusik)
- kreatives Arbeiten mit Filmen, Videoclips
- kreatives Gestalten
- kreatives Schreiben, Umschreiben, Verfremden
- Freiarbeit; Stationenlernen, Lernzirkel
- kinder- und jugendtheologisches Arbeiten

- Rollenspiele; szenische Kurzdarstellungen; Standbilder
- bibliodramatische Elemente
- meditative Elemente, Stilleübungen
- Gesang, Bewegung, Tanz, Klang
- spielen
- handlungsorientierte Elemente (z. B. Ausstellungen; Kurzfilmproduktion; Projektarbeit)
- Computereinsatz; medienkompetente Arbeit im Internet
- Lerngänge, Erkundungen, Exkursionen
- kirchenraumpädagogische Unternehmungen
- Konfliktlösungstraining; Gewaltprävention
- fächerverbindendes Arbeiten
- Gäste im Unterricht (z. B. Vertreterinnen und Vertreter anderer Konfessionen oder Religionen)
- (Wochen-)Praktika in kirchlichen und/oder sozialen Einrichtungen
- etc.

zwischen Abwechslung und produktiver Verlangsamung

Wie gesagt, Abwechslung ist wichtig, doch auch das andere Extrem ist zu vermeiden: ein Methodenfeuerwerk, bei dem die Lernenden den Eindruck gewinnen, es ginge nur noch um die Methoden und es bliebe das ‚Eigentliche' auf der Strecke. Werden zu viele Methoden in kurzer Zeit ‚eingespielt', verliert der Unterricht an Nachdenklichkeit, Ruhe und Möglichkeit zur Verarbeitung. Dagegen ist für eine „religionspädagogische Entdeckung der Langsamkeit" (Georg Hilger) zu plädieren, wobei Hektik und Aktivismus vermieden werden sollen. Stattdessen soll eine produktive Verlangsamung, die eine Vertiefung des Lernprozesses zur Folge hat, erreicht werden.

Die sieben Schritte der Vorbereitung. In Theorie und Praxis der Unterrichtsvorbereitung hat sich in Anklang an verschiedene allgemeindidaktische Entwürfe – u. a. an die „didaktische Analyse" nach Wolfgang Klafki – ein mehrschrittiges Verfahren allgemein durchgesetzt. Der evangelische Religionspädagoge und -didaktiker Klaus Wegenast hat sieben Schritte der Unterrichtsvorbereitung und -durchführung vorgeschlagen (Wegenast 1993), die in diversen Varianten eine Art Standard-Verfahren darstellen (vgl. Noormann et al. 2007; Hilger et al. 2005; JRP 18/2002) und die sich auch für Vorbereitung von Unternehmungen im Feld der Gemeindepädagogik oder Gemeindekatechese eignen. Die sieben Schritte werden hier um einen wichtigen Schritt nach vorne ergänzt, der dem Unterrichten eine grundlegende Richtung weist (aber nicht vor jeder Unterrichtsstunde neu bestimmt werden muss):

0. Klärung der grundlegenden Optionen
1. Analyse der Lerngruppe/Analyse des pädagogischen Feldes
2. Inhalts-Analyse/fachwissenschaftliche Analyse
3. (Religions-)didaktische Analyse
4. Bestimmung des Zielspektrums
5. Methodische Reflexion/Lernwege
6. Aufbau der Unterrichtseinheit bzw. -stunde
7. Reflexion

offener Prozess

Trotz aller Planung: Religiöse Lehr-Lern-Prozesse sind ‚unberechenbar'. Sie können aus vielerlei Gründen völlig anders verlaufen als vorgesehen. Auch das Ergebnis ist letztlich im Voraus nicht exakt bestimmbar. Unterricht und

Katechese sind offene Prozesse, deren Ausgang nicht allein in den Händen der Lehrenden ruht. Religiöse Bildung ist Fragment (9.3), doch sie verweist in ihrer Fragmentarität auf das Ganze: die Beziehung des Menschen zu Gott und Gottes Beziehung zu den Menschen.

Ertrag: Religionspädagogische Grundoptionen (IV)

Religionsdidaktische Grundsatzreflexionen sind im Theorie-Praxis-Zirkel stets auf Praxis hin orientiert. Sie münden in die Reflexion religionsdidaktischer Konzeptionen und konkreter Arbeitsweisen:

(16) Religiöse Bildung bedarf einer Sensibilität für den jeweiligen Lernort.
Lehren und Lernen gestaltet sich an verschiedenen Orten höchst unterschiedlich. Die Bedingungen im privaten Raum der Familie, im öffentlichen Raum einer Gemeinde, im leistungsbezogenen Raum der Schule sind äußerst verschieden und erfordern unterschiedliche religionsdidaktische Realisierungsformen.

(17) Die religiösen Lernorte (insbes. Familie, Gemeinde, Schule) müssen in ihrer Vernetzung gesehen werden.
Eine isolierte Sicht religiöser Lernorte kommt einer Verkürzung und Einseitigkeit religiösen Lernens gleich. Jeder dieser Lernorte ist auf den anderen angewiesen. Es müssen Brücken zwischen ihnen hergestellt werden, aber auch weitere (z. T. indirekte) Lernorte wie Medien oder Erwachsenenbildung mitberücksichtigt werden.

(18) Religionsdidaktische Konzepte brauchen gleichermaßen Elemente und Methoden der Vermittlung, der Aneignung und der Beziehung.
Sowohl die Konzeption als auch die konkreten Lernformen (Methoden) sollen in dieser Vielfalt angelegt und angewendet werden. Sie sollen alle Sinne ansprechen und abwechselnd kognitive, emotionale, soziale sowie handlungsorientierte Aspekte umfassen.

(19) Methoden religiösen Lehrens und Lernens stehen und fallen mit den Zielen und mit dem personalen Angebot der Lehrenden.
Das Primat der Ziele und Optionen vor den Methoden ist stets zu beachten, ebenso die Bedeutung der Person der Lehrenden: Authentizität, Offenheit, Klarheit und kommunikative Kompetenz sind wesentliche Komponenten des personalen Angebots.

(20) Man kann religionsdidaktisch und methodisch immer nur einen Teil des Ganzen realisieren, aber man muss das Ganze stets im Blick behalten.
Auch mit den besten Planungen und Methoden gilt: Religiöse Lehr-Lern-Prozesse und mit ihnen religiöse Bildung bleiben immer fragmentarisch. Aber in dieser Unvollkommenheit tragen sie, wenn sie ernsthaft und glaubwürdig initiiert werden, den Keim des Vollkommenen in sich: Gottes Gegenwart in dieser Welt und beim Menschen.

Literaturverzeichnis

Adam, Gottfried; Englert, Rudolf et al. (Hg.) (2007): Bibeldidaktik. Ein Lese- und Studienbuch. 2. Aufl. Berlin.

Adam, Gottfried; Lachmann, Rainer (Hg.) (2002): Methodisches Kompendium für den Religionsunterricht. 1. Basisband. 4. Aufl. Göttingen.

Adam, Gottfried; Lachmann, Rainer (Hg.) (2006): Methodisches Kompendium für den Religionsunterricht. 2. Aufbaukurs. 2. Aufl. Göttingen.

Altmeyer, Stefan (2006a): Alles nur Dekoration? Ästhetisches Lernen im Fokus theologischer und religionsdidaktischer Zugänge: Religionspädagogische Beiträge, H. 57, S. 3–19.

Altmeyer, Stefan (2006b): Von der Wahrnehmung zum Ausdruck. Zur ästhetischen Dimension von Glauben und Lernen. Stuttgart.

Altmeyer, Stefan; Boschki, Reinhold (2008): Das macht Sinn. Beziehungshermeneutische Gleichnisdidaktik am Beispiel der „Arbeiter im Weinberg“ (Mt 20,1–15): Bibel und Kirche, Jg. 63, H. 2, S. 89–92.

Altmeyer, Stefan; Boschki, Reinhold et al. (Hg.) (2006a): Christliche Spiritualität lehren, lernen und leben (FS Bitter). Göttingen.

Altmeyer, Stefan; Theis, Joachim (2006b): Sensibilisieren und Einladen. Kommunikationstheoretische Grundlegung einer Spiritualitätsdidaktik alltäglicher Lebensformen. In: Altmeyer/Boschki et al. 2006, S. 85–99.

Anderssohn, Stefan (2007): „Gott ist die bunte Vielfalt für mich“. Einblicke in die Religiosität von Menschen mit geistiger Behinderung. Perspektiven für die integrative Religionspädagogik. Neukirchen-Vluyn.

Andresen, Sabine (2005): Einführung in die Jugendforschung. Darmstadt.

Angel, Hans-Ferdinand (2006): Religiosität. Anthropologische, theologische und sozialwissenschaftliche Klärungen. Stuttgart.

Augustinus, Aurelius (1985): Vom ersten katechetischen Unterricht (übers. von Werner Steinmann; bearb. von Otto Wermelinger). München.

Baacke, Dieter (2004): Jugend und Jugendkulturen. Darstellung und Deutung. 4. Aufl. Weinheim.

Bahr, Matthias; Kropac, Ulrich et al. (Hg.) (2005): Subjektwerdung und religiöses Lernen. Für eine Religionspädagogik, die den Menschen ernst nimmt (FS Hilger). München.

Baldermann, Ingo (2007): Einführung in die biblische Didaktik. 3. Aufl. Darmstadt.

Battke, Achim; Fitzner, Thilo et al. (Hg.) (2002): Schulentwicklung – Religion – Religionsunterricht. Profil und Chance von Religion in der Schule der Zukunft. Freiburg im Breisgau.

Baudler, Georg (1984): Korrelationsdidaktik. Leben durch Glauben erschließen: Theorie und Praxis der Korrelation von Glaubensüberlieferung und Lebenserfahrung auf der Grundlage von Symbolen und Sakramenten. Paderborn.

Baudler, Georg (2006): Korrelation von Glaube und Leben. In: Bitter/Englert et al. 2006, S. 446–451.

Baumann, Ulrike; Englert, Rudolf et al. (Hg.) (2005): Religionsdidaktik. Praxishandbuch für die Sekundarstufe I und II. Berlin.

Baumgart, Franzjörg (Hg.) (2007): Entwicklungs- und Lerntheorien. Erläuterungen – Texte – Arbeitsaufgaben. 2. Aufl. Bad Heilbrunn.

Beck, Ulrich (2006): Risikogesellschaft. Auf dem Weg in eine andere Moderne. 18. Aufl. Frankfurt a. M.

Beck, Ulrich; Beck-Gernsheim, Elisabeth (Hg.) (2004): Riskante Freiheiten. Individualisierung in modernen Gesellschaften. 6. Aufl. Frankfurt a. M.

Becker, Ulrich; Scheilke, Christoph Th. (Hg.) (1995): Aneignung und Vermittlung. Beiträge zu Theorie und Praxis einer religionspädagogischen Hermeneutik. Gütersloh.

Beile, Hartmut (1998): Religiöse Emotionen und religiöses Urteil. Eine empirische Studie über Religiosität bei Jugendlichen. Ostfildern.

Beiner, Friedhelm (1994): Wer kann Erzieher sein? Das Bild des Erziehers bei Korczak und anderen Reformpädagogen. In: Kunz 1994, S. 71–102.

Benjamin, Walter (1991): Gesammelte Schriften. Tiedemann, Rolf; Schweppenhäuser, Hermann (Hg.). Frankfurt a. M.

Benner, Dietrich (2001): Hauptströmungen der Erziehungswissenschaft. Eine Systematik traditioneller und moderner Theorien. 4. Aufl. Weinheim.

Benner, Dietrich; Brüggen, Friedhelm (2004a): Art. Bildsamkeit/Bildung. In: Benner/Oelkers 2004, S. 174–215.

Benner, Dietrich; Oelkers, Jürgen (Hg.) (2004b): Historisches Wörterbuch der Pädagogik. Darmstadt.

Berg, Horst Klaus (2003): Grundriß der Bibeldidaktik. Konzepte, Modelle, Methoden. 3. Aufl. München.

Berg, Horst Klaus (2006): Arbeit mit der Bibel/Bibeldidaktik. In: Bitter/Englert et al. 2006, S. 215–220.

Berg, Horst Klaus; Weber, Ulrike (1999): Montessori für Religionspädagogen. 3. Aufl. Stuttgart.

Berger, Peter L. (Hg.) (1999): The Desecularization of the world. Resurgent religion and world politics. Grand Rapids.

Bertelsmann Stiftung (Hg.) (2007): Religionsmonitor 2008. Gütersloh.

Beyer, Franz-Heinrich (2007): Art. Katechismus. 1. Evangelisch. In: Mette/Rickers 2007, Bd. 1, Sp. 970–976.

Biehl, Peter (1999): Festsymbole. Zum Beispiel Ostern. Kreative Wahrnehmung als Ort der Symboldidaktik. Neukirchen-Vluyn.

Biehl, Peter (2005): Die Wiederentdeckung der Bildung in der gegenwärtigen Religionspädagogik. Ein Literaturbericht. In: Biehl/Nipkow 2005, S. 111–152.

Biehl, Peter (2006): Religionsdidaktische Konzeptionen. In: Bitter/Englert et al. 2006, S. 440–446.

Biehl, Peter; Nipkow, Karl Ernst (2005): Bildung und Bildungspolitik in theologischer Perspektive. 2. Aufl. Münster, 2005.

Biemer, Günter (1999): Symbole des Glaubens leben – Symbole des Lebens glauben. Sakramentenkatechese als Lernprozeß. Taufe, Firmung, Eucharistie. Ostfildern.

Biesinger, Albert (1983): Religionsunterricht als Beziehungslernen. Thesen zur Aufhebung falscher Alternativen: Katechetische Blätter, Jg. 108, S. 820–827.

Biesinger, Albert (1998): Der katechetische Ansatz von J.B. Hirscher: Ein Modell mit Zukunft. In: Biesinger/Schmitt 1998, S. 223–248.

Biesinger, Albert (1999): Wie der Religionsunterricht Zukunft hat. Kognition, Emotion und religiöse Handlungsorientierung: Theologische Quartalschrift, Jg. 179, H. 2, S. 119–131.

Biesinger, Albert; Bendel, Herbert (Hg.) (2000): Gottesbeziehung in der Familie. Familienkatechetische Orientierungen von der Kindertaufe bis ins Jugendalter. Ostfildern.

Biesinger, Albert; Bendel, Herbert et al. (2004): Gott mit neuen Augen sehen. Wege zur Erstkommunion. 4 Bände. München.

Biesinger, Albert; Hänle, Joachim (Hg.) (1998a): Gott – mehr als Ethik. Der Streit um LER und Religionsunterricht. 2. Aufl. Freiburg im Breisgau.

Biesinger, Albert; Schmitt, Christoph (1998b): Gottesbeziehung. Hoffnungsversuche für Schule und Gemeinde. Handbuch. Freiburg im Breisgau.

Biser, Eugen; Lenzen, Verena et al. (2005): Glaube/Vertrauen. In: Eicher 2005, Bd. 2, S. 17–39.

Bitter, Gottfried (1989): Katechese. Entwicklungen und Aufgaben in der Glaubensvermittlung: Pastoraltheologie, Jg. 78, S. 495–518.

Bitter, Gottfried (1996): Plädoyer für eine zeitgemäße Korrelationsdidaktik. Sieben friedfertige Thesen: Lebendige Katechese, Jg. 18, S. 1–8.

Bitter, Gottfried (2004): Chancen und Grenzen einer Spiritualitätsdidaktik. In: Schreijäck 2004, S. 158–184.

Bitter, Gottfried (2005): Welche Katechese hat Zukunft? Praktisch-theologische Mutmaßungen. In: Theis 2005, S. 212–223.

Bitter, Gottfried (2007): Spiritualität und geistlicher Lebensstil. In: Langer/Verburg 2007, S. 15–44.

Bitter, Gottfried; Englert, Rudolf et al. (Hg.) (2006a): Neues Handbuch religionspädagogischer Grundbegriffe. 2. Aufl. München.

Bitter, Gottfried; Gerhards, Albert (Hg.) (1998): Glauben lernen – Glauben feiern. Katechetisch-liturgische Versuche und Klärungen. Stuttgart.

Bitter, Gottfried; Mette, Norbert (Hg.) (2006b): Glauben macht lebendig. Zur Erinnerung an Adolf Exeler. München.

Bitter, Gottfried; Miller, Gabriele (Hg.) (1986): Handbuch religionspädagogischer Grundbegriffe. 2 Bände. München.

Bizer, Christoph (1988): Art. Katechetik. In: Theologische Realenzyklopädie (17), S. 686–710.

Blasberg-Kuhnke, Martina (2004): Religiöse Erziehung in der Familie. In: Lesch 2004, S. 65–72.

Boff, Clodovis (1986): Theologie und Praxis. Die erkenntnistheoretischen Grundlagen der Theologie der Befreiung. 3. Aufl. München u. a.

Böhm, Uwe; Buschmann, Gerd (2006): Popmusik – Religion – Unterricht. Modelle und Materialien zur Didaktik von Popularkultur. 3. Aufl. Münster.

Bollnow, Otto Friedrich (Hg.) (1969): Erziehung in anthropologischer Sicht. Zürich.

Borries, Bodo von (1999): Jugend und Geschichte. Ein europäischer Kulturvergleich aus deutscher Sicht. Opladen.

Boschki, Reinhold (2001): Zugänge zum Unzugänglichen. Religionspädagogik nach Auschwitz. In: Fuchs/Boschki et al. 2001, S. 346–371.

Boschki, Reinhold (2003): „Beziehung" als Leitbegriff der Religionspädagogik. Grundlegung einer dialogisch-kreativen Religionsdidaktik. Ostfildern.

Boschki, Reinhold (2005): Von welchem Subjekt reden wir eigentlich? Für eine beziehungsorientierte Subjektkonstruktion in Pastoraltheologie und Religionspädagogik. In: Nauer/Bucher et al. 2005, S. 58–64.

Boschki, Reinhold (2007): Der phänomenologische Blick: „Vierschritt" statt „Dreischritt" in der Religionspädagogik. In: Boschki/Gronover 2007, S. 25–47.

Boschki, Reinhold; Gronover, Matthias (Hg.) (2007): Junge Wissenschaftstheorie der Religionspädagogik. Münster.
Boschki, Reinhold; Schlenker, Claudia (2006a): Konfessionelle Kooperation im Religionsunterricht. In: Bitter/Englert et al. 2006, S. 388–391.
Boschki, Reinhold; Schreijäck, Thomas et al. (Hg.) (2008): Religionspädagogische Grundoptionen. Freiburg im Breisgau, im Druck.
Boschki, Reinhold; Schuster, Ekkehard (Hg.) (1999): Zur Umkehr fähig. Mit Dorothee Sölle im Gespräch. Mainz.
Boschki, Reinhold; Woppowa, Jan (2006b): Theologie der Kinder – Theologie der Kindheit: Katechetische Blätter, Jg. 131, S. 94–100.
Bosold, Iris; Kliemann, Peter (Hg.) (2003): „Ach, Sie unterrichten Religion?". Methoden, Tipps und Trends. Stuttgart.
Brakmann, Heinzgerd; Metzger, Marcel (2004a): Art. Katechumenat. In: Reallexikon für Antike und Christentum (20), Sp. 497–574.
Brakmann, Heinzgerd; Pasquato, Ottorino (2004b): Art. Katechese (Katechismus). In: Reallexikon für Antike und Christentum (20), Sp. 422–496.
Braun, Christina von (Hg.) (2007): Säkularisierung. Bilanz und Perspektiven einer umstrittenen These. Münster.
Brezinka, Wolfgang (1990): Grundbegriffe der Erziehungswissenschaft. Analyse, Kritik, Vorschläge. 5. Aufl. München.
BRU-Handbuch (2006): Neues Handbuch Religionsunterricht an berufsbildenden Schulen. 2. Aufl. Neukirchen-Vluyn.
Brumlik, Micha (Hg.) (2007): Vom Missbrauch der Disziplin. Antworten der Wissenschaft auf Bernhard Bueb. Weinheim.
Buber, Martin (2000): Reden über Erziehung. 10. Aufl. Gerlingen.
Buber, Martin (2000): Über das Erzieherische [1925]. In: Buber 2000, S. 11–49.
Buber, Martin (2006 [1923 ff.]): Das dialogische Prinzip. 10. Aufl. Gütersloh.
Bucher, Anton (2001): Religionsunterricht zwischen Lernfach und Lebenshilfe. Eine empirische Untersuchung zum katholischen Religionsunterricht in der Bundesrepublik Deutschland. 3. Aufl. Stuttgart.
Bueb, Bernhard (2007): Lob der Disziplin. Eine Streitschrift. 13. Aufl. Berlin.
Büttner, Gerhard (2002): „Jesus hilft!". Untersuchungen zur Christologie von Schülerinnen und Schülern. Stuttgart.
Büttner, Gerhard; Dieterich, Veit-Jakobus (Hg.) (2000): Die religiöse Entwicklung des Menschen. Ein Grundkurs. Stuttgart.
Büttner, Gerhard; Rupp, Hartmut (Hg.) (2002): Theologisieren mit Kindern. Stuttgart.
Büttner, Gerhard; Thierfelder, Jörg (Hg.) (2001): Trug Jesus Sandalen? Kinder und Jugendliche sehen Jesus Christus. Göttingen.
Canisius, Petrus (2003 [1555]): Der Große Katechismus. Summa doctrinae christianae. Ins Deutsche übertragen und kommentiert von Hubert Filser und Stephan Leimgruber. Regensburg.
Cavalletti, Sofia (1994): Das religiöse Potential des Kindes. Religiöse Erziehung im Rahmen der Montessori-Pädagogik. Erfahrungen mit Kindern im Alter von drei bis sechs Jahren. Freiburg im Breisgau.
Cohn, Ruth C.; Terfurth, Christina (Hg.) (2001): Lebendiges Lehren und Lernen. TZI macht Schule. 4. Aufl. Stuttgart.
Crenshaw, James L. (1998): Education in ancient Israel. Across the deadening silence. New York.
Cyrill von Jerusalem (1992): Mystagogicae catecheses (hg. und übers. von Georg Röwekamp). Freiburg im Breisgau.
Dam, Harmjan (2006): Schulseelsorge. In: Bitter/Englert et al. 2006, S. 358–361.
Dassmann, Ernst (1993): Augustinus. Heiliger und Kirchenlehrer. Stuttgart.
Degen, Roland (2007): Art. Gemeindepädagogik. In: Mette/Rickers 2007, Bd. 1, Sp. 682–687.
Denz, Hermann (Hg.) (2002): Die europäische Seele. Leben und Glauben in Europa. Wien.
Deutsche Bischofskonferenz (DBK) (Hg.) (1997): Kongregation für den Klerus. Allgemeines Direktorium für die Katechese. Bonn.
Deutsche Bischofskonferenz (DBK) (Hg.) (1998): Texte zu Katechese und Religionsunterricht. Bonn.
Deutsche Bischofskonferenz (DBK): Der Religionsunterricht vor neuen Herausforderungen (2005). Bonn.
Deutsche Bischofskonferenz (DBK): Die bildende Kraft des Religionsunterrichts. Zur Konfessionalität des katholischen Religionsunterrichts (1996). Bonn.
Deutsche Bischofskonferenz (DBK): Ehe und Familie – in guter Gesellschaft (1999). Bonn.
Deutsche Bischofskonferenz (DBK): Katechese in veränderter Zeit (2004). Bonn.
Didache (hg. und übers. von Georg Schöllgen). 3. Aufl. (2000). Freiburg im Breisgau.
Dinter, Astrid (2007): Adoleszenz und Computer. Von Bildungsprozessen und religiöser Valenz. Göttingen.
Dinter, Astrid; Heimbrock, Hans-Günter et al. (Hg.) (2007): Einführung in die empirische Theologie. Gelebte Religion erforschen. Göttingen.

Dirscherl, Erwin (2006): Grundriss theologischer Anthropologie. Die Entschiedenheit des Menschen angesichts des Anderen. Regensburg.
Domsgen, Michael (2004): Familie und Religion. Grundlagen einer religionspädagogischen Theorie der Familie. Leipzig.
Domsgen, Michael (2005): Der performative Religionsunterricht – eine neue religionsdidaktische Konzeption?: Religionspädagogische Beiträge, H. 54, S. 31–49.
Dörpinghaus, Andreas; Poenitsch, Andreas et al. (2008): Einführung in die Theorie der Bildung. 2. Aufl. Darmstadt.
Ebertz, Michael N. (1999): Kirche im Gegenwind. Zum Umbruch der religiösen Landschaft. 3. Aufl. Freiburg im Breisgau.
Ebertz, Michael N. (2000): „Heilige Familie" – Ein Auslaufmodell? Religiöse Kompetenz der Familien in soziologischer Sicht. In: Biesinger/Bendel 2000, S. 16–43.
Edelbrock, Anke (2002): Symboldidaktik am Beispiel von Hubertus Halbfas und Peter Biehl: Jahrbuch der Religionspädagogik, Jg. 18, S. 74–89.
Edelstein, Wolfgang; Grözinger, Karl E. et al. (2001): Lebensgestaltung – Ethik – Religionskunde. Zur Grundlegung eines neuen Schulfachs. Analysen und Empfehlungen. Weinheim.
Ehrenspeck, Yvonne (2002): Philosophische Bildungsforschung. Bildungstheorie. In: Tippelt/Schmidt 2002, S. 141–154.
Eicher, Peter (1977): Offenbarung. Prinzip neuzeitlicher Theologie. München.
Eicher, Peter (1991b): Offenbarung. In: Eicher 1991, Bd. 5, S. 98–115.
Eicher, Peter (Hg.) (1991a): Neues Handbuch theologischer Grundbegriffe. Erw. Neuausg. in 5 Bänden. München.
Eicher, Peter (Hg.) (2005): Neues Handbuch theologischer Grundbegriffe. 4 Bände. München.
Emeis, Dieter (2001): Grundriss der Gemeinde- und Sakramentenkatechese. München.
Englert, Rudolf (1995): Wissenschaftstheorie der Religionspädagogik. In: Ziebertz/Simon 1995, S. 147–174.
Englert, Rudolf (2002): Skizze einer pluralitätsfähigen Religionspädagogik. In: Schweitzer/Englert et al. 2002, S. 87–103.
Englert, Rudolf (2006a): Pilger auf verschiedenen Pfaden. Geistige und geistliche Suchbewegungen unserer Zeit. In: Altmeyer/Boschki et al. 2006, S. 17–28.
Englert, Rudolf (2006b): Ziele religionspädagogischen Handelns. In: Bitter/Englert et al. 2006, S. 53–58.
Englert, Rudolf (2007): Religionspädagogische Grundfragen. Anstöße zur Urteilsbildung. Stuttgart.
Englert, Rudolf; Güth, Ralph (1999): „Kinder zum Nachdenken bringen". Eine empirische Untersuchung zu Situation und Profil katholischen Religionsunterrichts an Grundschulen. Die Essener Umfrage. Stuttgart.
Englert, Rudolf; Leimgruber, Stephan (Hg.) (2005): Erwachsenenbildung stellt sich religiöser Pluralität. Gütersloh.
Erikson, Erik H. (1995 [1957]): Kindheit und Gesellschaft. 12. Aufl. Stuttgart.
Erikson, Erik H. (2003a [1966]): Identität und Lebenszyklus. Drei Aufsätze. Frankfurt a. M.
Erikson, Erik H. (2003b [1980]): Jugend und Krise. Die Psychodynamik im sozialen Wandel. 5. Aufl. Stuttgart.
Evangelische Kirche in Deutschland (EKD): Christlicher Glaube und nichtchristliche Religionen. Theologische Leitlinien (2003).
Evangelische Kirche in Deutschland (EKD): Identität und Verständigung. Standort und Perspektiven des Religionsunterrichts in der Pluralität. Eine Denkschrift. 5. Aufl. (2000a). Gütersloh.
Evangelische Kirche in Deutschland (EKD): Schritte der Erneuerung im Verhältnis zum Judentum (2000b). Gütersloh.
Evangelische Kirche in Deutschland (EKD); Deutsche Bischofskonferenz (DBK): Zur Kooperation von Evangelischem und Katholischem Religionsunterricht (1998). Hannover, Bonn.
Faller, Joachim (2006): „Mir scheint, es wäre an der Zeit zu handeln ...". Johann Baptist von Hirscher – Werk und Wirken in einer Epoche des Umbruchs (1845–1865). Freiburg im Breisgau, München.
Feige, Andreas (2002): Jugend und Religion. In: Krüger/Grunert 2002, S. 805–818.
Feige, Andreas; Dressler, Bernhard et al. (2000): „Religion" bei ReligionslehrerInnen. Religionspädagogische Zielvorstellungen und religiöses Selbstverständnis in empirisch-soziologischen Zugängen. Berufsbiographische Fallanalysen und eine repräsentative Meinungserhebung unter evangelischen ReligionslehrerInnen in Niedersachsen. Münster.
Feige, Andreas; Tzscheetzsch, Werner (2005): Christlicher Religionsunterricht im religionsneutralen Staat? Unterrichtliche Zielvorstellungen und religiöses Selbstverständnis von ev. und kath. Religionslehrerinnen und -lehrern in Baden-Württemberg. Eine empirisch-repräsentative Befragung. Ostfildern.
Fend, Helmut (2005): Entwicklungspsychologie des Jugendalters. 3. Aufl. Wiesbaden.
Fend, Helmut (2006): Neue Theorie der Schule. Ein-

führung in das Verstehen von Bildungssystemen. Wiesbaden.
Ferchhoff, Wilfried (2007): Jugend und Jugendkulturen im 21. Jahrhundert. Lebensformen und Lebensstile. 3. Aufl. Wiesbaden.
Fischer, Dietlind; Schöll, Albrecht (Hg.) (2000): Religiöse Vorstellungen bilden. Erkundungen zur Religion von Kindern über Bilder. Münster.
Fischer, Hermann (2000): Art. Schleiermacher. In: Theologische Realenzyklopädie (30), S. 143–189.
Flink, Ute (2006): Rock, Pop – Amen?! Christlicher Glaube und zeitgenössische Musik. Münster.
Fowler, James W. (2000 [1981]): Stufen des Glaubens. Die Psychologie der menschlichen Entwicklung und die Suche nach Sinn. Gütersloh.
Fraas, Hans-Jürgen (2000): Bildung und Menschenbild in theologischer Perspektive. Göttingen.
Fraas, Hans-Jürgen; Grünberg, Wolfgang et al. (1988): Art. Katechismus. In: Theologische Realenzyklopädie (17), S. 710–738.
Freudenberger-Lötz, Petra (2007): Theologische Gespräche mit Kindern. Untersuchungen zur Professionalisierung Studierender und Anstöße zu forschendem Lernen im Religionsunterricht. Stuttgart.
Frieling, Reinhard; Scheilke, Christoph Th. (Hg.) (1999): Religionsunterricht und Konfessionen. Göttingen.
Frost, Ursula (1991): Einigung des geistigen Lebens. Zur Theorie religiöser und allgemeiner Bildung bei Friedrich Schleiermacher. Paderborn.
Fuchs, Ottmar (2000a): Verkündigung – Erinnerung und Weisung. In: Haslinger 2000, Bd. 2, S. 422–438.
Fuchs, Ottmar (2000b): Wie funktioniert die Theologie in empirischen Untersuchungen?: Theologische Quartalschrift, Jg. 180, S. 191–210.
Fuchs, Ottmar (2005): Praktische Hermeneutik der Heiligen Schrift. 2. Aufl. Stuttgart.
Fuchs, Ottmar (Hg.) (1984): Theologie und Handeln. Beiträge zur Fundierung der praktischen Theologie als Handlungstheorie. Düsseldorf.
Fuchs, Ottmar; Boschki, Reinhold et al. (Hg.) (2001): Zugänge zur Erinnerung. Bedingungen anamnetischer Erfahrung. Studien zur subjektorientierten Erinnerungsarbeit. Münster.
Fuchs-Heinritz, Werner (2000): Religion. In: Jugendwerk der Deutschen Shell 2000, Bd. 1, S. 157–180.
Fuhrer, Therese (2004): Augustinus. Darmstadt.
Fürst, Gebhard (Hg.) (1989): Glaube als Lebensform. Der Beitrag Johann Baptist Hirschers zur Neugestaltung christlich-kirchlicher Lebenspraxis und lebensbezogener Theologie. Mainz.
Fürst, Walter (1979): Wahrheit im Interesse der Freiheit. Eine Untersuchung zur Theologie J. B. Hirschers (1788 – 1865). Mainz.
Fürst, Walter; Wittrahm, Andreas et al. (Hg.) (2003): „Selbst die Senioren sind nicht mehr die alten …". Praktisch-theologische Beiträge zu einer Kultur des Alterns. Münster.
Garhammer, Erich; Weiß, Wolfram (Hg.) (2002): Brückenschläge. Akademische Theologie und Theologie der Akademien. Würzburg.
Garz, Detlef (2006): Sozialpsychologische Entwicklungstheorien. Von Mead, Piaget und Kohlberg bis zur Gegenwart. 3. Aufl. Wiesbaden.
Gensicke, Thomas (2006): Jugend und Religiosität. In: Shell AG 2006, S. 203–239.
Gerhards, Albert (2006): Sinn und Sinnlichkeit sakraler Räume. Kirchenpädagogik ist im Kommen: Herder Korrespondenz, Jg. 60, H. 3, S. 149–153.
Gerhards, Albert; Doeker, Andrea et al. (Hg.) (2003): Identität durch Gebet. Zur gemeinschaftsbildenden Funktion institutionalisierten Betens in Judentum und Christentum. Unter Mitarbeit von Stephan Wahle. Paderborn.
Gerhards, Albert; Kranemann, Benedikt (2006): Einführung in die Liturgiewissenschaft. Darmstadt.
Geulen, Dieter (1999): Subjekt-Begriff und Sozialisationstheorie. In: Leu/Krappmann 1999, S. 21–48.
Geulen, Dieter (2005): Subjektorientierte Sozialisationstheorie. Sozialisation als Epigenese des Subjekts in Interaktion mit der gesellschaftlichen Umwelt. Weinheim.
Giesecke, Hermann (1999): Die pädagogische Beziehung. Pädagogische Professionalität und die Emanzipation des Kindes. 2. Aufl. Weinheim.
Göhlich, Michael; Zirfas, Jörg (2007): Lernen. Ein pädagogischer Grundbegriff. Stuttgart.
Göppel, Rolf (2007): Aufwachsen heute. Veränderungen der Kindheit – Probleme des Jugendalters. Stuttgart.
Görg, Manfred; Langer, Michael (Hg.) (1997): Als Gott weinte. Theologie nach Auschwitz. Regensburg.
Göttler, Joseph (1923): Religions- und Moralpädagogik. Grundriß einer zeitgemäßen Katechetik. Münster.
Gräb, Wilhelm (2007): Art. Rechtfertigung. In: Mette/Rickers 2007, Bd. 2, Sp. 1588–1594.
Grethlein, Christian (1998): Religionspädagogik. Berlin, New York.
Grethlein, Christian (2005): Fachdidaktik Religion. Evangelischer Religionsunterricht in Studium und Praxis. Göttingen.
Grethlein, Christian (2006): Befähigung zum Christsein – ein lernortübergreifendes religionspädagogisches Ziel: Theo-Web, Zeitschrift für Religionspädagogik, Jg. 5, H. 2, S. 2–18.
Grethlein, Christian (2007): Methodischer Grundkurs für den Religionsunterricht. Kurze Darstellung der

20 wichtigsten Methoden im Religionsunterricht der Sekundarstufe 1 und 2 mit Beispielen. 2. Aufl. Leipzig.

Grethlein, Christian; Lück, Christhard (2006): Religion in der Grundschule. Ein Kompendium. Göttingen.

Grob, Alexander; Jaschinski, Uta (2003): Erwachsen werden. Entwicklungspsychologie des Jugendalters. Weinheim.

Grom, Bernhard (2007): Religionspsychologie. 3. Aufl. München.

Grümme, Bernhard (2004): Eine Theologie der Kindheit bei Karl Rahner. Ein Gespräch zwischen systematischer Theologie und Religionspädagogik: Orientierung, Jg. 68, S. 231–234.

Grunert, Cathleen; Krüger, Heinz-Hermann (2006): Kindheit und Kindheitsforschung in Deutschland. Forschungszugänge und Lebenslagen. Opladen.

Gudjons, Herbert (2006): Pädagogisches Grundwissen. Überblick, Kompendium, Studienbuch. 9. Aufl. Bad Heilbrunn.

Gutjahr, Elisabeth (2007): Art. Erasmus von Rotterdam. In: Mette/Rickers 2007, Bd. 1, Sp. 417–420.

Habermas, Jürgen (1981): Theorie des kommunikativen Handelns. 2 Bände. Frankfurt a. M.

Habermas, Jürgen (2002): Glauben und Wissen. Friedenspreis des Deutschen Buchhandels 2001. 2. Aufl. Frankfurt a. M.

Habermas, Jürgen (2003 [1973]): Erkenntnis und Interesse. Frankfurt a. M.

Haep, Christopher (2007): Zeit und Bildung. Elemente einer christlichen Bildungskultur. Stuttgart.

Halbfas, Hubertus (1997): Das dritte Auge. Religionsdidaktische Anstöße. 7. Aufl. Düsseldorf.

Halbfas, Hubertus (2006): Symboldidaktik. In: Bitter/Englert et al. 2006, S. 456–459.

Hamann, Bruno (2005): Pädagogische Anthropologie. Theorien – Modelle – Strukturen. Eine Einführung. 4. Aufl. Frankfurt a. M.

Hanisch, Helmut (1996): Die zeichnerische Entwicklung des Gottesbildes bei Kindern und Jugendlichen. Eine empirische Vergleichsuntersuchung mit religiös und nicht-religiös Erzogenen im Alter von 7–16 Jahren. Stuttgart.

Harney, Klaus; Krüger, Heinz-Hermann (Hg.) (2006): Einführung in die Geschichte der Erziehungswissenschaft und Erziehungswirklichkeit. 3. Aufl. Opladen.

Haslinger, Herbert (Hg.) (2000): Handbuch praktische Theologie. 2 Bände. Mainz.

Hauf, Jörn (2004): Familienbiographische Katechese. Unterwegs mit Familien in der Erziehungsphase. Ostfildern.

Hauschildt, Eberhard; Schwab, Ulrich (Hg.) (2002): Praktische Theologie für das 21. Jahrhundert. Stuttgart.

Hedderich, Ingeborg (2005): Einführung in die Montessori-Pädagogik. Theoretische Grundlagen und praktische Anwendung. 2. Aufl. München.

Heimbrock, Hans-Günter (Hg.) (1998): Religionspädagogik und Phänomenologie. Von der empirischen Wendung zur Lebenswelt. Weinheim.

Hemel, Ulrich (1988): Ziele religiöser Erziehung. Beiträge zu einer integrativen Theorie. Frankfurt a. M.

Henrix, Hans Hermann (2004): Judentum und Christentum. Gemeinschaft wider Willen. Regensburg.

Henrix, Hans Hermann (Hg.) (2006): Nostra Aetate – ein zukunftsweisender Konzilstext. Die Haltung der Kirche zum Judentum 40 Jahre danach. Aachen.

Herder Korrespondenz Spezial: Renaissance der Religion. Mode oder Megathema? (2006). Freiburg.

Herms, Eilert (2006): Menschsein im Werden. Studien zu Schleiermacher. Tübingen.

Hervieu-Léger, Danièle (2004): Pilger und Konvertiten. Religion in Bewegung. Aus d. Franz. übers. v. Dagmar Escudier. Würzburg.

Hilger, Georg (1993): Korrelation als theologisches Prinzip: Katechetische Blätter, Jg. 118, S. 828–830.

Hilger, Georg (2005): Ästhetisches Lernen. In: Hilger/Leimgruber et al. 2005, S. 305–318.

Hilger, Georg; Leimgruber, Stephan et al. (2005): Religionsdidaktik. Ein Leitfaden für Studium, Ausbildung und Beruf. 3. Aufl. München.

Hilger, Georg; Ritter, Werner H. (2006): Religionsdidaktik Grundschule. Handbuch für die Praxis des evangelischen und katholischen Religionsunterrichts. München.

Hill, Paul Bernhard; Kopp, Johannes (2006): Familiensoziologie. Grundlagen und theoretische Perspektiven. 4. Aufl. Wiesbaden.

Hirscher, Johann Baptist von (1831): Katechetik. Oder: Der Beruf des Seelsorgers, die ihm anvertraute Jugend im Christentum zu unterrichten und zu erziehen, nach seinem ganzen Umfange dargestellt. Tübingen.

Hoffmann, Dietrich (Hg.) (1999): Rekonstruktion und Revision des Bildungsbegriffs. Vorschläge zu seiner Modernisierung. Weinheim.

Höhn, Hans-Joachim (2006): Renaissance der Religion. Klärendes zu einer umstrittenen These: Herder Korrespondenz, Jg. 60, H. 12, S. 605–608.

Höhn, Hans-Joachim (2007): Postsäkular. Gesellschaft im Umbruch – Religion im Wandel. Paderborn.

Honig, Michael-Sebastian (1999): Entwurf einer Theorie der Kindheit. Frankfurt a. M.

Hoping, Helmut; Tück, Jan-Heiner (Hg.) (2005): Streitfall Christologie. Vergewisserungen nach der Shoah. Freiburg im Breisgau.

Hunze, Guido (2007): Die Entdeckung der Welt als Schöpfung. Religiöses Lernen in naturwissenschaftlich geprägten Lebenswelten. Stuttgart.

Hurrelmann, Klaus (1983): Das Modell des produktiv realitätsverarbeitenden Subjekts in der Sozialisationsforschung: Zeitschrift für Sozialisationsforschung und Erziehungssoziologie, Jg. 3, S. 91–103.

Hurrelmann, Klaus (2006): Einführung in die Sozialisationstheorie. 9. Aufl. Weinheim.

Hurrelmann, Klaus (2007): Lebensphase Jugend. Eine Einführung in die sozialwissenschaftliche Jugendforschung. 9. Aufl. Weinheim.

Hurrelmann, Klaus; Bründel, Heidrun (2003): Einführung in die Kindheitsforschung. 2. Aufl. Weinheim.

JaBuKi (Jahrbuch für Kindertheologie) (2002 ff.). Stuttgart.

Jackson, Robert (2004): Rethinking religious education and plurality. Issues in diversity and pedagogy. London.

JBTh (Jahrbuch für biblische Theologie) (16/2001): Klage.

JBTh (Jahrbuch für biblische Theologie) (17/2002): Gottes Kinder.

JBTh (Jahrbuch für biblische Theologie) (22/2008): Die Macht der Erinnerung.

JRP (Jahrbuch der Religionspädagogik) (16/2000): Schlüsselerfahrungen.

JRP (Jahrbuch der Religionspädagogik) (18/2002): Religionsdidaktik.

JRP (Jahrbuch der Religionspädagogik) (22/2006): Was ist guter Religionsunterricht?

JRP (Jahrbuch der Religionspädagogik) (23/2007): Bibel und Bibeldidaktik.

Jugendwerk der Deutschen Shell (Hg.) (2000): Jugend 2000. 13. Shell Jugendstudie. Wiesbaden.

Jüngel, Eberhard (2002): Beziehungsreich. Perspektiven des Glaubens. Stuttgart.

Jüngel, Eberhard (2006): Das Evangelium von der Rechtfertigung des Gottlosen als Zentrum des christlichen Glaubens. Eine theologische Studie in ökumenischer Absicht. 5. Aufl. Tübingen.

Jungwirth, Ingrid (2007): Zum Identitätsdiskurs in den Sozialwissenschaften. Eine postkolonial und quer informierte Kritik an George H. Mead, Erik H. Erikson und Erving Goffman. Bielefeld.

Karsch, Manfred; Rasch, Christian (2007): Religionsunterricht mit Filmen. Sekundarstufe I. Göttingen.

Kasper, Walter (1998): Jesus der Christus. 12. Aufl. Mainz.

KatBl (Katechetische Blätter) (2007): Themenheft „Emotionen", Jg. 132, H. 1.

Katechismus der Katholischen Kirche. Kompendium (2005). München.

Katechismus der Katholischen Kirche. Neuübersetzung aufgrund der Editio typica Latina (2003 [1993]). München.

Katholischer Katechismus der Bistümer Deutschlands. Hg. v. den deutschen Bischöfen (1955). Freiburg im Breisgau.

Kaupp, Angela (2005): Junge Frauen erzählen ihre Glaubensgeschichte. Eine qualitativ-empirische Studie zur Rekonstruktion der narrativen religiösen Identität katholischer junger Frauen. Ostfildern.

Kaupp, Angela (2007): Der (empirisch-)biographische Blick: Welche Bedeutung hat der Einzelfall für die Religionspädagogik? In: Boschki/Gronover 2007, S. 176–192.

Kellenbach, Katharina von; Krondorfer, Björn et al. (Hg.) (2001): Von Gott reden im Land der Täter. Theologische Stimmen der dritten Generation seit der Shoah. Darmstadt.

Kern, Walter; Pottmeyer, Hermann Josef et al. (Hg.) (2000): Handbuch der Fundamentaltheologie. 2. Aufl. 4 Bände. Tübingen.

Keupp, Heiner (2006): Diskursarena Identität: Lernprozesse in der Identitätsforschung. In: Keupp/Höfer 2006, S. 11–39.

Keupp, Heiner; Ahbe, Thomas et al. (2006a): Identitätskonstruktionen. Das Patchwork der Identitäten in der Spätmoderne. 3. Aufl. Reinbek bei Hamburg.

Keupp, Heiner; Höfer, Renate (Hg.) (2006b): Identitätsarbeit heute. Klassische und aktuelle Perspektiven der Identitätsforschung. 4. Aufl. Frankfurt a. M.

Keupp, Heiner; Hohl, Joachim (Hg.) (2006c): Subjektdiskurse im gesellschaftlichen Wandel. Zur Theorie des Subjekts in der Spätmoderne. Bielefeld.

Kießling, Klaus (2003): Religiöses Lernen. Multidisziplinäre Zugänge zu religionspädagogischer Theorie und Praxis. Frankfurt a. M.

Kießling, Klaus (2007): Interdisziplinarität als Konstitutivum einer nachkonziliaren Praktischen Theologie. In: Boschki/Gronover 2007, S. 67–87.

Kirchhoff, Hella (1988): Dialogik und Beziehung im Erziehungsverständnis Martin Bubers und Janusz Korczaks. Frankfurt a. M.

Kirchhoff, Klaus (2007): Das gewisse Etwas. Phänomenologische Ansätze in der Religionspädagogik. Berlin, New York.

Kirsner, Inge; Wermke, Michael (Hg.) (2005): Religion im Kino. Religionspädagogisches Arbeiten mit Filmen. Jena.

Klafki, Wolfgang (1964): Das pädagogische Problem des Elementaren und die Theorie der kategorialen Bildung. Weinheim.

Klafki, Wolfgang (2007): Neue Studien zur Bildungs-

theorie und Didaktik. Zeitgemäße Allgemeinbildung und kritisch-konstruktive Didaktik. 6. Aufl. Weinheim.
Klein, Stephanie (2000): Gottesbilder von Mädchen. Bilder und Gespräche als Zugänge zur kindlichen religiösen Vorstellungswelt. Stuttgart.
Klein, Stephanie (2005): Erkenntnis und Methode in der Praktischen Theologie. Stuttgart.
Klein, Stephanie (2006): Religiöse Erziehung in der Familie. In: Bitter/Englert et al. 2006, S. 295–300.
Klie, Thomas; Leonhard, Silke (Hg.) (2006): Schauplatz Religion. Grundzüge einer performativen Religionspädagogik. 2. Aufl. Leipzig.
Kliemann, Peter (2003): Impulse und Methoden. Anregungen für die Praxis des Religionsunterrichts. 2. Aufl. Stuttgart.
Kliss, Oliver (2007): Religionspädagogik und Empirie in Deutschland 1900–1932. In: Boschki/Gronover 2007, S. 122–148.
Klosinski, Gunther (2004): Pubertät heute. Lebenssituationen, Konflikte, Herausforderungen. München.
Klueting, Harm (2007): Das konfessionelle Zeitalter. Europa zwischen Mittelalter und Moderne. Kirchengeschichte und allgemeine Geschichte. Darmstadt.
Kluge, Norbert (2003): Anthropologie der Kindheit. Zugänge zu einem modernen Verständnis von Kindsein in pädagogischer Betrachtungsweise. Bad Heilbrunn.
Koerrenz, Ralf (1994): Ökumenisches Lernen. Gütersloh.
Koerrenz, Ralf; Wermke, Michael (Hg.) (2008): Schulseelsorge – Ein ökumenisches Handbuch. Göttingen.
Kohlberg, Lawrence (1974): Zur kognitiven Entwicklung des Kindes. Drei Aufsätze. Frankfurt a. M.
Kohlberg, Lawrence (2007): Die Psychologie der Lebensspanne. Hg., bearb. und mit einer Einl. vers. von Wolfgang Althof und Detlef Garz. Frankfurt a. M.
Kohler-Spiegel, Helga (1995): Religionspädagogik im Kontext feministischer Theologie. In: Ziebertz/Simon 1995, S. 204–221.
Kohler-Spiegel, Helga (1999): Mädchen im Mittelpunkt. Feministische Mädchenarbeit und Religionspädagogik: Religionspädagogische Beiträge, H. 43, S. 41–53.
Kohler-Spiegel, Helga (2002): Gender im Religionsunterricht – Mädchen/Jungen im Religionsunterricht: Jahrbuch der Religionspädagogik, H. 18, S. 157–170.
Kohler-Spiegel, Helga (2004a): Chancen und Grenzen einer interreligiösen Didaktik. In: Schweitzer/Schlag 2004, S. 173–185.
Kohler-Spiegel, Helga (2004b): Wie geht es weiter mit Religionspädagogik und Gender? Unbequeme, aber unvermeidliche Fragen: Zeitschrift für Pädagogik und Theologie, Jg. 56, S. 361–365.
Kohler-Spiegel, Helga (2006): Lernprozess Christen – Juden. In: Bitter/Englert et al. 2006, S. 221–224.
Koller, Hans-Christoph (2006): Grundbegriffe, Theorien und Methoden der Erziehungswissenschaft. Eine Einführung. 2. Aufl. Stuttgart.
Kollmann, Roland (2007): Religion und Behinderung. Anstöße zur Profilierung des christlichen Menschenbildes. Neukirchen-Vluyn.
Konrad, Franz-Michael (2007): Geschichte der Schule. Von der Antike bis zur Gegenwart. München.
Korczak, Dieter (Hg.) (2003): Bildungs- und Erziehungskatastrophe? Was unsere Kinder lernen sollten. Wiesbaden.
Korczak, Janusz (1996 ff.): Sämtliche Werke. 15 Bände. Beiner, Friedhelm (Hg.). Gütersloh.
Körtner, Ulrich H. J. (2006): Wiederkehr der Religion? Das Christentum zwischen neuer Spiritualität und Gottvergessenheit. Gütersloh.
Kron, Friedrich W. (2001): Grundwissen Pädagogik. 6. Aufl. München.
Kron, Friedrich W. (2004): Grundwissen Didaktik. 4. Aufl. München.
Krüger, Heinz-Hermann; Grunert, Cathleen (Hg.) (2002): Handbuch Kindheits- und Jugendforschung. Opladen.
Krüger, Heinz-Hermann; Helsper, Werner (Hg.) (2007): Einführung in Grundbegriffe und Grundfragen der Erziehungswissenschaft. 8. Aufl. Opladen.
Küenzlen, Gottfried (2003): Die Wiederkehr der Religion. Lage und Schicksal in der säkularen Moderne. München.
Kumlehn, Martina (1999): Symbolisierendes Handeln. Schleiermachers Theorie religiöser Kommunikation und ihre Bedeutung für die gegenwärtige Religionspädagogik. Gütersloh.
Küng, Hans (1993): Projekt Weltethos. 5. Aufl. München.
Kunstmann, Joachim (2002): Religion und Bildung. Zur ästhetischen Signatur religiöser Bildungsprozesse. Gütersloh.
Kunz, Lothar (Hg.) (1994): Einführung in die Korczak-Pädagogik. Konzeption, Rezeption und vergleichende Analysen. Weinheim.
Lähnemann, Johannes (2006): Interreligiöses Lernen. In: Bitter/Englert et al. 2006, S. 283–287.
Lames, Gundo (2000): Schulseelsorge als soziales System. Ein Beitrag zu ihrer praktisch-theologischen Grundlegung. Stuttgart.
Lang, Bernhard; Waldenfels, Hans (2005): Religion. In: Eicher 2005, Bd. 4, S. 26–39.
Langer, Michael (1997): Auschwitz lehren? Prolego-

mena zu einer anamnetischen Religionspädagogik. In: Görg/Langer 1997, S. 203–217.

Langer, Michael; Verburg, Winfried (Hg.) (2007): Zum Leben führen. Handbuch religionspädagogischer Spiritualität. München.

Langeveld, Martinus J. (1968): Studien zur Anthropologie des Kindes. 3. Aufl. Tübingen.

Langmaack, Barbara (2004): Einführung in die Themenzentrierte Interaktion (TZI). Leben rund ums Dreieck. 3. Aufl. Weinheim.

Läpple, Alfred (1981): Kleine Geschichte der Katechese. München.

Lehmann, Christine (2003): Heranwachsende fragen neu nach Gott. Anstöße zum Dialog zwischen Religionspädagogik und feministischer Theologie. Neukirchen-Vluyn.

Leimgruber, Stephan (2005): Erinnerungsgeleitetes Lernen. In: Hilger/Leimgruber et al. 2005, S. 340–348.

Leimgruber, Stephan (2007): Interreligiöses Lernen. München.

Lenhard, Hartmut; Ahrens, Theodor (Hg.) (1996): Arbeitsbuch Religionsunterricht. Überblicke – Impulse – Beispiele. 3. Aufl. Gütersloh.

Lenzen, Dieter (Hg.) (1995): Theorien und Grundbegriffe der Erziehung und Bildung. Stuttgart, Dresden.

Lenzen, Dieter (Hg.) (2006): Pädagogische Grundbegriffe. 8. Aufl. 2 Bände. Reinbek bei Hamburg.

Lesch, Karl Josef (Hg.) (2004): Religionspädagogische Perspektiven. Kirche, Theologie, Religionsunterricht im 21. Jahrhundert (FS Sauer). Kevelaer.

Leu, Hans Rudolf; Krappmann, Lothar (Hg.) (1999): Zwischen Autonomie und Verbundenheit. Bedingungen und Formen der Behauptung von Subjektivität. Frankfurt a. M.

Lévinas, Emmanuel (1993): Vier Talmud-Lesungen. Frankfurt a. M.

Lindenberger, Ulman; Brandtstädter, Jochen (Hg.) (2007): Entwicklungspsychologie der Lebensspanne. Ein Lehrbuch. Stuttgart.

Löhmer, Cornelia; Standhardt, Rüdiger (2006): TZI – Die Kunst, sich selbst und eine Gruppe zu leiten. Einführung in die Themenzentrierte Interaktion. Stuttgart.

Lott, Friedhelm (2001): Religionsunterricht als themenzentrierte Interaktion im Kontext einer Schule der Zukunft. Bildungs-, subjekt- und beziehungsorientiert. Ostfildern.

Lück, Wolfgang; Schweitzer, Friedrich (1999): Religiöse Bildung Erwachsener. Grundlagen und Impulse für die Praxis. Stuttgart.

Ludwig, Karl Josef (Hg.) (1997): Im Ursprung ist Beziehung. Theologisches Lernen als themenzentrierte Interaktion. Mainz.

Luther, Henning (1992): Religion und Alltag. Bausteine zu einer Praktischen Theologie des Subjekts. Stuttgart.

Luther, Martin (2004 [1529]): Der kleine Katechismus Doktor Martin Luthers. 28. Aufl. Gütersloh.

Luther, Martin (2005 [1529]): Der große Katechismus. 3. Aufl. Gütersloh.

Lutz, Bernd (2006): Katechese in der Gemeinde. In: Bitter/Englert et al. 2006, S. 305–310.

Manemann, Jürgen; Metz, Johann Baptist (Hg.) (2001): Christologie nach Auschwitz. Stellungnahmen im Anschluß an Thesen von Tiemo Rainer Peters. 2. Aufl. Münster.

Markefka, Manfred; Nauck, Bernhard (Hg.) (1993): Handbuch der Kindheitsforschung. Neuwied.

Martin, Ariane (2005): Sehnsucht – der Anfang von allem. Dimensionen zeitgenössischer Spiritualität. Ostfildern.

März, Fritz (1988): Klassiker christlicher Erziehung. München.

Mertin, Andreas (1999): Videoclips im Religionsunterricht. Eine praktische Anleitung zur Arbeit mit Musikvideos. Göttingen.

Mertin, Andreas (2007): Neues zum Internet im Religionsunterricht. Didaktik – E-Teaching – E-Learning. Göttingen.

Mette, Norbert (1978): Theorie der Praxis. Wissenschaftsgeschichtliche und methodologische Untersuchung zur Theorie-Praxis-Problematik innerhalb der Praktischen Theologie. Düsseldorf.

Mette, Norbert (1995): Die Familie in der kirchenamtlichen Lehrverkündigung: Concilium, Jg. 31, H. 4, S. 339–346.

Mette, Norbert (2001): Gemeindekirche – passé?: Diakonia, Jg. 32, S. 124–131.

Mette, Norbert (2005): Einführung in die katholische Praktische Theologie. Darmstadt.

Mette, Norbert (2006 [1994]): Religionspädagogik. Düsseldorf.

Mette, Norbert (2007): Art. Familie. In: Mette/Rickers 2007, Bd. 1, Sp. 542–548.

Mette, Norbert; Rickers, Folkert (Hg.) (2007): Lexikon der Religionspädagogik. Studienausgabe. 2 Bände. Neukirchen-Vluyn.

Mette, Norbert; Schweitzer, Friedrich (2002): Neuere Religionsdidaktik im Überblick: Jahrbuch der Religionspädagogik, Jg. 18, S. 21–40.

Metz, Johann Baptist (1992 [1977]): Glaube in Geschichte und Gesellschaft. Studien zu einer praktischen Fundamentaltheologie. 5. Aufl. Mainz.

Metz, Johann Baptist (2006): Memoria passionis. Ein provozierendes Gedächtnis in pluralistischer Gesellschaft. Freiburg im Breisgau.

Meyer, Harding (1996): Ökumenische Zielvorstellungen. Göttingen.

Meyer, Harding (1998): Versöhnte Verschiedenheit. Aufsätze zur ökumenischen Theologie I. Frankfurt a. M.

Meyer, Harding (2000): Versöhnte Verschiedenheit. Aufsätze zur ökumenischen Theologie II: Der katholisch-lutherische Dialog. Frankfurt a. M.

Meyer, Hilbert (2006): Unterrichtsmethoden. 1. Theorieband. 11. Aufl. Frankfurt a. M.

Meyer, Hilbert (2007): Unterrichtsmethoden. 2. Praxisband. 12. Aufl. Berlin.

Meyer-Blanck, Michael (2002): Vom Symbol zum Zeichen. Symboldidaktik und Semiotik. 2. Aufl. Rheinbach.

Meyer-Blanck, Michael (2007): Art. Katechese, Katechetik. In: Mette/Rickers 2007, Bd. 1, Sp. 956–961.

Mikos, Lothar (Hg.) (2007): Mediennutzung, Identität und Idenfikationen. Die Sozialisationsrelevanz der Medien im Selbstfindungsprozess von Jugendlichen. Weinheim.

Miller, Gabriele (1977): Geschichte ist Gegenwart – religionspädagogische Konzeptionen der letzten 50 Jahre: Katechetische Blätter, Jg. 102, S. 913–918.

Moltmann, Jürgen (2005 [1964]): Theologie der Hoffnung. Untersuchungen zur Begründung und zu den Konsequenzen einer christlichen Eschatologie. 14. Aufl. Gütersloh.

Müller, Peter (1992): In der Mitte der Gemeinde. Kinder im Neuen Testament. Neukirchen-Vluyn.

Müller, Peter (2002): Gottes Kinder. Zur Metaphorik der Gotteskindschaft im Neuen Testament: Jahrbuch für Biblische Theologie, Jg. 17, S. 141–161.

Müller, Wolfgang W. (1993): Die Kindheit als Paradigma christlicher Anthropologie. Eine theologische Skizze zur Theologie der Kindheit: Theologie der Gegenwart, Jg. 36, H. 1, S. 242–251.

Nauer, Doris; Bucher, Rainer et al. (Hg.) (2005): Praktische Theologie. Bestandsaufnahme und Zukunftsperspektiven (FS Fuchs). Stuttgart.

Nave-Herz, Rosemarie (2007): Familie heute. Wandel der Familienstrukturen und Folgen für die Erziehung. 3. Aufl. Darmstadt.

Neumann, Karl (1999): Zur Restitution und Rekonstruktion des Bildungsbegriffs. Modellentwicklung in der Pädagogik der frühen Kindheit. In: Hoffmann 1999, S. 251–266.

Neuner, Peter (1997): Ökumenische Theologie. Die Suche nach der Einheit der christlichen Kirchen. Darmstadt.

Niehl, Franz Wendel; Thömmes, Arthur (2006): 212 Methoden für den Religionsunterricht. 8. Aufl. München.

Nipkow, Karl Ernst (1992): Bildung als Lebensbegleitung und Erneuerung. Kirchliche Bildungsverantwortung in Gemeinde, Schule und Gesellschaft. 2. Aufl. Gütersloh.

Nipkow, Karl Ernst (1996): Elementarisierung als Kern der Unterrichtsvorbereitung. In: Lenhard/Ahrens 1996, S. 90–99.

Nipkow, Karl Ernst (1998): Bildung in einer pluralen Welt. (Bd. 1 Moralpädagogik im Pluralismus, Bd. 2 Religionspädagogik im Pluralismus). Gütersloh.

Nipkow, Karl Ernst (2005): Christliche Pädagogik und interreligiöses Lernen, Friedenserziehung, Religionsunterricht und Ethikunterricht. Gütersloh.

Nipkow, Karl Ernst (2006a): Elementarisierung. In: Bitter/Englert et al. 2006, S. 451–456.

Nipkow, Karl Ernst (2006b): Theologie des Kindes und Kindertheologie: Zeitschrift für Theologie und Kirche, Jg. 103, S. 422–442.

Nipkow, Karl Ernst (2007): Art. Religionspädagogik. In: Mette/Rickers 2007, Bd. 2, Sp. 1716–1721.

Noack, Juliane (2005): Erik H. Eriksons Identitätstheorie. Oberhausen.

Noormann, Harry; Becker, Ulrich et al. (Hg.) (2007): Ökumenisches Arbeitsbuch Religionspädagogik. 3. Aufl. Stuttgart.

Nowak, Kurt (2002): Schleiermacher. Leben, Werk und Wirkung. Göttingen.

Oberthür, Rainer (2006a): Die Seele ist eine Sonne. Was Kinder über Gott und die Welt wissen. 4. Aufl. München.

Oberthür, Rainer (2006b): Kinder fragen nach Leid und Gott. Lernen mit der Bibel im Religionsunterricht. Ein Praxisbuch. 5. Aufl. München.

Oelkers, Jürgen (2005): Reformpädagogik. Eine kritische Dogmengeschichte. 4. Aufl. Weinheim.

Oerter, Rolf; Montada, Leo (Hg.) (2002): Entwicklungspsychologie. 5. Aufl. Weinheim, Basel, Berlin.

Omerzu, Heike (2007): Art. Jesus als Lehrer. In: Mette/Rickers 2007, Bd. 1, Sp. 909–911.

Oser, Fritz; Gmünder, Paul (1996 [1984]): Der Mensch – Stufen seiner religiösen Entwicklung. Ein strukturgenetischer Ansatz. 4. Aufl. Gütersloh.

Pannenberg, Wolfhart (1983): Anthropologie in theologischer Perspektive. Göttingen.

Paul, Eugen (1993): Geschichte der christlichen Erziehung. Band 1: Antike und Mittelalter. Freiburg im Breisgau.

Perdue, Leo G.; Blenkinsopp, Joseph et al. (1997): Families in Ancient Israel. Louisville (Kentucky, USA).

Peters, Tiemo Rainer (2005): Christologie nach Auschwitz. In: Eicher 2005, Bd. 2, S. 251–254.

Petersen, Birte (2004): Theologie nach Auschwitz? Jüdische und christliche Versuche einer Antwort. Berlin.

Petzel, Paul (2001): Kommentar – Signifikante Denk-

form im Judentum: Orientierung, Jg. 65, S. 33–36; 38–42; 50–53.
Petzel, Paul; Reck, Norbert (Hg.) (2003): Erinnern. Erkundungen zu einer theologischen Basiskategorie. Darmstadt.
Piaget, Jean (2001 [1973]): Einführung in die genetische Erkenntnistheorie. Frankfurt a. M.
Piaget, Jean (2005 [1978]): Das Weltbild des Kindes. 8. Aufl. München.
Pirner, Manfred L. (2001): Fernsehmythen und religiöse Bildung. Grundlegung einer medienerfahrungsorientierten Religionspädagogik am Beispiel fiktionaler Fernsehunterhaltung. Frankfurt a. M.
Pirner, Manfred L. (2004): Religiöse Mediensozialisation? Empirische Studien zu Zusammenhängen zwischen Mediennutzung und Religiosität bei SchülerInnen und deren Wahrnehmung durch LehrerInnen. München.
Pirner, Manfred L.; Breuer, Thomas (Hg.) (2004): Medien – Bildung – Religion. Zum Verhältnis von Medienpädagogik und Religionspädagogik in Theorie, Empirie und Praxis. München.
Pithan, Annebelle (2007): Differenz als Kategorie der Religionspädagogik am Beispiel von Geschlechterkonstruktionen. In: Boschki/Gronover 2007, S. 158–175.
Pithan, Annebelle; Adam, Gottfried et al. (Hg.) (2002): Handbuch integrative Religionspädagogik. Reflexionen und Impulse für Gesellschaft, Schule und Gemeinde. Gütersloh.
Pock, Johann (2006): Gemeinden zwischen Idealisierung und Planungszwang. Biblische Gemeindetheologie in ihrer Bedeutung für gegenwärtige Gemeindeentwicklungen. Eine kritische Analyse von Pastoralplänen und Leitlinien der Diözesen Deutschlands und Österreichs. Münster.
Polak, Regina (2002): Megatrend Religion? Neue Religiositäten in Europa. Ostfildern.
Polak, Regina (2006a): Religion kehrt wieder. Handlungsoptionen in Kirche und Gesellschaft. Ostfildern.
Polak, Regina (2006b): Unsichtbare Religion?: Katechetische Blätter, Jg. 131, H. 2, S. 124–130.
Pollack, Detlef (2003): Säkularisierung – ein moderner Mythos? Studien zum religiösen Wandel in Deutschland. Tübingen.
Porzelt, Burkard (1999): Jugendliche Intensiverfahrungen. Qualitativ- empirischer Zugang und religionspädagogische Relevanz. Graz.
Porzelt, Burkard; Güth, Ralph (Hg.) (2000): Empirische Religionspädagogik. Grundlagen – Zugänge – aktuelle Projekte. Münster.
Rahner, Karl (1966): Gedanken zu einer Theologie der Kindheit. In: Schriften zur Theologie (7), S. 313–329.
Rahner, Karl (1968): Ich glaube an Jesus Christus. Einsiedeln.
Rahner, Karl (1981): Erfahrung des Geistes. Meditation auf Pfingsten. 3. Aufl. Freiburg im Breisgau.
Rahner, Karl (2005 [1976]): Grundkurs des Glaubens. Einführung in den Begriff des Christentums. 11. Aufl. Freiburg im Breisgau.
Rahner, Karl; Vorgrimler, Herbert (Hg.) (2007): Kleines Konzilskompendium. 34. Aufl. Freiburg im Breisgau.
Reese, Annegret (2006): „Ich weiß nicht, wo da Religion anfängt und aufhört". Eine empirische Studie zum Zusammenhang von Lebenswelt und Religiosität bei Singlefrauen. Gütersloh.
Reil, Elisabeth (1989): Aurelius Augustinus, De catechizandis rudibus. Ein religionsdidaktisches Konzept. St. Ottilien.
Rendle, Ludwig (Hg.) (2007): Ganzheitliche Methoden im Religionsunterricht. Neuausg. München.
Retter, Hein (Hg.) (2004): Reformpädagogik. Neue Zugänge – Befunde – Kontroversen. Bad Heilbrunn.
Rickers, Folkert (2002): Interreligiöses Lernen?: Jahrbuch der Religionspädagogik, Jg. 18, S. 182–192.
Rief, Josef (1995): Bildung als „eigentliche Menschenbildung". Zur Bildungskonzeption Johann Baptist Hirschers: Rottenburger Jahrbuch für Kirchengeschichte, H. 14, S. 109–129.
Riegel, Ulrich; Ziebertz, Hans-Georg (2005): Mädchen und Jungen in der Schule. In: Hilger/Leimgruber et al. 2005, S. 361–372.
Ritter, Werner (1989): Glaube und Erfahrung im religionspädagogischen Kontext. Die Bedeutung von Erfahrung für den christlichen Glauben im religionspädagogischen Verwendungszusammenhang. Göttingen.
Ritter, Werner H. (2006): Leid und Gott. Aus der Perspektive von Kindern und Jugendlichen. Göttingen.
Ritter, Werner; Rothgangel, Martin (Hg.) (1998): Religionspädagogik und Theologie. Enzyklopädische Aspekte (FS Sturm). Stuttgart.
Rothgangel, Martin; Thaidigsmann, Edgar (Hg.) (2005): Religionspädagogik als Mitte der Theologie? Theologische Disziplinen im Diskurs. Stuttgart.
Rousseau, Jean-Jacques (2006 [1762]): Emile oder über die Erziehung. Hg., eingel. u. m. Anm. vers. v. Martin Rang. Stuttgart.
Rublack, Ulinka (2006): Die Reformation in Europa. 2. Aufl. Frankfurt a. M.
Rupp, Hartmut (Hg.) (2008): Handbuch der Kirchenpädagogik. Kirchenräume wahrnehmen, deuten und erschließen. 2. Aufl. Stuttgart.
Rüsen, Jörn (Hg.) (2001): Geschichtsbewusstsein.

Psychologische Grundlagen, Entwicklungskonzepte, empirische Befunde. Köln, Weimar, Wien.
Sandherr-Klemp, Dorothee; Sandherr, Susanne (2006): Mit sich selbst befreundet sein. In: Altmeyer/Boschki et al. 2006, S. 145–150.
Sattler, Dorothea; Schneider, Theodor (2000): Schöpfungslehre. In: Schneider 2000, S. 120–238.
Sautter, Jens Martin (2007): Spiritualität lernen. Glaubenskurse als Einführung in die Gestalt christlichen Glaubens. 2. Aufl. Neukirchen-Vluyn.
Scharer, Matthias (1995): Begegnungen Raum geben. Kommunikatives Lernen als Dienst in Gemeinde, Schule und Erwachsenenbildung. Mainz.
Scharer, Matthias (2006): Themenzentrierte Interaktion (TZI). In: Bitter/Englert et al. 2006, S. 508–511.
Scharer, Matthias; Hilberath, Bernd Jochen (2003): Kommunikative Theologie. Eine Grundlegung. 2. Aufl. Mainz.
Scharlau, Ingrid (2007): Jean Piaget zur Einführung. 2. Aufl. Hamburg.
Scheibe, Wolfgang (1999): Die reformpädagogische Bewegung. 1900 – 1932. Eine einführende Darstellung. 10. Aufl. Weinheim.
Schelander, Robert (1993): Religionstheorie und Reformbewegung. Eine Untersuchung zur liberalen Religionspädagogik. Würzburg.
Scheuchenpflug, Peter (2003): Katechese im Kontext von Modernisierung und Evangelisierung. Pastoralsoziologische und pastoraltheologische Analysen ihres Umbruchs in Deutschland vom Ende des Zweiten Weltkrieges bis zur Gegenwart. Würzburg.
Schladoth, Paul (2007): Art. Katechismus. 2. Katholisch. In: Mette/Rickers 2007, Bd. 1, Sp. 977–982.
Schlüter, Richard (2000): Konfessioneller Religionsunterricht heute? Hintergründe – Kontroversen – Perspektiven. Darmstadt.
Schmälzle, Udo (1998): Vom der Vermittlung zur Aneignung. Überlegungen und Paradigmenwechsel in der Katechese. In: Tebartz-van Elst 1998, S. 32–44.
Schmälzle, Udo (2007): Art. Religionslehrer/in. In: Mette/Rickers 2007, Bd. 2, Sp. 1697–1702.
Schmitt, Karl Heinz (2000): Erfolgreiche Katechese. Ermutigungen für die Praxis. München.
Schmitz, Josef (2000): Das Christentum als Offenbarungsreligion. In: Kern/Pottmeyer et al. 2000, Bd. 2, S. 1–12.
Schneewind, Klaus Alfred (1999): Familienpsychologie. 2. Aufl. Stuttgart.
Schneider, Theodor (Hg.) (2000): Handbuch der Dogmatik. Düsseldorf.
Schnitzler, Manfred (2007): Elementarisierung – Bedeutung eines Unterrichtsprinzips. Neukirchen-Vluyn.
Schoberth, Wolfgang (2006): Einführung in die theologische Anthropologie. Darmstadt.
Schöllgen, Georg (1984): Ecclesia sordida? Zur Frage der sozialen Schichtung frühchristlicher Gemeinden am Beispiel Karthagos zur Zeit Tertullians. Münster.
Schreijäck, Thomas (Hg.) (2003): Religionsdialog im Kulturwandel. Interkulturelle und interreligiöse Kommunikations- und Handlungskompetenzen auf dem Weg in die Weltgesellschaft. Münster.
Schreijäck, Thomas (Hg.) (2004): Werkstatt Zukunft. Bildung und Theologie im Horizont eschatologisch bestimmter Wirklichkeit (FS Siller). Freiburg im Breisgau.
Schreiner, Martin (1998): Gottesbilder im Vorschulalter. Eine empirische Studien mit enzyklopädischen Aspekten für den Elementarbereich. In: Ritter/Rothgangel 1998, S. 264–279.
Schreiner, Peter; Sieg, Ursula et al. (Hg.) (2005): Handbuch Interreligiöses Lernen. Gütersloh.
Schröder, Bernd (2004): Vom Notwendigen Kirchenbezug der Religionspädagogik. In: Schweitzer/Schlag 2004, S. 107–119.
Schwab, Ulrich (1995): Familienreligiosität. Religiöse Traditionen im Prozeß der Generationen. Stuttgart.
Schwab, Ulrich (2000): „Gott ist eine Schwalbe, Mama ein Hund, und ich bin der Schmetterling" – Die Religiosität von Kindern im sozialen Kontext der Familie verstehen. In: Fischer/Schöll 2000, S. 79–95.
Schwab, Ulrich (2002a): Ökumenisches Lernen und die Pluralität der Religionen. In: Schweitzer/Biesinger et al. 2002, S. 107–120.
Schwab, Ulrich (2002b): Wahrnehmen und Handeln. Praktische Theologie als subjektorientierte Theorie. In: Hauschildt/Schwab 2002, S. 161–175.
Schwab, Ulrich (Hg.) (2007): Erikson und die Religion. Beiträge zur Rezeption der Theorie Erik H. Eriksons in der Gegenwart. Münster.
Schweitzer, Friedrich (1992): Die Religion des Kindes. Zur Problemgeschichte einer religionspädagogischen Grundfrage. Gütersloh.
Schweitzer, Friedrich (1994): Zeit: Ein neues Schlüsselthema für Religionsunterricht und Religionspädagogik?: Jahrbuch der Religionspädagogik, Jg. 11, S. 145–164.
Schweitzer, Friedrich (1996): Vor neuen Herausforderungen. Bilanz und Perspektiven von Religionspädagogik als Theorie: Jahrbuch der Religionspädagogik, Jg. 12, S. 143–160.
Schweitzer, Friedrich (1998): Die Suche nach eigenem Glauben. Einführung in die Religionspädagogik des Jugendalters. 2. Aufl. Gütersloh.
Schweitzer, Friedrich (2004a): Lebensgeschichte und

Religion. Religiöse Entwicklung und Erziehung im Kindes- und Jugendalter. 5. Aufl. Gütersloh.
Schweitzer, Friedrich (2004b): Religionspädagogik im öffentlichen Diskurs – oder: Warum Religionspädagogik über sich selbst hinausdenken muss. In: Schweitzer/Schlag 2004, S. 36–52.
Schweitzer, Friedrich (2005): Wider die Suche nach der theologischen Leitdisziplin. Theologie als Prozess interdisziplinärer Kooperation. In: Rothgangel/Thaidigsmann 2005, S. 68–82.
Schweitzer, Friedrich (2006): Religionspädagogik. Gütersloh.
Schweitzer, Friedrich (Hg.) (2007): Elementarisierung im Religionsunterricht. Erfahrungen, Perspektiven, Beispiele. 2. Aufl. Neukirchen-Vluyn.
Schweitzer, Friedrich; Biesinger, Albert et al. (2002a): Gemeinsamkeiten stärken – Unterschieden gerecht werden. Erfahrungen und Perspektiven zum konfessionell-kooperativen Religionsunterricht. Freiburg im Breisgau.
Schweitzer, Friedrich; Biesinger, Albert et al. (2006): Dialogischer Religionsunterricht. Analyse und Praxis konfessionell-kooperativen Religionsunterrichts im Jugendalter. Freiburg im Breisgau.
Schweitzer, Friedrich; Englert, Rudolf et al. (2002b): Entwurf einer pluralitätsfähigen Religionspädagogik. Freiburg im Breisgau.
Schweitzer, Friedrich; Schlag, Thomas (Hg.) (2004): Religionspädagogik im 21. Jahrhundert. Gütersloh.
Schweitzer, Friedrich; Simojoki, Henrik (2005): Moderne Religionspädagogik. Ihre Entwicklung und Identität. Gütersloh.
Schwendemann, Wilhelm; Wagensommer, Georg (Hg.) (2004): Aus der Geschichte lernen? Band 2: Erinnern ist mehr als Informiertsein. Münster.
Schwöbel, Christoph (2002): Gott in Beziehung. Studien zur Dogmatik. Tübingen.
Seckler, Max (2000): Der Begriff der Offenbarung. In: Kern/Pottmeyer et al. 2000, Bd. 2, S. 41–63.
Shell AG (Hg.) (2002): Jugend 2002. 14. Shell Jugendstudie. Zwischen pragmatischem Idealismus und robustem Materialismus. Frankfurt a. M.
Shell AG (Hg.) (2006): Jugend 2006. 15. Shell Jugendstudie. Eine pragmatische Generation unter Druck. Frankfurt a. M.
Sievernich, Michael (2007): Art. Peter Canisius. In: Mette/Rickers 2007, Bd. 1, Sp. 250–252.
Simon, Werner (2001): Im Horizont der Geschichte. Religionspädagogische Studien zur Geschichte der religiösen Bildung und Erziehung. Münster.
Souza, Marian de; Engebretson, Kathleen et al. (Hg.) (2006): International Handbook of the Religious, Spiritual and Moral Dimensions in Education/2 Bände. Dordrecht.
Speck, Josef; Wehle, Gerhard (Hg.) (1970): Handbuch pädagogischer Grundbegriffe. 2 Bände. München.
Spiegel, Egon (2007): Art. Beziehung. In: Mette/Rickers 2007, Bd. 1, Sp. 161–165.
Steinmetz, Agnes (2005): Sinn und Sinnlichkeit in sakralen Räumen. In: Baumann 2005, S. 212–225.
Steins, Georg (Hg.) (2000): Schweigen wäre gotteslästerlich. Die heilende Kraft der Klage. Würzburg.
Stemberger, Günter (1989): Midrasch. Vom Umgang der Rabbinen mit der Bibel. München.
Stemberger, Günter (1997): Vollkommener Text in vollkommener Sprache. Zum rabbinischen Schriftverständnis: Jahrbuch für Biblische Theologie, Jg. 12, S. 53–66.
Straub, Jürgen; Renn, Joachim (Hg.) (2002): Transitorische Identität. Der Prozesscharakter des modernen Selbst. Frankfurt a. M.
Streib, Heinz (2007): Art. Okkultismus. In: Mette/Rickers 2007, Bd. 2, Sp. 1456–1459.
Stroebe, Wolfgang; Jonas, Klaus et al. (Hg.) (2003): Sozialpsychologie. Eine Einführung. 4. Aufl. Berlin.
Tautz, Monika (2007): Interreligiöses Lernen im Religionsunterricht. Menschen und Ethos im Islam und Christentum. Stuttgart.
Tebartz-van Elst, Franz-Peter (Hg.) (1998): Katechese im Umbruch. Positionen und Perspektiven (FS Emeis). Freiburg im Breisgau.
Tenorth, Heinz-Elmar (1997): „Bildung“. Thematisierungsformen und Bedeutung in der Erziehungswissenschaft: Zeitschrift für Pädagogik, Jg. 43, S. 967–984.
Tenorth, Heinz-Elmar (2002): Historische Bildungsforschung. In: Tippelt/Schmidt 2002, S. 123–139.
Tenorth, Heinz-Elmar (2008): Geschichte der Erziehung. Einführung in die Grundzüge ihrer neuzeitlichen Entwicklung. 4. Aufl. Weinheim.
Theis, Joachim (2005a): Biblische Texte verstehen lernen. Eine bibeldidaktische Studie mit einer empirischen Untersuchung zum Gleichnis vom barmherzigen Samariter. Stuttgart.
Theis, Joachim (Hg.) (2005b): Die Welt geht rascher als die Kirche. Trier.
Thomas, Robert Murray; Feldmann, Birgitt (2002): Die Entwicklung des Kindes. Ein Lehr- und Praxisbuch. Weinheim.
Thonak, Sylvia (2003): Religion in der Jugendforschung. Eine kritische Analyse der Shell Jugendstudien in religionspädagogischer Absicht. Münster.
Tippelt, Rudolf; Schmidt, Bernhard (Hg.) (2002): Handbuch Bildungsforschung. Wiesbaden.
Trautner, Hanns Martin (2003): Allgemeine Entwicklungspsychologie. 2. Aufl. Stuttgart.

Treml, Alfred K. (2007): Lernen. In: Krüger/Helsper 2007, S. 93–102.

Trepp, Leo (2004): Der jüdische Gottesdienst. Gestalt und Entwicklung. 2. Aufl. Stuttgart.

Tücke, Manfred (2007): Arbeitsbuch Entwicklungspsychologie des Kindes- und Jugendalters für (zukünftige) Lehrer. Münster.

Ungermann, Silvia (2006): Die Pädagogik Janusz Korczaks. Theoretische Grundlegung und praktische Verwirklichung 1896 – 1942. Gütersloh.

Ungermann, Silvia; Brendler, Konrad (Hg.) (2004): Janusz Korczak in Theorie und Praxis. Beiträge internationaler Interpretation und Rezeption. Gütersloh.

Van der Ven, Johannes A. (1994): Entwurf einer empirischen Theologie. 2. Aufl. Kampen.

Ventur, Birgit (2003): Martin Bubers pädagogisches Denken und Handeln. Neukirchen-Vluyn.

Wagener, Hermann-Josef (2002): Entwicklung lebendiger Religiosität. Die psychodynamische Basis religiöser Entwicklung unter besonderer Berücksichtigung des strukturgenetischen Ansatzes von Fritz Oser/Paul Gmünder. Ostfildern.

Waldenfels, Hans (1996): Einführung in die Theologie der Offenbarung. Darmstadt.

Wegenast, Klaus (1968): Die empirische Wendung in der Religionspädagogik: Der Evangelische Erzieher, Jg. 20, S. 111–124.

Wegenast, Klaus (1993): Religionsdidaktik Sekundarstufe I. Voraussetzungen, Formen, Begründungen, Materialien. Stuttgart.

Werbick, Jürgen (2005): Den Glauben verantworten. Eine Fundamentaltheologie. 3. Aufl. Freiburg im Breisgau.

Wermke, Michael (Hg.) (2002): Aus gutem Grund: Religionsunterricht. Göttingen.

Wiedenhofer, Siegfried (2005): Offenbarung. In: Eicher 2005, Bd. 3, S. 283–301.

Wohlmuth, Josef (1997): Jüdische Hermeneutik: Jahrbuch für Biblische Theologie, Jg. 12, S. 193–220.

Wohlmuth, Josef (2006): Was heißt Spiritualität? Biblische und systematische Klärungen. In: Altmeyer/Boschki et al. 2006, S. 43–58.

Wright, Andrew (2000): Spirituality and education. London, New York.

Zenger, Erich (2004 [1991]): Das erste Testament. Die jüdische Bibel und die Christen. Düsseldorf.

Zenger, Erich (2006): Einleitung in das Alte Testament. 6. Aufl. Stuttgart.

ZfPäd (Zeitschrift für Pädagogik/Beiheft) (2007): Pädagogische Anthropologie. Mechanismus einer Praxis, H. 52.

Ziebertz, Hans-Georg (1994): Religionspädagogik als empirische Wissenschaft. Beiträge zu Theorie und Forschungspraxis. Weinheim.

Ziebertz, Hans-Georg (2000): Im Mittelpunkt der Mensch? Subjektorientierung in der Religionspädagogik: Religionspädagogische Beiträge, H. 45, S. 27–42.

Ziebertz, Hans-Georg (2002a): Interreligiöses Lernen und die Pluralität der Religionen. In: Schweitzer/Englert et al. 2002, S. 121–143.

Ziebertz, Hans-Georg (2002b): Religionspädagogik: Konturen der Disziplin und Forschungsperspektiven. In: Garhammer/Weiß 2002, S. 157–180.

Ziebertz, Hans-Georg (2005a): Wer initiiert religiöse Lernprozesse? – Rolle und Person der Religionslehrerinnen und Religionslehrer. In: Hilger/Leimgruber et al. 2005, S. 180–200.

Ziebertz, Hans-Georg (2005b): Woraufhin geschieht religiöse Erziehung? Aufgaben und Ziele. In: Hilger/Leimgruber et al. 2005, S. 136–152.

Ziebertz, Hans-Georg (2007): Art. Empirische Religionspädagogik. In: Mette/Rickers 2007, Bd. 2, Sp. 1746–1750.

Ziebertz, Hans-Georg; Kalbheim, Boris et al. (2003): Religiöse Signaturen heute. Ein religionspädagogischer Beitrag zur empirischen Jugendforschung. Gütersloh.

Ziebertz, Hans-Georg; Simon, Werner (Hg.) (1995): Bilanz der Religionspädagogik. Düsseldorf.

Ziegler, Tobias (2007): Jesus als ‚unnahbarer Übermensch' oder ‚bester Freund'? Elementare Zugänge Jugendlicher zur Christologie als Herausforderung für Religionspädagogik und Theologie. Neukirchen-Vluyn.

Zima, Peter V. (2000): Theorie des Subjekts. Subjektivität und Identität zwischen Moderne und Postmoderne. Tübingen.

Zinnecker, Jürgen; Behnken, Imbke et al. (Hg.) (2003): Null zoff & voll busy. Die erste Jugendgeneration des neuen Jahrhunderts. Ein Selbstbild. 2. Aufl. Opladen.

Zirfas, Jörg; Jörissen, Benjamin (Hg.) (2007): Phänomenologien der Identität. Human-, sozial- und kulturwissenschaftliche Analysen. Wiesbaden.

Zulehner, Paul M. (1991): Gemeinde. In: Eicher 1991, Bd. 2, S. 172–184.

Zulehner, Paul M. (2002): Wiederkehr der Religion? In: Denz 2002, S. 23–41.

Zulehner, Paul M. (2004): Spiritualität – mehr als ein Megatrend. Ostfildern.

Zulehner, Paul M.; Hager, Isa et al. (2001): Kehrt die Religion wieder? Religion im Leben der Menschen. Ostfildern.

Register

Personen (im Text erwähnt)

Zentrale Sachverhalte